企业数据法律保护和规制研究

Research on Legal Protection and Regulation of Enterprise Data

闫文军 王珊珊 等著

知识产权出版社
全国百佳图书出版单位
—北京—

图书在版编目（CIP）数据

企业数据法律保护和规制研究 / 闫文军，王珊珊等著．— 北京：知识产权出版社，2023.5

ISBN 978-7-5130-8553-3

Ⅰ．①企…　Ⅱ．①闫…②王…　Ⅲ．①企业管理—数据管理—科学技术管理法规—研究—中国　Ⅳ．① D922.174

中国国家版本馆 CIP 数据核字（2023）第 002214 号

责任编辑： 龚　卫　　**责任印制：** 孙婷婷
执行编辑： 王禹萱

企业数据法律保护和规制研究

QIYE SHUJU FALÜ BAOHU HE GUIZHI YANJIU

闫文军　王珊珊　等著

出版发行： 知识产权出版社有限责任公司
网　　址： http://www.ipph.cn
http://www.laichushu.com
电　　话： 010-82004826
邮　　编： 100081
社　　址： 北京市海淀区气象路50号院
责编邮箱： gongway@sina.com
责编电话： 010-82000860转8120
发行传真： 010-82000893
发行电话： 010-82000860转8101
经　　销： 新华书店、各大网上书店及相关专业书店
印　　刷： 北京建宏印刷有限公司
印　　张： 11.75
开　　本： 720mm × 1000mm　1/32
印　　次： 2023年5月第1次印刷
版　　次： 2023年5月第1版
定　　价： 68.00元
字　　数： 260千字

ISBN 978-7-5130-8553-3

前 言

在大数据时代背景下，数字技术的发展使数据的价值被逐渐挖掘，数据产业迅速发展，企业数据成为重要的生产要素，在经济、社会、生活中发挥着日益重要的作用；与此同时也引发了许多治理难题，明确数据权利归属、均衡数据主体利益、促进数据流通、建立利用规则、加强交易监管等问题成为企业数据急需解决的治理难题。我们以此为背景，以企业数据为研究对象，试图从利益规制方面为企业数据治理提供参考意见。本书的主要内容包括以下几个方面。

第一，从数据控制企业的利益角度研究数据保护。学界对于企业数据的保护路径问题争论不休，我们经过研究发现：首先，企业数据与知识产权客体在形态、内容、管理和技术层面具有一致性，证明企业数据符合知识产权制度的客体要求；其次，企业数据能够从劳动赋权与激励理论、科学技术与科技立法的适配要求、数字经济与社会决策的现实需求等方面证明其适用知识产权保护，具备理论正当性和社会必然性；再次，企业数据与知识产权制度在制度功能与目标、历史发展与趋势、交易成本与变化等方面具有统一性，也为其适用知识产权制度提供了可行性；复次，现有知识产权制度下，商业秘密、著作权、专利权和《中华人民共和国反不正当竞争法》（以下简称《反不正当竞争法》）一般条款的保护形式虽然能够为企业数据提供一定程度上的保护，但却无法为公开型企业衍生数据和创新型企业衍生数据提供周延保护，数据生产者投资和数据内容价值得不到重视；最后，根据上述研究提出形成分类保护意识、构架企业衍生数据权、严格适用《反不正当竞争法》一般条款、尊重场景差异和商业惯例的建议。

第二，从个人利益角度进行企业数据规制。从个人利益角度对企业数据进行规制，主要从个人数据和个人数据权两个方面入手。个人为企业数据作出了重要贡献，企业数据中的可识别型企业数据与人格权益息息相关，因此需要从数据获取、数据利用和数据交易中规制企业的行为，充分保障人格权益不受侵害；个人数据权与企业数据权相互制约，尤其是对于平台数据来说，企业的数据利益越大，个人数据利益就会越小。本书以数据迁移权为重点，研究个人数据权的制度实施对企业数据权的具体影响及不足，发现数据迁移权确实能够对企业数据起到重要的规制作用，但该制度本身也存在许多不足，需要加以完善。从个人利益角度提出完善数据迁移权、遵循“三重授权”“同等保护 + 企业授权”的利用规则、规范数据合同内容、加强数据业务管理等建议。

第三，从相关企业的利益角度进行企业数据规制。企业是数据产业和数据经济的主体，协调好数据控制企业与相关企业的利益关系，对构建公平有序的数据市场、维护社会经济利益具有重要作用。相关企业主要指数据活动中的使用方或交易相对方，对企业数据利益进行规制主要以调整企业之间的数据利益和数据活动为主，重点解决不可识别型企业数据的规制问题。从数据获取、利用、交易和合同订立环节入手，分析具体问题、总结司法裁判经验，学习欧盟的立法经验，最后提出“企业授权”及“合理、正当、无歧视”等获取利用规则，鼓励交易、允许适当访问规制，但禁止“同质化利用”等交易规则，加强内容审查，防止不公平条款和灰色协议等合同规则。

第四，从社会公共利益角度进行企业数据规制。企业数据具有公共物品性，因此企业利益与公共利益相互交织。企业数据具有公共管理功能，且企业数据处于相对较低的价值位阶，因此在必要情况下需让渡企业利益，保障社会公共利益。欧盟委员会《关于公平获取和使用数据的统一规则（数据法案）》提案［以下简称《数据法》（提案）］，专门制定了企业数据的公共提供义务，为完善公共利用规则提供了借鉴思路。同时，为了更好地实现公共利益，还需加强企业数据管理和交易监管，借助公权力对企业数据进行合理规制。基于上述研究，提出完善公共利用规则、统一互操作性标准、加强定价管理和数据内容审查等规制措施。

第五，国内外与数据相关的法规政策和案例汇编。目前数据的治理和保护问题受到全世界的关注，一些国家和地区陆续出台了与数据有关的法律法规以及政策性文件。本书选取了我国和欧盟、美国和日本等相关的法规政策。另外，虽然数据的相关法律制度还在完善过程中，但司法实践中已经出现了与数据相关的案件，特别是我国法院审理了多起涉及数据的案件，本书选取了中国、美国和欧洲等相关案件做简要介绍。

本书的主要创新之处体现在：以保护和规制为基调，既重视对企业数据的利益保护，又重视对企业数据的合理规制，形成有限产权与合理规制的规范构建；以利益平衡为目标，从不同主体的利益视角实现对企业数据的利益规制，实现公益与私益的相互渗透与融合；重视数据类型化特征，从数据特征和知识产权制度角度，为企业数据知识产权保护进行必要性和可行性论证，结合保护实践需要和现有制度不足，提出形成分类保护意识、设置企业衍生数据权等制度建议；重视数据流通和交易规则建立，重点解决数据利用和数据交易活动中存在的问题，在多元主体之间建立起动态流转秩序。

本书是中国知识产权研究会《数字经济发展中的数据知识产权保护问题研究》项目和河南省社科规划项目《数据经济发展中企业数据的保护与规制研究》的部分成果。河南大学邢瑞淼老师作为中国知识产权研究会项目的主要参与人和河南省社会规划项目的负责人撰写了本书部分章节，中国科学院大学硕士研究生李金潇、陈奕霖、来佳洋也参与撰写了部分章节。在此向中国知识产权研究会、河南省社科规办和参与本书撰写的各位老师、同学表示感谢。

企业数据法律保护和规制问题是一个复杂的问题，也是一个需要不断探索的问题。本书的内容只是我们关于这个问题的阶段性成果和粗浅看法，不当之处，请各位同人批评指正。

闫文军　王珊珊

2022 年 8 月

目　录

第 3 章　企业数据保护的理论构建

第 4 章　企业数据的权利保护

第 6 章　基于相关企业利益的企业数据行为规制

第1章 企业数据保护：大数据时代的重要使命

1.1 研究背景

随着大数据时代的发展和算法算力的进步，数据的价值日益得到重视，在经济发展、社会生活、公共管理等方面发挥着关键性作用，逐渐成为重要的生产要素和战略性资源。早在2011年5月，全球领先的管理咨询公司麦肯锡发布报告《大数据：创新、竞争和生产力的下一个前沿》，昭示大数据时代的到来。2012年3月29日，美国奥巴马政府发布了《大数据研究和发展倡议》，将数据定义为“未来的新石油”，并表示一个国家拥有数据的规模、活性及解释运用的能力将成为综合国力的重要组成部分，未来对数据的占有和控制甚至将成为陆权、海权、空权之外的另一种核心资产。

数据产业释放出强大的经济增长潜力。数据经济构筑起经济增长的关键支撑，数字经济结构不断优化升级。从全球来看，2019—2023年全球大数据市场相关收益将实现13.1%的复合年均增长率[1]，2024年全球大数据市场规模预计将达到3984亿美元，到2026年将

---

[1] 中华人民共和国国家互联网信息办公室．中国大数据市场保持稳定增长[EB/OL]．(2019-09-18)[2022-12-04]．http：//www. cac. gov. cn/2019-09/18/c_1570335089887972. htm? from=singlemessage.

超过3600亿美元[1]，2023年总收益将达到3126.7亿美元。[2]从国内来看，据相关统计，从2014年到2019年的六年时间，我国数字经济对GDP增长始终保持在50%以上的贡献率[3]，2020年我国数字经济规模扩张到39.2万亿元[4]，成为国民经济的核心增长极之一。从各省（区、市）来看，各地数字经济发展整体呈现高中低梯度分布特征，不断辐射带动周边区域，形成极核、点轴、多极网络等典型模式[5]。

数字经济倒逼传统产业迅速转型。数字经济打造经济复苏新功能，产业层次深度拓展，产业规模稳步扩大，共享经济、数字贸易、零工经济日益普及，新零售、宅经济、云生活等新业态日益红火，传统产业因数据产业的发展迅速转型。2020年，在新冠感染疫情的冲击下，在线教育、远程医疗、居家办公、电子商务等数字经济蓬勃发展，在刺激消费、带动就业、推动国民经济稳步发展等方面发挥了重要作用，不断开拓出新的经济增长点，使中国经济结构更优、活力更足。数字经济在疫情中逆势崛起，以绫致集团

---

❶ 搜狐网.预计2024年全球大数据市场规模将达到3984亿美元［EB/OL］.（2022-12-08）［2023-03-09］. https：//www.sohu.com/a/614990703_121326078.

❷ 同❶.

❸ 中国工业信息产业网.《中国数字经济发展白皮书（2020年）》发布，数字经济成为驱动我国经济增长的核心关键力量［EB/OL］.（2020-07-06）［2022-09-27］. https：//www. cnii. com. cn/gxxww/rmydb/202007/t20200706_191480. html.

❹ 央视财经．蓝皮书发布！2020年中国数字经济规模达39. 2万亿元［EB/OL］.（2021-09-27）［2022-12-04］. https：//baijiahao. baidu. com/s? id=1712059409719784668&wfr=spider&for=pc.

❺ 中国信通院．中国数字经济发展白皮书［EB/OL］.（2021-09-27）［2022-12-04］, https：//baijiahao. baidu. com/s? id=1698067865872532584&wfr=spider&for=pc.

为例，疫情期间，绫致集团线下门店大量关停，2020 年 2 月只有不到 10% 的店铺营业。在这种情况下，绫致集团开始打造门店直播矩阵，通过小程序直播、门店活动、网红带货、明星 IP 等方式为线下门店引流，举行 200 多场小程序直播，月销售额同比增长了 13 倍，创造了远超“双十一”的单日销量。并且通过与明星合作，创下了单场直播超 400 万元的销售纪录。

海量数据为数字经济发展带来巨大潜力。当前数据底层技术框架日趋成熟，数据技术产品不断分层细化，覆盖数据存储、计算、分析、集成、管理、运维等各个方面的技术有了长足进步。以大数据和数据技术为基础发展起来的物联网、人工智能、区块链等新技术对社会发展产生颠覆性影响。以海量数据和数字分析技术为基础，能够实现以经济活动为中心的多项指标聚合和相互验证，挖掘新的经济指标，使更多的事件节点产生关联，形成可视化的整体网络框架，反映经济形态，辅助经济调节。具体来讲，在数据分析技术普及之前，主要依靠经济增长、财政支出、投资消费、通货膨胀等宏观经济变量观测总体经济形势，描述经济活动特点，但在数据分析和数据挖掘技术日渐成熟的大数据时代，关于经济发展的观测变量逐渐丰富，经济主体除了宏观经济变量，还可以借助相关指标，如用水量、发电量等实物指标，劳动过程、劳动条件等劳动指标，工农业总产值等价值指标。还可以通过政企合作形式构建新的经济指标，如原国家工商总局通过与龙信数据有限公司合作对全国 5000 多万家企业和个体工商户的企业信息进行分析，按照企业规模、行业类型、主体类型进行分类，并与财政投入、财政支出、国内生产总值等宏观经济指标进行相关性比对和关联，最终构建“企业发展工商指数”，为指导国民经济发展提供了新的依据和参考。随着数字经济渗透和数据开放共享，企业也会发布与宏观经济变量相关的数据指标，如阿里研究院曾发布与居民消费价格指数（CPI）高度相关的“阿里巴巴网购价值指数（aSPI）”和“阿里巴巴网购核心价值指数（aSPI-core）”，随后腾讯、今日头条、百度、新浪等先后根据其业务数据提供“腾讯浏览指数（TBI）”“头条号指数（TGI）”“百度指数（BI）”“微指数”和“微博传播指数（BCI）”，共同致力于数字经济的发展。另外，从微观层面看，数据能够辅助经济主体发现某一领域新的经济特征和相关规律，如在电商平台业务中从用户上网时长、直播带货量、数据交易量等数据中获得新的经济指标，从宏观和微观层面实现整体数据关联和相互交叉验证。以数据为基础的经济网络就像一张庞大的经济关系网，不仅能够在数据分析的基础上对相关经济主体间的信息获取和资源配置情况进行实时跟踪和动态调整，还原更为客观的事实真相，掌握公众需求的演变规律，并反映群体利益诉求的集聚与扩散，还能够从宏观和微观层面表征经济形势，帮助经济主体深度剖析经济事件的相关关系和因果联系，解释复杂的经济现象，加强风险防范治理和经济态势预测，从而实现经济调节功能，引导经济健康发展。

近年来，聚焦数据产业发展和数据价值释放，世界各国抓紧推进数据战略部署。欧盟持续发布《欧洲数据战略》《数据治理法案》《数据法》（提案）等文件，致力于打造单一数据市场，构建欧盟数据产业生态圈；美国发布《大数据：把握机遇，守护价值》白皮书、《联邦数据战略 2020 年行动计划》，规划未来十年的数据愿景，进一步强化产业数据的管理、保护和使用；英国制定《国家数据战略》，致力于推动数据在企业、政府和社会之间的流动，实现价值共享。

在数字经济和国际环境影响下，自 2014 年以来，中国大数据战略部署稳步前进（如图 1–1），大数据产业从初步酝酿走向深化发展。2014 年，中国大数据被首次写入《政府工作报告》，肯定了数据的资源价值，并将如何挖掘数据价值作为经济发展的重要任务。2016 年我国发布“十三五”规划纲要，将发展大数据上升到国家战略层面，促进数据应用与实体经济的融合发展。2017 年，习近平总书记在中共中央政治局集体学习上的讲话中提出“要制定数据资源确权、开放、流通、交易相关制度”。2019 年，党的十九届四中全会首次公开提出“数据可以作为生产要素按贡献参与分配”。2020 年更是在《关于构建更加完善的要素市场化配置体制机制的意见》中将数据正式列为新型生产要素；随后又发布《关于新时代加快完善社会主义市场经济体制的意见》，要求持续构建以数据为关键生产要素的数字经济，推动数据产业化和产业数字化发展。2021 年，发布《“十四五”大数据产业发展规划》，提出未来 5 年要全力推进大数据产业的高质量发展，打造有序繁荣的产业生态。2021 年，党中央、国务院继续强调经济转型，多次提出大力发展数字经济，促增长、调结构、惠民生。2021 年 3 月 5 日《政府工作报告》中提出要加快数字化发展，打造数字经济新优势，协同推进数字产业化和产业数字化转型，加快数字社会建设步伐，提高数字政府建设水平，营造良好数字生态，建设数字中国。

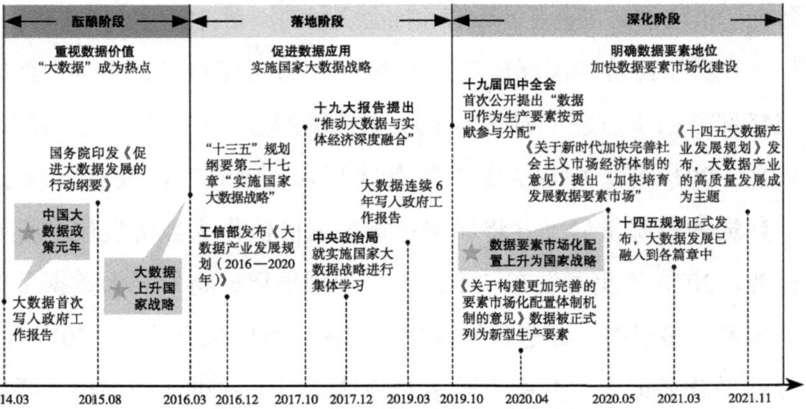

图 1–1 中国大数据战略的布局历程

资料来源：中国信通院《大数据白皮书（2021）》。

与数据有关的法律法规也在持续推进，数据保护体系不断完善，为数据利益提供法律保障。在国家层面，2020 年以前，《中华人民共和国电子商务法》（以下简称《电子商务法》）第二十三条、第二十四条，《中华人民共和国消费者权益保护法》（以下简称《消费者权益保护法》）第十四条、第二十九条，《中华人民共和国著作权法》（以下简称《著作权法》）第四十七条，《反不正当竞争法》第二条、第六条、第九条等法规经常成为数据利益保护的重要法律依据；2020 年以后，国家又相继出台《中华人民共和国民法典》（以下简称《民法典》）、《中华人民共和国数据安全法》（以下简称《数据安全法》）和《中华人民共和国个人信息保护法》（以下简称《个人信息保护法》），为数据活动提供更完善的法律规范。例如，2020 年 5 月 28 日国家发布了《民法典》，并在第一编第一百二十七条规定“法律对数据、网络虚拟财产的保护有规定的，依照其规定”；2021 年 6 月 10 日，《数据安全法》正式发布，从发展、制度、义务、开放、责任等诸多方面规范数据处理活动，保障数据安全和数据主体的合法利益；2021 年 8 月 20 日《个人信息保护法》正式发布，从处理规则、权利义务、职能部门、法律责任等方面引导个人数据的合理使用。在地方层面，截至 2022 年，以《重庆市数据条例》《上海市数据条例》《深圳经济特区数据条例》为代表的 16 项省级地方性法规也在积极推进，数据保护和治理持续引起社会的广泛关注（见表 1–1）。

表 1–1　与数据有关的省级地方性法规

序号	公布日期	文件名称	发文字号
1	2022.03.30	《重庆市数据条例》	重庆市人民代表大会常务委员会公告〔5 届〕第 177 号
2	2022.01.21	《浙江省公共数据条例》	浙江省第十三届人民代表大会第六次会议公告第 3 号
3	2021.12.15	《福建省大数据发展条例》	福建省人民代表大会常务委员会公告〔13 届〕第 64 号
4	2021.11.25	《上海市数据条例》	上海市人民代表大会常务委员会公告〔15 届〕第 94 号
5	2021.09.30	《山东省大数据发展促进条例》	山东省人民代表大会常务委员会公告第 167 号
6	2021.07.06	《深圳经济特区数据条例》	深圳市第七届人民代表大会常务委员会公告第 10 号
7	2021.03.29	《安徽省大数据发展条例》	安徽省人民代表大会常务委员会公告第 41 号

续表

序号	公布日期	文件名称	发文字号
8	2020.11.27	《山西省政务数据管理与应用办法》	山西省人民代表大会常务委员会公告第 65 号
9	2020.11.27	《吉林省促进大数据发展应用条例》	吉林省第十三届人民代表大会常务委员会公告第 54 号
10	2020.09.25	《贵州省政府数据共享开放条例》	贵州省人民代表大会常务委员会公告 2020 年第 12 号
11	2020.08.14	《沈阳市政务数据资源共享开放条例》	沈阳市人民代表大会常务委员会公告第 19 号
12	2020.05.15	《山西省大数据发展应用促进条例》	山西省人民代表大会常务委员会公告第 43 号
13	2019.09.27	《海南省大数据开发应用条例》	海南省人民代表大会常务委员会公告第 37 号
14	2019.08.01	《贵州省大数据安全保障条例》	贵州省人民代表大会常务委员会公告 2019 年第 9 号
15	2018.12.14	《天津市促进大数据发展应用条例》	天津市人民代表大会常务委员会公告第 18 号
16	2016.01.15	《贵州省大数据发展应用促进条例》	贵州省第十二届人民代表大会常务委员会公告 2016 年第 1 号

在国家大数据战略引领下，中国数据产业规模不断扩大，数字经济发展态势迅猛，数据成为驱动我国经济增长的核心关键力量。[1]据中国国际大数据产业博览会公布的最新数据显示，中国数据产业仍将高歌猛进，2022 年，我国大数据产业规模达 15 100 亿元[2]，2023 年数据总收益预计达到 3126.7 亿美元[3]；国际数据公司（IDC）《2025 年中国将拥有全球最大的数据圈》白皮书预测，2025 年中国数据圈将达到 48.6ZB，占全球数据圈的 28%，成为全球最大的数据圈。[4]（见图 1-2）各地数字经济发展也在整体上呈现出高中低梯度分布特征，不断辐射带动周边区域，形成极核、点轴、多极网络等典型模式。随着数据总量和数据产业规模的持续增长，企业数据在各行各业发挥着越来越重要的作用，企业数据成为经济发展的重要生产要素，成为企业提高竞争力、实现产业转型的重要战略资源。在一定程度上，谁拥有数据，谁能利用数据，谁就能掌握竞争潜力。在这样的背景下，对于企业数据的保护与利用问题的研究已经成为大数据时代迫切需要解决的治理难题之一。

---

[1] 国家互联网信息办公室．数字中国建设发展进程报告（2019 年）［EB/OL］．（2020-09-11）［2022-03-30］．https：//baijiahao. baidu. com/s? id=1677505637118021132&wfr=spider&for=pc.

[2] 中国工信产业网．2022 年我国大数据产业规模达 1.57 万亿元，同比增长 18%［EB/OL］．(2023-02-23)［2023-03-09］.https：//www.cnii.com.cn/rmydb/202302/t20230223_449165.html.

[3] 中国信通院．数据治理研究报告（2020 年）［EB/OL］．（2020-11-25）［2022-03-30］．http：//vr. sina. com. cn/news/report/2020-11-25/doc-iiznezxs3576516. shtml.

[4] 维科网．中国白皮书《IDC：2025 年中国将拥有全球最大的数据圈》［EB/OL］．［2022-03-30］．https：//wenku. ofweek. com/show-41933. html.

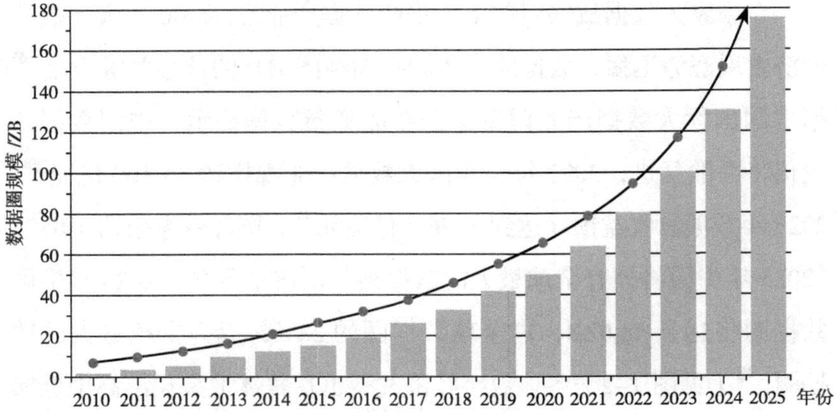

图 1-2 全球数据圈规模

资料来源：《IDC：2025 年中国将拥有全球最大的数据圈》白皮书。

进入深化阶段后，国家越来越重视数据产业的高质量发展，并将加快落实数据的知识产权保护作为数据战略的重要任务。2017 年，在习近平总书记重要讲话中多次强调要尽快落实数据的确权、交易、流通、共享机制，加强知识产权保护。2021 年 3 月 11 日出台《中华人民共和国国民经济和社会发展第十四个五年规划和 2035 年远景目标纲要》，在第五篇以专章形式提出加快数字化发展，建设数字中国，进一步提出推进数据要素市场化改革和数据资源的开发与利用。可以预见后疫情时代，数字经济发展将更加蓬勃，多元融合趋势更加明显。数字经济发展需要“知识产权 + 区块链”赋能开放创新，“数据共享”“知识共享”“智慧城市”“数字中国”的目标实现也需要知识产权保驾护航。2021 年 9 月 22 日，中共中央、国务院发布《知识产权强国建设纲要（2021—2035 年）》，提出构建响应及时、保护合理的新兴领域和特定领域知识产权规则体系，探索完善互联网领域知识产权保护制度，明确指出重点研究构建与数据有关的知识产权保护规则，并提出建立数据标准、整合资源、利用高效的信息服务模式规范知识产权数据交易，妥善处理数据开放和数据隐私保护关系，加强国际知识产权数据交换等。2021 年 10 月 28 日，国务院发布《“十四五”国家知识产权保护和运用规划》，再次强调健全大数据、人工智能等新领域新业态知识产权保护制度，构建数据知识产权保护规则。

目前与企业数据相关的制度建设缺失，与产业发展需求不能完全相称，企业数据在贡献经济价值的同时，面临“四面楚歌”的境况，严重影响了数据产业的高质量发展和数据价值实现。现有制度一般以个人数据保护为标准，反向推导出企业的数据范围和权利，但由于个人数据本身的范围难以明确界定，个人数据权利也无法周延，从而导致对企业数据的规制困境难以突破。[1]具体表现为：第一，企业数据本身的权利内容尚未确定，原本构成企业竞争优势的数据资源面临被随意抓取、大规模滥用甚至同质化利用的风险，数据纠纷不断，数据利益得不到合法保障，数据企业开发数据市场、挖掘数据价值的积极性严重受挫；第二，企业数据的获取规则和利用规则不统一，企业数据在遭遇被侵犯之虞，也因未经授权或过度开发等不正当利用行为导致个人信息和个人隐私权益受损，虽然治理领域十分强调个人利益保护，但关于用户数据的“黑色交易”依旧十分猖獗；第三，企业数据的流通规则和交易规则混乱，企业之

---

[1] 时明涛．大数据时代企业数据权利保护的困境与突破［J］．电子知识产权，2020（7）：61−73.

间的数据争夺十分激烈，大企业在技术、资本、市场等方面具有绝对优势，时常通过技术传输障碍、不公平协议、不合理定价等方式攫取数据利益，使中小微企业和初创企业举步维艰，加剧了数据垄断、数据封锁、数据孤岛等不正当竞争局面；第四，企业数据的共享和公共利用机制不健全，尤其是在涉及公共紧急情况下的数据共享义务尚未明确，影响社会有效管理和公共利益的实现。

企业数据与多元主体利益相互交织、相互制约，如何搭建治理框架，在保护与规制之间实现多元主体的利益平衡，成为企业数据治理的重点和难点。企业数据广泛应用于社会、经济等生产生活领域，不仅关乎企业发展的前途命运，也对政府、个人和其他组织具有重要影响。企业数据需要保护，只有明确的保护规则才能确定企业数据的权利内容和范围，有效避免数据纠纷，使企业在权能激励下，为数据开发提供持续性投资；但企业数据保护也需要适度规制，企业数据来自社会不同领域，涉及多元主体利益，如果仅重视数据控制企业自身的利益保护，而忽视数据市场监管、个人隐私保护或社会公共利益关照等问题，不仅会影响数据流通和数据市场的良性发展，还会造成个人隐私泄露、公共管理无能、商业秘密或知识产权侵害等治理难题。因此，对企业数据进行治理，不仅要提供完善的保护制度，还要进行有效的规制措施，在合理保护和适度规制之间，充分发挥数据价值，共享数据红利，实现个人利益、企业利益、社会经济利益和公共利益的均衡发展。

1.2 研究问题

由此可见，企业数据在经济、社会、管理等方面发挥着日益突出的作用，与个人、企业、政府和社会的利益息息相关，但企业在权属、利用、交易、管理等方面面临的错综复杂的问题，成为企业进行数据流通、数据共享、数据功能发挥和数据价值实现的重要瓶颈。因此，在中国数字经济发展和数字社会转型的重要时期，如何为企业数据提供有力保护，如何在数据活动中实现有效规制，如何在安全与发展之间、保护与规制之间实现不同主体间的利益分配与制衡，成为本研究必须解决的重点和难点问题。基于此，本书将研究内容进一步细分为以下四个子问题。

①如何保护数据控制企业的利益。具体包括企业数据的法律性质如何定性，现有法律制度在企业数据保护方面存在哪些不足，如何选择企业数据的保护路径和如何明确企业数据的权利内容等。

②如何从个人利益角度规制企业数据。具体包括个人与企业之间呈现出怎样的数据利益关系，在数据利用与数据交易中如何实现个人与企业之间的利益均衡，尤其是在当前互联网环境中个人数据迁移权日益引发关注的情况下，数据迁移对企业数据规制会造成什么样的影响，又该如何完善。

③如何从相关企业的利益角度规制企业数据。企业之间、企业与整个社会经济秩序之间呈现怎样的利益关系，在数据获取、数据利用、数据交易、数据合同中存在哪些冲突和问题，如何在规制治理中实现多元主体的利益平衡。

④如何从社会公共利益角度规制企业数据。企业数据对实现公共利益有什么作用，公共利益对企业数据利益如何进行规制，政府等公共机构又该如何监管使企业数据更好地发挥管理价值等。

1.3 研究目的

①研究企业数据的保护问题，明确企业数据的法律性质和权利内容，以及现有制度体系下保护企业数据存在的不足，规划企业数据的权利保护路径，保护企业数据的合法利益。

②研究企业数据的规制问题，分析企业数据在数据获取、数据利用、数据交易等重要流通环节中存在的问题，明确企业数据活动的边界和程度，为企业构建行为规范，在保护与规制之间实现多元主体间的利益平衡，为企业数据规制提供思路和建议。

1.4 研究内容

本书共包括十章。首先，研究背景、理论基础和文献综述，构建企业数据的规制框架。其次，以激励数据生产投资、促进数据产业发展为目标，研究企业数据的保护路径，明确企业数据的法律性质和具体权能。再次，以利益平衡为指导，以促进数据流通和交易为前提，从个人、相关企业、政府角度出发，依次分析和考察个人利益保护、相关企业的利益保护和社会公共利益保护在企业数据规制中的影响和存在的问题，分别提出相应的、具体的治理策略。复次，从总体上对研究进行总结，提出对策建议和展望。最后，系统梳理了国内外有关数据保护的相关案例和法律政策，为对本研究议题感兴趣的广大读者们查阅、学习提供便利。

第2章 企业数据保护的国内外研究现状

2.1 国内外研究现状的宏观分析

为了能够整体把握有关企业数据保护的研究现状，借助中国知网（CNKI）和 Web of Science 两大数据库分别对国内外相关研究进行了分析。

以“企业数据规制”为主题词，以中国知网（CNKI）为检索数据库进行检索，检索时间为 2021 年 12 月 20 日，选择索引数据库中的 CSSCI 数据库，共获得相关的文献数据 144 篇。为保证数据样本的有效性，提高研究信度，通过详读摘要和略读全文的方式对 415 篇样本数据进行逐一筛选，剔除相关性不强的文献后，共获得有效文献 381 篇。

以“Enterprise data regulation”为主题词，以 Web of Science 为检索数据库，选择核心合集中的 SSCI 数据库，时间跨度为所有年份，检索时间为 2021 年 12 月 31 日。初步筛选共获得文献数据 873 条，二次筛选剔除相关性不强的文献后，共获得有效文献 807 篇。

通过对这些文献的分析，得出以下三个结论。

第一，从年度载文量的变化来看，国内对企业数据相关问题的研究具有持续性。特别是在2014年之后，文献发表数量呈现迅速增长的趋势，这得益于国家对数据研究的战略部署和高度重视，企业数据规制问题的关注度和研究热度持续增加，近几年的研究热度始终处于较高状态（如图2-1所示）。国外对企业数据规制相关问题的研究较早，从检索结果看，Web of Science核心合集期刊中最早的研究于1996年出现在关于数据库的研究中，在此之后关于企业数据的研究呈现持续增长状态，这说明关于企业数据的研究将会是学界持续讨论的焦点问题（如图2-2所示）。

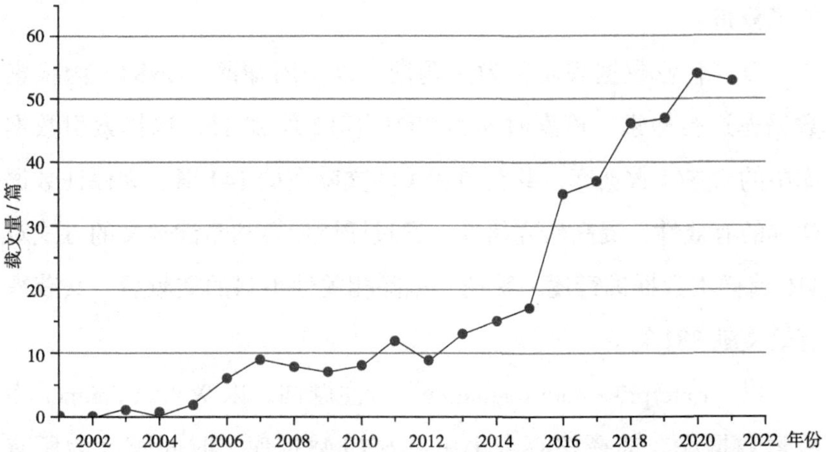

图2-1　2002—2022年企业数据规制研究CSSCI年度载文量

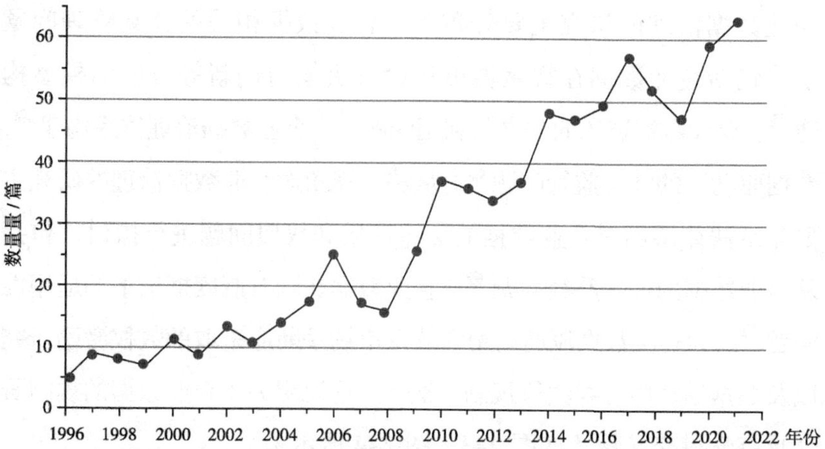

图 2-2　1996—2022 年企业数据规制研究 Web of Science 年度载文量

第二，在研究视角和研究领域上，与企业数据规制相关的国内外研究在经济学领域中发表的文献数据最多，其次是管理学，最后是法学领域。从经济学领域对企业数据的研究通常是以实证方法研究数据要素的市场化配置与经济质量提升之间的关系[1]、数据要素推动经济增长的有效性分析[2]、数据市场竞争与垄断趋势的博弈分析[3]、数据竞争和数据保护的经济学分析[4]等问题；从管理学视角对

---

❶ 俞林，赵俊红，霍伟东．推进数据要素市场化配置 促进经济高质量发展［J］．宏观经济管理，2021（10）：48-54.

❷ 唐要家，唐春晖．数据要素经济增长倍增机制及治理体系［J］．人文杂志，2020（11）：83-92.

❸ 胡继晔，杜牧真．数字平台垄断趋势的博弈分析及应对［J］．管理学刊，2021，34（2）：38-54.

❹ KERBER W，ZOLNA K K. The German Facebook Case：The Law and Economics of the Relationship between Competition and Data Protection Law［J］. European Journal of Law and Economic，2022，17（3）：27-43.

企业数据治理的研究主要分布在与企业数据相关的公共管理问题上，包括企业数据在智慧城市建设及决策与创新等方面的模型构建[1]、企业数据资源的共享与利用问题[2]、企业数据治理体系构建[3]、数据驱动下的社会监管问题[4]；从法学视角对企业数据治理的研究主要是从法律层面对企业数据的法律性质和权属问题进行探讨，包括从企业数据的保护路径问题[5]、企业数据在既有制度框架下的适用性问题[6]、为解决数据流通利用和数据市场垄断应采取的数权激励研究以及数据活动中寻找法律规制方法[7]。这说明关于企业数据的规制研究具有学科交叉性（如图 2-3、图 2-4 所示）。

---

❶ CORRALES D，CRIADO M. Understanding open data business models from innovation and knowledge management perspectives［J］. Business Process Management Journal，2022，28（2）：532–554.

❷ 陈兵，顾丹丹．数字经济下数据共享理路的反思与再造——以数据类型化考察为视角［J］．上海财经大学学报，2020，22（2）：122–137.

❸ 赵舒阳．石化企业数据治理体系的研究［J］．广州化工，2022，50（3）：200–201+211.

❹ 蔡玉卿．大数据驱动式社会监督：内涵、机制与路径［J］．河南社会科学，2019，27（8）：52–58.

❺ 文禹衡．数据确权的范式嬗变、概念选择与归属主体［J］．东北师大学报（哲学社会科学版），2019（5）：69–78. .

❻ 付新华．企业数据财产权保护论批判——从数据财产权到数据使用权［J］．东方法学，2022（2）：132–143. .

❼ 李伟群，郭宇．健康医疗数据商业化运用法律问题研究［J］．齐鲁学刊，2021（4）：96–103.

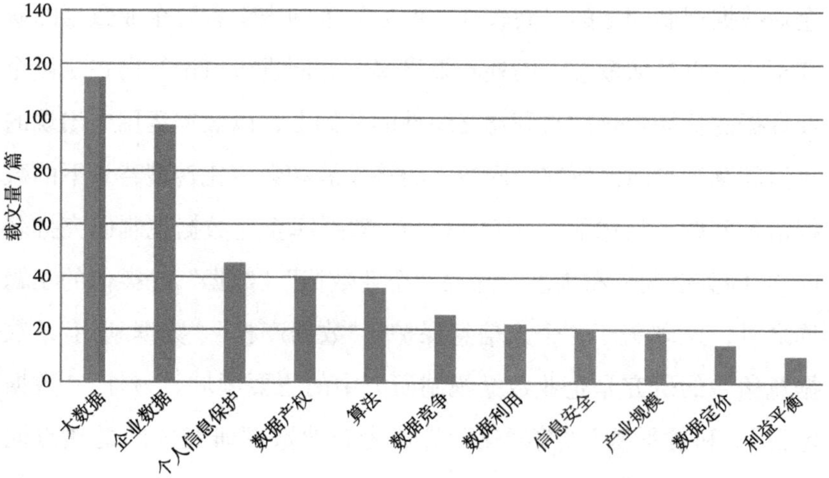

图 2-3　CSSCI 企业数据规制的关键词排序

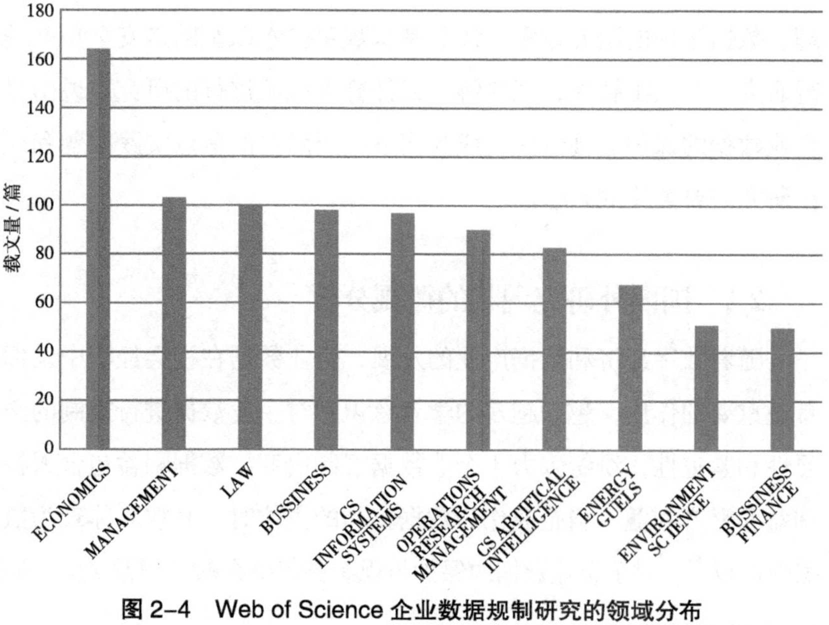

图 2-4　Web of Science 企业数据规制研究的领域分布

第三，从研究内容上看，虽然相较于国外来说，国内开始关注企业数据规制问题的时间较晚，但近年来国内学者对企业数据的研究不再仅仅是从概念、国外政策借鉴等方面进行讨论，还在认可企业数据的功能聚合性与利益交织性的基础上，以数据运用中出现的具体问题为导向，研究中国数字经济发展和数字化转型背景下的数据治理问题。从选取 CNKI 中 CSSCI 数据库企业数据规制研究排名前 20 的关键词分布来看，除去“企业数据”“数据”等类似的主题词之外，发现关于“个人信息保护”“数据产权”“数据利用”“数据竞争”的研究是企业数据规制研究中的主要领域。另外，“数据定价”“利益平衡”“类型化”等成为企业数据研究的新的热点问题。从国外文献检索的结果看（图 2-4）：首先以数字经济为视角的研究最多，共计 166 篇，占比达到 20.6%；其次是关于数据管理、数据法规的研究较多；最后是从数字技术以及网络安全角度进行研究，如人工智能、区块链、云计算等领域进行的研究。说明对企业数据的保护与规制研究成为当下应当面对的重点实践问题和理论研究需要关注的问题。

2.2 国内外研究现状的微观分析

随着数字经济和数据产业的发展，企业数据在社会经济中发挥日益重要的作用，越来越多的学者意识到对企业数据进行规制的必要性和紧迫性，纷纷致力于企业数据规制研究。数据利益包含人格利益和财产利益，当企业作为数据权利的主体时，其权利体现为数据财产权[1]，对于企业数据的保护与规制要集中在财产利益层面。通

[1] 李涛．第四届“新兴（新型）权利与法治中国”学术研讨会综述［J］．社会科学动态，2018（1）：109-116.

过文献分析，国内关于企业数据保护与规制的研究主要可以归纳为确权保护、行为规制、场景规制和算法规制四种路径。

2.2.1　确权保护模式

既然许多企业数据问题都因数据权属不明而起，那么明确界定企业数据的权利归属就成了最直接的解决方案，因此确权保护方案成了学界讨论最多的方案。

1. 物权保护方案

企业数据具有商业价值且因依靠计算机进行物质存储而被视为一种有形物，符合物权法客体的保护要件，企业数据权利可以被视为一种特殊的物权。周林彬等从法律经济学角度出发，认为在数据挖掘阶段选择完整物权保护方案更有效，企业能够完整行使占有、使用、处分、收益四项权能，从而能够有效降低企业成本，促进私人谈判，最大限度地促进数据挖掘。[1]

2. 数据所有权保护方案

企业在数据收集、处理和利用过程中进行大量资金、技术、劳动等投资，符合劳动赋权理论，且在激励理论基础上，为了保护企业参与数据开发的持续性和积极性，应当为企业数据提供合法权益保护。美国哈佛大学 Lawrence 教授从信息财产权化理论出发，系统论证了数据财产权保护的可行性[2]，Zech 和 Herbert 从激励理论角度出发，认为赋予企业“数据生产者权”能够激励企业生产、记录、分享数据，开拓数据市场，因此应制定可转让的数据专有权，

---

❶ 周林彬，马恩斯．大数据确权的法律经济学分析［J］．东北师大学报（哲学社会科学版），2018（2）：30-37.

❷ LAWRENCE L. Code：Version 2. 0［M］. New York：Basic Books，2006.

并将这种权利分配给对数据载体上生成的数据承担责任的主体。[1]

3. 知识产权保护方案

对数据财产的知识产权法保护，无论是从国内外学界还是现行知识产权立法规定，都可以得到充分理解。学者普遍认同数据的知识产权法保护，数据与知识产权保护存在契合度[2]，一些研究数据可以被视为作品，因此受到完全版权保护，而其他数据由于缺乏原创性而留存在公共领域[3]；企业数据权能够与现有知识产权保护制度兼容[4]；基于信息流动考虑，知识产权有助于对信息和隐私的保护[5]，从大数据和知识产权出发，知识产权制度能够规范和保护大数据[6]。丁道勤将个人数据和企业数据区别开来保护，对前者赋予隐私权或人格权保护，对于后者需要根据产生的创造结果赋予知识产权保护。[7]王渊等专门对比了数据权和知识产权制度，根据原生数据和衍生数据的分类提出符合独创性要求的企业数据应该采取著作权

---

[1] ZECH H. A legal framework for a data economy in the European Digital Single Market: rights to use data [J]. Journal of Intellectual Property Law; Practice, 2016 (6): 460-470.

[2] 程建华，王珂珂. 再论数据的法律属性——兼评《民法典》第127条规定 [J]. 重庆邮电大学学报（社会科学版），2020，32（5）：67-74.

[3] LABASTIDA I, MARGONI T. Licensing FAIR Data for reuse [J]. Data Intelligence, 2020, 2 (1): 199-207.

[4] 田小楚，高山行. 论大数据在著作权法保护中的冲突与协调 [J]. 重庆大学学报（社会科学版），2021，27（1）：141-151.

[5] LIEBENAU D. What Intellectual Property Can Learn from Informational Privacy and Vice Verse [J]. Harward Journal of Law and Technology, 2016, 1.

[6] LIEBENAU D. What Intellectual Property Can Learn from Informational Privacy and Vice Verse [J]. Harward Journal of Law and Technology, 2016, 1.

[7] 丁道勤. 基础数据与增值数据的二元划分 [J]. 财经法学，2017（2）：5-10+30.

保护，不符合的可以用邻接权保护；符合商业秘密保护要件的企业数据可以按照商业秘密保护，其他数据就按照数据权保护[1]。李巍认为数据财产是智力成果，具有创造性、非物质性、非公开性，数据从业者投入了大量资金、技术和劳动，与现行知识产权法中的客体具有不同属性，因此需要将数据财产作为知识产权的新客体，再从知识产权的基础上进行保护。[2]李德恩也认为应该建立一种新的知识产权客体，但不是因为数据从业者的投资，而是因为大数据和著作权客体强调的重点不同，前者强调数据本身的体量和完整性，后者强调客体的"独创性"，数据作为新的客体的实质性要件是达到客观、脱敏和实用的条件。[3]肖建华等认为承认数据权利这一新型权利是数据交易的前提，数据的财产交易更接近知识产权，交易双方的合同关系是一种许可使用关系。[4]

4. 新型数据权保护方案

从整个社会经济发展角度看，不能静态片面强调个人信息保护，还需要鼓励企业积极收集利用数据，尤其是企业为准确利用而投入大量资源所形成的数据，更需要提供权益保护，否则将违背劳动原理和数据经济规律，但基于市场秩序、公共利益、信息安全、数据应用等方面的考虑，这种数据权是一种有限排他性质的财产

---

[1] 王渊，黄道丽，杨松儒．数据权的权利性质及其归属研究［J］．科学管理研究，2017，35（5）：37−40+55.

[2] 李巍．数据财产的法律保护研究［D］．太原：山西大学，2019.

[3] 李德恩．数据权利之法律性质与分段保护［J］．理论月刊，2020（3）：113−123.

[4] 肖建华，柴芳墨．论数据权利与交易规制［J］．中国高校社会科学，2019（1）：83−93+157−158.

权。龙卫球教授提出应当赋予企业以类似所有权的新型数据权，但因为企业数据具有复杂的功能聚合性和利益价值性，赋权目的更偏向于鼓励生产和增进福利，因此在权利构造上不同于传统的财产权模式，但更接近于知识产权机制，包括数据资产权和数据经营权。[1]李晓宇研究了现行知识产权制度对企业数据保护的不足，通过对比权利和权益的差异将企业数据权确定为一种具有支配属性的控制权；但这种控制权的排他效力介于所有权和相对权之间，在占有、使用、支配时间上的排他性均弱于所有权，是一种有限的财产权；借鉴知识产权的立法经验，即使是有限财产权，也需要进行权利规制，规制措施包括合理使用、强制许可和法定公开。[2]高郦梅提出数据保护困境的破解之道在于既要赋权又要限权，因此柔性赋权模式是一种适当的保护思路。从劳动赋权理论、激励理论、数据治理目标和法律实用主义视角，都能为企业数据赋权找到合理依据，因此需要赋予企业数据权，而限权同样是通过合理使用、强制许可弱化排他性特征。[3]

2.2.2 行为规制模式

行为规制模式主要是从利用行为、合同行为、控制行为和算法行为的角度出发，绕开企业数据的权属问题，直接从实操性角度通

---

[1] 龙卫球．再论企业数据保护的财产权化路径［J］．东方法学，2018（3）：50-63.

[2] 李晓宇．权利与利益区分视点下数据权益的类型化保护［J］．知识产权，2019（3）：50-63.

[3] 高郦梅．企业公开数据的法律保护：模式选择与实现路径［J］．中国政法大学学报，2021（3）：140-152.

过行为活动调整对数据进行规制的模式。

1. 不正当竞争行为规制

通过《反不正当竞争法》处理企业数据纠纷、规范企业数据行为是目前司法实践中最常用的方式。支持这种模式的学者对于确权模式给出负面评价，认为除了企业数据自身存在非排他性因素外，权利客体范围不确定、价值位阶太低等因素也导致利用确权模式对企业数据规制具有严重的不适用性[1]，而反不正当竞争法规制模式能够提供有效的法律依据，因此成为企业维权的首选。另外，比起确定私权，风险控制更具有紧迫性和必要性[2]，因此应当排除确认数据权利的观念，将数据控制解释为一种竞争利益，绕开当前悬而未决的数据权属问题，而直接在数据活动中针对具体的不正当利用行为进行规制，通过调整竞争秩序实现竞争利益规制[3]。对著作权无法保护的数据库，人民法院也能依照《反不正当竞争法》保护其数据内容。

2. 合同行为规制

这种规制方法以促进数据流通和使用为起点[4]，根据交易双方的合同内容确定权利义务关系。主张合同规制路径的学者认为，从数字经济的发展需要的方面，规制企业数据的主要目的是克服数据访

---

❶ 王镭．电子数据财产利益的侵权法保护——以侵害数据完整性为视角［J］．法律科学（西北政法大学学报），2019，37（1）：38–48.

❷ 李慧敏，王忠．日本对个人数据权属的处理方式及其启示［J］．科技与法律，2019（4）：66–72+88.

❸ 蔡川子．数据抓取行为的竞争法规制［J］．比较法研究，2021（4）：174–186.

❹ 刘维，张嘉莹．马克斯·普朗克创新与竞争研究所就欧盟委员会“关于构建欧洲数据经济征求意见书”的立场声明［J］．电子知识产权，2017（7）：92–100.

问障碍来推动数据流通，而合同规制模式恰好类似于通过一种合同关系赋予合同相对方以数据访问的权利[1]，从而有效实现这一目的，因此这种模式能够适应数字经济的发展需要。[2]相反，如果不考虑经济需要而强行采取确权模式，反而会造成一种新的垄断。[3]对于可识别型企业数据的规制问题，合同规制方式还可能改变企业对个人数据的使用标准[4]，即把原来静态的数据合规（知情同意）标准替换成了数据使用中的风险控制标准（合理隐私期待）[5]，有利于促进数据利用和个人隐私保护。

3. 控制行为规制

基于信息论中“数据的价值在于流动”的理论基础，这种规制方式认为，数据规制的目的在“分享”而不是“控制”，“实现数据自由流通的不是所有权规则，而是数据访问规则的设计”[6]。梅夏英

---

[1] 钟晓雯．数据交易的权利规制路径：窠臼、转向与展开［J］．科技与法律（中英文），2021（5）：34-44.

[2] DREXL J. Designing Competitive Markets for Industrial Data-Between Propertisation and Access［J］. Mox Planck Institute for Innovation & Competition Research Paper，2016（16-13）：1-70.

[3] POSNER E A，WEYL E G. Property Is Only Another Name for Monopoly［J］. Journal of Legal Analysis，2017（1）：51-123.

[4] 李勇坚．个人数据权利体系的理论建构［J］．中国社会科学院研究生院学报，2019（5）：95-104.

[5] 范为．大数据时代个人信息保护的路径重构——初探欧美改革法案中的场景与风险理念［J］．网络信息法学研究，2017（1）：248-286+393-394.

[6] 数字市场竞争政策研究．德国马普创新与竞争研究所《数据所有权十问答》［EB/OL］.（2019-06-06）［2022-04-01］. https：//www. secrss. com/articles/11192.

认为企业数据在利益形态上表现为对数据的有效控制[1]，将分享作为数据规制的核心理念，再制定必要的数据控制规则，就可以在数据流动和数据控制之间实现一种平衡[2]，因此企业数据规制需要建立数据利用秩序，修正影响数据流动的不正当利用行为，而不是通过数据确权的方式影响数据分享。

4. 算法行为规制

韩旭至从算法在数据生成过程的作用出发，认为应该对算法行为进行规制，通过控制算法建立以算法为中心的数据交易秩序，反向勾勒合法的数据行为。[3]

2.2.3　场景保护模式

企业利益具有多元化、场景化特征，既然难以确权，那么暂时搁置对确权问题的讨论，将关注点直接放在具体的数据活动场景中，结合数据特征、场景差异和利益诉求，通过建立一种更具有可行性的数据流通规则来实现规制目的不失为一种新的思路。王燃用场景化思路来解决网络开放平台的数据抓取问题，从被抓取数据的性质、平台对数据的贡献程度和第三方利用带来的创新增量三个维度认定抓取数据的行为是否构成不正当利用，从而完成平台、用户和第三方之间的数据利益分配。[4]姚佳通过公共利益需要、消费者

---

❶ 梅夏英．企业数据权益原论：从财产到控制［J］．中外法学，2021，33（5）：1188−1207.

❷ 梅夏英．在分享和控制之间数据保护的私法局限和公共秩序构建［J］．中外法学，2019，31（4）：845−870.

❸ 韩旭至．数据确权的困境及破解之道［J］．东方法学，2020（1）：97−107.

❹ 王燃．论网络开放平台数据利益分配规则［J］．电子知识产权，2020（8）：45−55.

福利、产业生态结构三个具体场景下的权能分配，构建起企业数据的利用与分享规则，明确指出在占有、使用、收益、处分和加工五种权能中，前两种场景下企业均不享有收益和处分权，而只有第三种场景才具有全部权能。[1] 丁晓东同样认可数据的多重属性和场景依赖性，认为无论是保护个人利益还是企业利益，都需要结合具体场景中具体数据的类型和特点、多元主体的合理期待等因素来确定数据权属，这是解决数据纠纷最好的方式。[2] 刘星认为除满足利益正当性和保护必要性原则外，使用场景化保护模式还需综合考虑商业习惯、行为习惯、主体特性、数据特性和《反不正当竞争法》的谦抑性等因素。[3]

2.2.4 综合保护模式

在激烈的讨论下，部分学者认为既然各种规制路径各有利弊，不如扬长避短，采取一种统合性的方式，抵消各自存在的不足。李扬等认为规制模式选择应当考虑企业数据的合理保护与行为规制，将确权保护和行为规制相结合能够平衡两种模式本身存在的不足，反而能够更好地发挥规制作用。[4] 毛立琦提出基于企业利益和公共利益的考虑，数据产品保护需以确权保护模式为主，行为规制模式

---

[1] 姚佳．企业数据的利用准则［J］．清华法学，2019，13（3）：114-125.

[2] 丁晓东．数据到底属于谁？——从网络爬虫看平台数据权属与数据保护［J］．华东政法大学学报，2019，22（5）：69-83.

[3] 刘星，姜南，欧忠辉，马艺闻．数字经济时代企业数据权益保护研究［J］．情报杂志，2021，40（10）：91-98+107.

[4] 李扬，李晓宇．大数据时代企业数据权益的性质界定及其保护模式建构［J］．学海，2019（4）：180-186.

为辅，两者相互独立，相辅相成。[1] 随着讨论和研究的日益深入，最新研究成果中趋向于寻找一种更加综合性的治理方案。包晓丽认为“行为规制是实现产权配置的外部手段，明晰产权规则是行为规制的逻辑前提”，二者并非对立关系，应该多元共治。[2] 冯晓青认为“关于数据法律性质以及法律保护模式的认识差异，不应影响其财产化利益受到法律保护，应当充分发挥公法规制与私权保护、财产规制与责任规则、强制性规则与任意性规则的各自优势，形成多元共治的保护机制”。[3] 基于企业数据在主体、类型、活动、关系、利益等方面的多元性和复杂性，关于企业数据的规制研究可以从不同维度得到解读，不同的规制方案之间并不是非此即彼、势不两立的关系，综合规制模式在整合多种方案的同时，也使研究脉络变得更加清晰，界权并非只能依靠立法模式 [4]，只要能够促进多元主体之间的数据利益共享，即使是法院判决、行业规范、商业习惯也应该被采纳。

2.3　现有研究的总结与评述

2.3.1　现有保护模式评述

对于确权保护方案，本研究同大多数学者一样，不赞同用绝对

---

[1] 毛立琦．数据产品保护路径探究——基于数据产品利益格局分析［J］．财经法学，2020（2）：94-109.

[2] 包晓丽．数据产权保护的法律路径［J］．中国政法大学学报，2021（3）：117-127.

[3] 冯晓青．数据财产化及其法律规制的理论阐释与构建［J］．政法论丛，2021（4）：81-97.

[4] 凌斌．界权成本问题：科斯定理及其推论的澄清与反思［J］．中外法学，2010，22（1）：104-121.

的、排他性的权利保护。物权保护和所有权保护的观点虽然肯定了企业数据的财产价值，能够最大限度地满足企业对数据经济保护的利益期待，但物权和所有权保护形式是绝对的、排他性的权利。如果将企业数据权利认定为物权或所有权，那就相当于将企业数据完全装入企业的口袋，除非取得企业的同意，其他利益主体对企业数据的任何利用形式都将认定为对所有权的侵犯，但是企业数据本身具有非排他性的特点，其他主体对企业数据的利用并不会影响所有权的行使[1]，这与所有权客体的排他性特点完全不同。另外，企业数据的价值在于流动，只有在流通与共享中才能发挥数据的价值，物权和所有权形式虽然能够最大限度地保护企业的数据权利，但是也容易给“数据垄断”“数据孤岛”等不正当竞争行为提供合法的规避途径[2]，反而阻碍了数据流通，影响数据交易和数据产业的发展。类似所有权的保护方案还忽略了企业数据权利保护与社会公共利益之间的价值协调问题[3]，企业数据是社会多元主体共同努力的结果，如果将企业数据上的权益全部归属于企业这一单一主体，剥夺了个人和社会对数据信息合法获取的权利，过于强调权利的私有化，易忽略对多元主体的利益关照。[4]相比之下，新型数据财产权虽然避免了物权模式和所有权模式的绝对性和排他性弊端，但其限制措施

---

❶ 唐要家．数据产权的经济分析［J］．社会科学辑刊，2021（1）：98-106+209.

❷ 付新华．企业数据财产权保护论批判——从数据财产权到数据使用权［J］．东方法学，2022（2）：132-143.

❸ 聂洪涛，韩欣悦．企业数据财产保护的模式探索与制度建构［J］．价格理论与实践，2021（9）：45-50.

❹ 张素华，李雅男．数据保护的路径选择［J］．学术界，2018（7）：52-61.

却都来自知识产权制度中关于合理使用、法定许可、强制许可等限制条款。而从支撑这一模式的理论基础来看，无论是激励理论、劳动赋权理论，还是激励数据生产、促进数据流通和社会利益共享的治理目标等，同样能够适用于知识产权制度，因此与其在传统财产权与知识产权之间构建一种所谓的“新型财产权”，不如直接撕开这一权利形态的外衣，直接选择知识产权制度进行规制。但诚如前人所述，知识产权保护模式并非尽善尽美，仍应该以数据类型、数据特征、理论基础、法律性质、权利构造等因素进行详细论证。

对于行为规制模式，不正当竞争行为规制的依据主要是《反不正当竞争法》第二条，这是一条兜底性质的一般条款，司法实践中通过这样的原则性条款进行判决，虽然能够为企业数据提供及时救济，但是也使企业数据保护处于一种不稳定状态[1]，过度使用一般条款，可能导致价值取向上先入为主，影响利益公平[2]，在立法上属于次优选择。合同具有相对性，只能约束具有合同双方的数据行为，但是无法对抗第三方的数据加害。因此，无论是竞争法规制模式还是合同规制模式，都只能作为解决部分数据争议的解决方案，保护范围有限，保护标准存在太多不确定性，难以形成数据规划保护的长远战略规划。[3]算法行为规制试图将数据问题转化为算法问题，

---

[1] 许可．数据保护的三重进路——评新浪微博诉脉脉不正当竞争案［J］．上海大学学报（社会科学版），2017，34（6）：15-27.

[2] 郭亚菲．《反不正当竞争法》一般条款在新型网络不正当竞争行为中的适用［D］．青岛：山东科技大学，2020.

[3] 高郦梅．企业公开数据的法律保护：模式选择与实现路径［J］．中国政法大学学报，2021（3）：140-152.

从技术层面实现产权界定，但是却忽视了算法技术和数据本身存在的不确定性，算法的不可控性本身就会带来无法预计的数据风险，而数据本身也难以完全界定，因此用算法来规制数据的方式只会更加裹乱。[1]

2.3.2 隐藏的发展脉络：利益平衡

结合国内外研究现状发现，值得肯定的是，随着大数据时代的发展，法律调整数据关系的必要性日益上升，学界对于数据财产权益应该受到法律保护的问题已经达成共识。近几年关于企业数据规制的相关学术成果呈迅速增长的态势，体现了既有研究对企业数据的关注和努力，但规制方案纷繁复杂，至今尚未形成统一的观点，通过梳理已有研究成果的主要观点和研究思路，我们依然能够总结出一条清晰的发展脉络。

通过对上述规制方案的批驳与整合，我们回过头来追问，企业数据规制到底是为了什么？本研究赞同综合规制模式的观点，无论是确权模式、行为规制模式、场景模式还是综合模式，都是从不同维度为数据主体寻找数据利益的分配方案。数据在不同主体之间流转从而产生数据权利的让渡，利益衡量伴随规制研究的全过程。不同规制方案之间并不存在根本性的矛盾，而只是把解决问题的重心放在了不同的主体利益之上，在各自的语境下，根据相关主体在数据价值链生成过程中付出的投资和创造力劳动提供利益回报，从而构建起主体之间的利益分配规则。

---

[1] 高郦梅．企业公开数据的法律保护：模式选择与实现路径［J］．中国政法大学学报，2021（3）：140-152.

以数据主体为视角，不同的规制路径反映出研究者的不同利益视角，因此也代表了不同主体的利益诉求。确权保护模式以满足数据控制企业的数据利益期待为中心，以明确权利归属的方式首先确定数据控制企业自身的数据利益，从而充分调动数据控制企业进行数据生产和投资的主动性和积极性。但对于同一个数据主体来讲，产权赋予和产权约束其实是同一个事物的两个方面，从产权约束角度看，产权赋予其实是一种范围更加明确的产权约束，“权利人只能在产权约束下合理分配数字资源，承担数据开发和投资风险”[1]。因此，可以说，从数据控制企业角度看，确权模式是赋权也是约束，是保护也是规制。

行为规制模式以相关企业的数据利益和社会经济利益为中心，通过规制数据活动中相关主体（主要包括数据控制企业、数据使用方、数据交易相对方）的数据运用行为，形成公平有序的竞争环境。因此，从主体利益角度看，无论是判别不正当利用行为，还是通过合同约束双方的数据利用行为，抑或是“分享与控制”之间调整数据控制行为，都只是为了实现企业之间的利益分配和社会经济利益共享的目标而采取的不同解决方法，方法不同，但目的相同。

场景模式以局部利益为中心，根据数据类型和特征差异，结合具体的应用场景，分析特定场景中特定主体的利益分配。这种模式能够满足具体问题的特殊性要求，细化各个主体的特定权利义务，相比于确权模式和行为规制模式，其以实现利益分配为目的的研究

---

[1] 冯晓青. 数据财产化及其法律规制的理论阐释与构建［J］. 政法论丛，2021(4)：81-97.

倾向更加明显。

综合模式以整体利益为中心，结合数据的多元特性，综合多元主体的利益诉求，以利益平衡为原则，构建正义的利益分配制度，尽可能平衡社会关系中的利益冲突。[1] 由于以多元主体利益为研究中心，因此在规制手段上更加包容，无论是确定权属、规制行为还是场景分析，都可以作为实现利益分配的手段。

2.3.3 对后续研究的启发：保护与规制

结合现有研究及其发展脉络，发现以往争论不休的规制路径均能以主体利益为中心找到依据。企业数据之上的多元属性驱使不同的规制方案逐步出现整合利用趋势，以利益平衡为原则，以保护和规制为路径进行综合规制的研究思路将成为探讨企业数据的新方向。本研究从这一发现中深受启发，初步认为对于企业数据的研究应该采取综合型模式，抛开纷繁复杂的规制方案，直接从主体利益角度出发，从保护与规制的角度推进企业数据研究。

---

[1] YU K. Legal Coordination of Conflicts of Interests among Stakeholders in the Processing of Personal Data［J］. Fudan Journal of the Humanities and Social Sciences，2022（15）：331–342.

第3章 企业数据保护的理论构建

3.1 企业数据的概念及分类

关于数据的内涵界定已有较多的解释和论证，与数据研究常伴的有“数据”“大数据”“信息”等的表达和用法，但却一直没有较为统一的界定，学界对于这一概念的解释也存在着分歧。

第一，不同学科中的定义。在计算机科学中，数据指的是在计算机输入、处理和输出过程中的一系列数字、字母等的介质统称。实际上，是以二进制 0 和 1 的数值单位表示的客观形式。在自然科学学科中，数据指对客观事件进行记录并可以鉴别的符号，是对客观事物的性质、状态以及相互关系等进行记载的物理符号或这些物理符号的组合。在图书情报与文献学中，数据是指数字、字母与符号的集合，系客观事物与主观思维的具体表达，不限于数值，现常指可由计算机处理的信息单元。在管理科学技术名词中，数据是指描述事件或事物的属性、过程及其关系的符号序列，如自然语言符号、科学符号、数字以及图形图像等。数据具有形式和内容两个方面。

第二，国际组织的定义。国际标准化组织（ISO）和国际电工委员会（IEC）在“信息技术术语”中对数据所作的定义，“数据（data）是以适合于沟通、解释或处理的形式化方式重新解释信息的表达”，认为数据就是一种信息的表达。美国联邦贸易委员会在其2016年发布的《大数据：包容工具抑或排斥工具》研究报告中认为，大数据是多种因素的融合，包含对各种来源的消费者数据的收集并进行数据存储，利用强大的网络技术来分析数据并建立起联系，进而作出影响和预测。

第三，法律法规中的定义。我国2017年6月实施的《中华人民共和国网络安全法》（以下简称《网络安全法》）第七十六条指出“网络数据，是指通过网络收集、存储、传输、处理和产生的各种电子数据”，而网络是指由计算机或者其他信息终端及相关设备组成的按照一定的规则和程序对信息进行收集、存储、传输、交换、处理的系统，即数据是依托设备载体实施一系列网络行为中产生的以电子形式存在的信息。《网络安全法》第七十六条将“个人信息”定义为“以电子或者其他方式记录的能够单独或者与其他信息结合识别自然人个人身份的各种信息，包括但不限于自然人的姓名、出生日期、身份证件号码、个人生物识别信息、住址、电话号码等”。个人信息侧重于对可识别性的身份信息的电子记录。我国于2021年9月1日开始实施的《数据安全法》第三条指出“数据是指任何以电子或者其他方式对信息的记录”，即数据是对信息的记录。2021年9月15日发布的《工业和信息化部关于加强车联网网络安全和数据安全工作的通知》中多次提到“个人信息与重要数据”，如指出要加强个人信息与重要数据保护，在中华人民共和国境内运营中收集和产生的个人信息和重要数据应当在境内存储等，将个人信息与重要数据并列。然而，有学者也指出信息实质上是数据的表征形式，数据是信息的实际载体。欧盟2018年颁布实施的《一般数据保护条例》（*General Data Protection Regulation*）其中将“个人数据”定义为“任何指向一个已识别或可识别的自然人（数据主体）的信息，该可识别的自然人能够被直接或间接地识别，尤其是通过参照诸如姓名、身份证号码、定位数据、在线身份识别这类标识，或者是通过参照针对该自然人一个或多个如物理、生理、遗传、心理、经济、文化或社会身份的要素”。

另外，对于数据和信息的关系，普遍认为信息是数据的表征形式，数据是信息的实际载体。虽然有些学者认为数据与大数据，数据与信息是应当区分的，指出只有当数据符合Volume（大量）、Variety（多样）、Velocity（高速）、Value（价值）这四个特征时，才能被归类为大数据。且不说这四个特征中的大量、多样、高速这三个词本身就是对程度描述的词，无法确定具体的标准，随着网络技术的升级，数据的收集能力也在不断地变化，更体现出扩张性和精准性，并且我们在谈数据的保护、数据的价值属性、数据的市场垄断时本身也不可能是针对无价值的零星数据进行研究和治理的，所以用大量、多样、高速这些标准来区分数据与大数据并没有理论与实践意义。因此，通过国内外相关法律、政策条文的表述来看“信息”“数据”“大数据”在一定程度可以相互指代，都是指在网络活动中依附于一定的通信设备系统而产生，以电子形式存储、传输、分析、交易、利用的电子记录。因此，对于数据的研究重要的并不是强调多大规模、多大价值的电子记录可称为数据，而是对何种类型、何种范围的数据信息进行规范与保护，以实现数据对经济发展的更大驱动力。

数据作为生产要素，需要满足三个特质：第一，数据参与生产过程，并创造价值。数据会参与价值增值的过程中，却无法被取消（可以被替代，但相对替代方式有经济成本优势）。为了参与生产过程，该事物可能需要提前被采集和初步加工（消耗一定的成本）使其能更好地参与生产和使用，必要时需要建立储备体系。第二，数据具有权属属性。即数据具有一定的获取成本，同土地、劳动力、技术和资本这些生产要素一样，数据越稀缺，其获取成本越高。第三，数据具备流转特性。数据本身不具有价值，只有通过数据流转，参与到社会生产过程中，才能产生价值。

准确界定企业数据的内涵和范围是开展企业数据研究的前提条件和首要任务。根据电子化的记录，按照所标识的主体类别、行为类别的不同，可以将数据分类为“个人数据”“政府数据”“企业数据”三类。个人数据，通常是主体在运用各类网络设备以及服务产品的过程中主动上传的具有身份识别性质的数据。政府数据，通常是指公共管理和服务机构在依法履行公共管理职责或者提供公共服务过程中产生、处理的数据，具有很强的公共性，其中部分还涉及国家机密和商业机密以及个人隐私保护。而企业数据，从广义上讲，是指企业在生产经营活动中形成的所有数据，包括研发设计、生产制造、经营管理、应用服务等过程中产生的数据。根据不同的分类标准，可以将企业数据归纳为不同类型，具体包括以下几种情况。

3.1.1 企业原生数据和企业衍生数据

1. 概念

根据数据来源或者数据内容产生方式的差异，可以将企业数据分为企业原生数据和企业衍生数据两类。企业原生数据指不依赖企业现有数据而产生的数据。从来源上看，企业原生数据主要包括以下类别：首先，是与企业自身相关的数据，主要指地址、商标、域名、研究成果、经营范围等企业自身数据；其次，是经个人授权或许可获得的数据，如用户在使用、注册 App 或网页服务时所主动提供的姓名、昵称、头像、年龄和身份等用户数据，用户评论数据、购物记录、消费记录、实时定位、浏览足迹、停留时常、使用系统服务的日志数据等行为痕迹数据[1]；最后，是经交易、合作而获得的非个人数据，如基于共享平台（open API）、共享协议而获得的数据或经交易合同而购得的交易数据等。[2]

企业衍生数据指企业出于特定目的需要，在前述原生数据基础上经过“加工处理”程序而形成的数据集合或预测型、指数型、统计型数据。我国《数据安全法》第三条明确规定，对数据的“处理”包括“收集、存储、使用、加工、传输、提供、公开等”。这类数据具有系统性、可读性和具有使用价值等特点，包括但不限于购物偏好、消费倾向、交友习惯、就业趋势、流感类型集中区域预测等数据类型。企业衍生数据的范围确定，需要关注点有以下几个方面：首先，从数据形式上看，本研究所探讨的企业衍生数据是计算机技术的产物，是以 0 和 1 为基础形成的具有识别性的电子数据或电子符号，能够随时被复制、传输和存储；其次，从复刻技术上

---

[1] 刘星，姜南，欧忠辉，马艺闻．数字经济时代企业数据权益保护研究［J］．情报杂志，2021，40(10)：91−98+107.

[2] 朱安迪．大数据背景下商业数据的法律属性及法律保护［D］．杭州：浙江大学，2018.

看，本研究所探讨的企业衍生数据依赖于回归、分类、聚类等算法分析和数据处理技术，能够实现快速聚集和系统分析，能够产生预测型数据内容，因此不包括体量小、通过传统的数据记录方法和由此产生的难以循环流转和重复利用的数据；再次，从商业使用角度看，企业衍生数据最主要的用途便是商业化使用，最直接的价值体现便是经济获利，因其产生于数据交易、利用、共享、存储等数据活动中，与聚合筛选、算法分析、删除清洗等加工程序紧密相关，因此具备来源广泛、体积庞大、能够满足商业使用的特征；最后，从可识别性角度看，虽然一些学者认为有些企业衍生数据同样具有可识别性和不可识别性之分，但是本研究认为，企业对原生数据的“加工处理”不应损害其他在先的数据权利，如果作为衍生数据生成原料的原生数据具有人格属性，应该首先对其进行去标识化处理才能继续进行“加工处理”。因此，本研究中所指企业衍生数据均是去标识化之后的衍生数据类型。

“原生数据”和“衍生数据”并非完全对立、互不相融的绝对概念，而是针对数据加工过程的相对概念，上一阶段的“衍生数据”也可能成为下一阶段的“原生数据”，而且随着数据分析和数据挖掘技术的发展，二者之间的转换时间被无限缩短，甚至可以忽略不计。企业衍生数据通过“加工”而产生，这种产生方式使其衍生数据本身也产生了更加细致的分类。加工行为及其对企业数据产生的影响可以归纳为“归纳型”“改变型”和“归纳＋改变型”三类。具体来讲，“归纳型”，主要指通过收集、汇编等加工程序，按照一定的编排结构对数据进行分类汇总所形成的数据类型，虽然经过加工，但并未对数据本身进行任何关联，典型代表是汇编而成的数据库或数据集；“改变型”，即对原生数据进行聚类、回归、清洗、关联后形成指数型、预测型或统计型数据，这类数据在挖掘关联关系、构建因果联系、明确发展趋势等方面具有重要优势，如“企业发展工商指数”；“改变 + 归纳型”，即综合运用多种加工行为对原生数据进行的增值处理，这种情况下产生的数据十分依赖人工智能、算法分析等数据分析技术，也更加具备分析潜力和商业价值，如“阿里巴巴网购价格指数”。

2. 对比

从概念和来源来看，企业原生数据与企业衍生数据最大的区别在于是否经过“加工”。“加工”处理使企业数据实现了“质”的改变，产生了企业衍生数据，并赋予企业衍生数据保护更高更迫切的意义。从生成过程看，“加工”是企业衍生数据最重要的生产环节。企业衍生数据是对原生数据进行“加工”而形成的新的数据类型。“加工”包括获取、收集、提炼、筛选、过滤、聚合、计算、清洗等处理程序。“加工”程序是可以分离的，“加工”的过程既是对原生数据的赋值过程，也是衍生数据的生成过程，同时也是数据成为有价值的生产要素的最好印证。加工过程涉及是否存在智力附加的问题，即并不是所有的加工过程都能生成衍生数据。

从原生数据到衍生数据的“质变”过程，还可以从衍生数据的性质、内容、形态、质量等不同维度得到解读（见表 3–1）。从数据性质上看，原生数据是对客观事物的真实刻画，强调事实记录和还原；衍生数据则是在原生数据的基础上挖掘数据规律，创新数据信息的过程，因此衍生数据的生成过程是从记录性到创造性的转化过程。从数据内容上看，原生数据仍处于 0 和 1 的符号层面；衍生数据则跳出技术层面，将重心转移到更具社会性和利用价值的数据内容层面，因此衍生数据的生成过程是从符号层面向内容层面的跨越。从数据形态上看，原生数据是不可或缺的海量资源，但只是简单聚集的数字原料，尚未经过专业筛选和用途归置，缺乏内部性功能价值；而衍生数据不但能够在内容上提供预测信息，还能够独当一面，作为数据产品或产品集合直接提供产品服务，因此衍生数据的生成过程是从数据原料到数据产品的转变。从数据质量上看，原生数据仍是未经特殊整理的一般数据，只能反映碎片化信息，缺乏关联性和系统性，可利用性不足；而衍生数据本身就是基于海量原始数据材料的筛选加工，除数据本身更具备聚合性外，数据信息也更具备完整性，更能够反映事物的整体态势和未来趋势，利用价值更高，因此衍生数据的生成过程是从一般数据到可用数据的质的飞跃。

表 3-1　企业衍生数据的变化过程解读

对比	原生数据		转变方式		衍生数据
数据性质	技术层面的记录性（强调刻画、记录事实真相）	➡	加工处理（获取、收集、提炼、筛选、过滤、聚合、计算、清洗）	➡	内容层面的创造性（强调挖掘数据规律、创造有价值的数据信息）
数据内容	反映碎片化信息缺乏关联性，系统性				完整性强 能够反映全链条事件的相关关系或因果关系
数据形态	数据原料				数据产品
数据质量	海量但价值密度低				聚合性强， 价值密度高

如前所述，作为数据的下位概念，原生数据和衍生数据同样具备数据的无形性、可复制性和公共性等自然属性特征，但将二者截然区分的是企业衍生数据特殊的社会价值，主要体现为衍生数据的高预测性、高价值性和内容创造性。

（1）高预测性

预测是大数据应用的核心，也是数据挖掘的价值所在。企业衍生数据的预测性，不仅能够发现商业规律，还能够预测消费者的观念与行为方式，对企业的决策方式及商品服务的提升产生巨大甚至决定性作用。从产业生态构建角度看，衍生数据能够精准预测市场竞争规律、行业集中程度和企业征信等情况，提高企业决策的判断力与洞察力，并以精确的目标和路径，辅佐企业经营管理决策。例如，智能物联网（AloT）行业借助衍生数据的分析优势，为企业的业务拓展和市场挖掘提供可靠情报，从最初的智能家居行业，延伸至交通、物流、城市、制造、零售、医疗、农业等各个行业领域。从公共服务需要角度看，衍生数据能够为应急安全、公共服务、生态保护、社会保障、社会经济总体预测等公共利益领域提供重要参考，如根据零工或临时工作从业者数量及所选择的行业集中度而对社会保障作出选择，根据药品或卫生用品的销售量来预测流行疾病的类型与集中暴发区域，根据商品购买方式和相应购买力统计数据预测社会经济总体状况。[1] 从消费偏好角度看，还能为用户量身定做，实现精准推送和个性化定制，增进消费者福利。例如，通过合法收集、汇聚、分析消费者的职业、经济、健康、教育、爱好等个

---

[1] 姚佳．企业数据的利用准则［J］．清华法学，2019，13（3）：114-125.

人数据或消费者的购物喜好、商品点击率、上网时间等使用痕迹数据形成群体特征画像或个人用户画像，实现个性化和有针对性的定制服务，淘宝的“生意参谋”便是其中一例。

（2）高价值性

企业衍生数据的价值性来自两个方面。一方面是深度挖掘信息、探究商业规律的数据结构价值，另一方面是发挥数据价值基础上产生的数据内容价值。企业根据不同的产品需求设计不同的数据算法，从而形成不同的衍生数据产品，因此衍生数据根据其所涉不同领域及加工程度不同而具有不等的经济价值。依托衍生数据的双重价值特征，衍生数据成为大数据交易市场中高附加值、高稀缺性的“数据黄金”，数据产品等开发与市场应用成为企业的主要商业模式，许多企业早已把衍生数据视为市场竞争优势和核心竞争力。我国政府也持续关注衍生数据的高价值性，积极鼓励数据交易，着力开发数据市场。目前在实践中已经出现大数据交易平台，交易形式大致分为综合数据服务平台和第三方数据交易平台两种。数据交易规则直接将衍生数据确定为交易合同标的，如《贵阳大数据交易所702公约》中明确规定“贵阳大数据交易所所交易的并不是底层数据，而是基于底层数据，通过数据的清洗、分析、建模、可视化出来的结果”。随着数据交易规模逐年扩大，数据经济价值也日渐凸显。2017年，习近平总书记就高屋建瓴地指出：“要制定数据资源确权、开放、流通、交易相关制度，完善数据产权保护制度。”据《大数据产业发展规划（2016—2020年）》（工信部规〔2016〕412号）2020年，我国大数据相关产品和服务业务收入突破1万亿元，年均复合增长率保持在30%左右，证明了衍生数据在数据产业和经济发展中的巨大价值潜力。

（3）内容创造性

数据挖掘过程中产生的大量企业衍生数据，对知识发现具有重要的应用价值。[1] 衍生数据的创新性体现在数据本身和数据内容两个方面。一方面是数据本身的创造性，对于衍生数据来讲，数据的加工过程就是创造的过程。数据加工不仅实现了衍生数据从无到有的突破，还使数据分析实现了时间和空间上的跨越。传统大数据采集使用的都是已经落地的数据，缺乏对数据产生过程的记录，相较于获取数据，对数据进行分类加工以获得更有价值的分析更重要。衍生数据让企业能够从不同视角洞察数据。衍生数据的每个加工程序都是独立存在的且具备动态性、实时性和及时性特点，不仅能够在时间维度上更及时的进行数据分析，还能在空间维度上更准确的进行数据推演。另一方面是数据内容的创造性，衍生数据在内容层面的创造性是相对原生数据而言的。原生数据处在符号层面，是对现实世界客观描述的记录载体，强调客观性和记录性；衍生数据处在内容层面，强调投入性和创新性，体现具有经济价值的信息内容表达，是企业通过资金、技术和智力劳动等要素投入并经过"加工"程序将其内化为衍生数据的创造性和价值性，赋予其超越原始数据的商业价值和应用价值。

3.1.2　公开型企业数据和非公开型企业数据

根据是否能够为公众所获取的这一特点，可以将企业数据分为

---

[1] 杨文川，黄涛．数据挖掘中衍生过程的研究［J］．广西师范大学学报（自然科学版），2003（1）：127-130.

公开型企业数据和非公开型企业数据两类。公开型企业数据指公众能够获取或利用的企业数据，包括企业主动公开的、企业根据法律规定公开的、企业基于合作或合同约定公开的数据集或统计型数据，如腾讯发布的《2020 移动游戏质量白皮书》、百度数据研究中心与国家旅游局信息中心联合发布的《2014 中国旅游百度指数报告》等；非公开型数据是公众无法轻易获取或利用的企业数据，最典型的代表便是涉及商业秘密的企业数据，可见其保密性更强，更容易获得商业秘密保护。因此相比于后者，能够为政府所管理和应用的企业数据主要是公开型衍生数据，这类数据也成为数据治理过程中的重点对象和重要治理工具。

3.1.3 可识别型企业数据和不可识别型企业数据

根据是否能够识别到个人的这一特点，可以将企业数据分为可识别型和不可识别型两类。可识别型企业数据指未经“脱敏”或去标识化处理，依然能够体现个人的生物特性、关乎个人隐私、与个人具有高度关联性的企业数据，也是企业数据规制的重点领域和对象；不可识别型企业数据指经过“脱敏”或去标识化处理，不再能够识别或对应到相关个人的企业数据，通过去标识化处理，该类数据能够与个人特征相分离，很大程度上减少了侵犯个人数据利益的风险，能够在更多更广的领域得到共享和应用。

3.2 企业数据的自然特征

同数据一样，企业原生数据和企业衍生数据的自然属性也具备无形性、可复制性、公共物品性和客观性四个特征。

（1）无形性

企业原生数据和企业衍生数据都具有无形性特征。需要强调的是，虽然衍生数据的产生是一种加工增值的过程，但这一过程并未破坏数据的物理性质，其本质上仍是以二进制代码“0”和“1”组成的比特形式，借助计算机或互联网条件进行流通，外在形式表现为非物质性的符号[1]，保留了大数据的自然特征和客观、真实、可靠的数据质量，因此具有无形性，也成为衍生数据与传统财产权客体相分离的重要特征。

（2）可复制性

可复制性是企业数据产生的基础，数据的生命在于流动，但数据流动以可复制性为前提，承认其可复制性才能实现海量数据的聚合、回归、建模、处理，才能产生衍生数据。可复制性也是企业数据价值得以产生的基础，对数据的加工处理并不是为了一次性使用或为了少数人排他性的使用，而是为了能够在数据交换和数据流通中最大限度地释放数据价值，挖掘数据潜能。[2] 企业数据的可复制性为这一目的实现提供了可能性，在可复制性的条件下，数据主体不仅能够重复使用或复制到其他领域使用，还能够转移给其他主体使用，从而扩大企业数据的使用场域，创造数据增值机会。

（3）公共物品性

站在经济学的角度，公共物品性即非竞争性和非排他性。前者是指任一主体对数据的使用不影响其他主体在同等条件下的使

---

[1] 刘双阳，李川．衍生数据的财产属性及其刑法保护路径［J］．学术论坛，2020，43（3）：39–47.

[2] 刘新宇．数据权利构建及其交易规则研究［D］．上海：上海交通大学，2019.

用，后者是指多个主体对数据的使用可以同时进行而不会产生排斥作用。[1]对企业数据复制或重复利用并不会导致其数据价值的降低，反而会在不同的使用目的和场景中最大限度地挖掘数据价值。但需要注意的是，公共物品性不可与公共物品混淆，并不是说任何一个社会公众都能随意使用，只有经过数据主体或数据控制者同意或公开的数据才能被使用。

（4）客观性

同大数据一样，企业数据本身不是分析结果，而是分析素材，能够以“客观性表达”展现事实真相，反映客观规律，而不是简单的概括性结论，因此具备客观性。[2]

3.3 企业数据的复杂性分析

3.3.1 功能聚合性

1. 社会经济功能

从企业数据的肇始目的可以看出，数据经济的本质是将信息转换为企业发展的数据要素，并通过生产、加工、交换等处理流程实现数据要素向数据资本的转变[3]，即对数据的经济追求才是数据治理的最初目的。正因如此，作为数据的下位概念，企业数据自然也从功能上承载了企业对数据的经济价值追求。企业数据的社会经济功

---

[1] 梅夏英．在分享和控制之间 数据保护的私法局限和公共秩序构建［J］．中外法学，2019，31（4）：845-870.

[2] 陈俊华．大数据时代数据开放共享中的数据权利化问题研究［J］．图书与情报，2018（4）：25-34.

[3] 龙卫球．再论企业数据保护的财产权化路径［J］．东方法学，2018（3）：50-63.

能不仅包括企业自身或企业之间的经济价值，随着数字技术和数据产业的发展，数据已经成为第五大生产要素，兼具规律预测性、价值密集性、知识创造性的衍生数据更是被视为推动经济转型的战略资源，企业数据对于整个社会经济来讲都具有重要功能。因此，无论是对数据控制企业、相关数据企业（数据使用方、数据交易相对方），还是对整个经济社会而言，在数据利用过程中都必须考虑其社会经济功能。

2. 公共管理功能

企业数据的功能性还体现在公共管理层面。在数字社会转型中，企业数据不仅是经济发展的重要资源，同时也是提升公共管理的重要工具和重点治理对象。例如，阿里巴巴通过网站数据加工形成并公开的“网购商品价格指数”（aSPI），不仅是该公司扩大商品营销和预测市场规模的重要依据，也是政府了解电商行情、调节经济部署的重要参考。在很多情况下，企业数据的社会经济功能和公共管理功能并不冲突，反而会共生共荣、相互促进，但当二者发生冲突时，应综合衡量与功能性相关的主体利益关系。

3. 信息安全功能

企业数据的形成离不开个人、企业和政府等数据主体提供的海量原生数据，但如何在企业数据的收集、处理、加工及交易等数据活动中保护其背后牵涉的个人隐私、商业秘密和国家信息安全将是企业数据治理的重要使命之一，而这也将成为企业数据的一项消极功能。虽然经济追求是企业挖掘数据价值的初始目的，但并不是唯一目的，企业在实现经济利益中更不能以牺牲信息安全为代价，应在结合数据主体和数据类型差异保障数据安全的前提下再开发其经济价值。

3.3.2 利益交织性

企业数据的控制、生产和交易，首先是建立在数据控制企业对数据的经济价值追求上。因此对于数据控制企业来讲，实现企业数据的经济利益是数据活动中最大及最核心的利益关系。但是，由于企业数据是由企业自身、个人、相关企业和政府共同贡献的结果，因此企业数据在数据来源、流通环境和功能聚合性方面呈现出复杂性特点，企业数据自然也承载了不同的利益关系，呈现出主体之间的利益交织性。数据控制企业的核心利益在得到保障的同时，也会因其他利益而受到限制，进而在不断地博弈过程中达成利益关系的平衡。因此，除了数据控制企业自身利益外，企业数据所承载的其他利益大致可以归纳为以下三个方面。

1. 个人利益

从企业数据的来源来看，个人数据是形成企业数据的重要来源。个人在网络平台注册账号、浏览网页、搜索信息或点击评论时产生的用户数据往往是企业用来研究用户偏好、开发数据产品、进行个性化推荐的关键信息；但企业在经济利益驱使下，会出现在未经用户同意的情况下就过度收集或在未经同意的情况下过度开发个人数据的现象，从而造成个人隐私泄露，损害个人利益，甚至产生差别定价、大数据杀熟等损害个人利益的商业行为，导致个人利益和企业利益失衡。

2. 相关企业利益

由于数据流通、交易、利用、共享等数据活动日益频繁，企业数据不仅关乎企业自身利益，也对数据使用方或数据交易相对方等相关企业利益具有重要作用，甚至对整个社会经济产生重要影响。在大数据时代下，数据作为重要的生产要素和战略资源，体现了企业自身和相关企业的重要需求，也体现了社会经济的数字化转型需求。在数据活动中，因数据主体之间的实力差异，企业数据资源分配不均，数据垄断和数据孤岛等问题严重，影响相关企业利益，从而影响数据市场的公平竞争。

3. 公共利益

企业数据本身承载着信息安全功能和公共管理功能，对国家安全、信息保障、公共服务等涉及公共利益的领域具有重要作用，这些利益成为企业利益中的重要组成部分，并根据各自的功能对企业数据产生平衡与规制作用。在美国“HiQ 诉 LinkedIn 不正当竞争纠纷案”[1] 中，法院在审查被告不允许原告抓取数据的行为是否违法时，也将“是否对公共利益造成影响”作为一项重要的参考标准。在 2017 年，菜鸟和顺丰由于业务纠纷停止信息共享，导致许多生鲜产品在此次事件中因快件查询不畅而严重受损，国家邮政局据此要求双方“讲政治，顾大局”，在维护企业自身利益的同时，应充分保护社会公共利益，不能因企业纠纷而影响社会秩序。可见，在企业自身数据利益实现的过程中，必须将对公共利益的保护融入企业活动之中，必要时还要让渡企业自身的经济利益，帮助公共目标和公共利益的实现。

---

[1] HiQ Labs. Inc. V. LinkedIn Corp，273F.Supp. 3d 1099.

3.4 企业数据保护的理论基础

在企业数据中，规制主体呈现出“数据控制企业—个人—相关企业—政府”的多层互动关系，企业自身控制数据和技术，个人作为主要贡献者，相关企业参与交易活动，政府掌握制度与权力，多元主体之间形成相互交织又相互制衡的利益关系。企业数据本身十分复杂，兼具功能聚合性和利益交织性，数据活动乱象丛生，治理难度很大，通过协调多元主体利益，在数据活动中形成相互平衡的治理机制非常必要。因此，本研究以多中心治理理论和规制理论为基础，结合企业数据中的行动与目标，构建起“保护—规制”型治理框架，对我国企业数据治理展开研究。

3.4.1 多中心治理理论

1. 多中心治理的概念

从字面上看，“多中心治理”中包含两个关键词，一个是“多中心”，一个是“治理”。多中心是方法，治理是目标。“多中心”（polycentric governance）一词最早由迈克尔·博兰尼（Michael Polanyi）在1951年出版的《自由的逻辑》一书中提出。博兰尼认为公共事务管理呈现“单中心”和“多中心”两种秩序。“单中心”是指以政府为主导来实现公共事务管理的运作模式，是一种体现上级权威性指挥和下级服从式实行的“指挥的秩序”；“多中心”是相对于“单中心”而言的概念，是指以多元主体为中心，通过分散、有序的权力决策或公共服务供给来实现公共事务管理的“自发的秩序”。“治理”（governance）一词源自拉丁文gubernare，原意是掌舵或驾船，引申为控制、引导和操纵，意指政府是整个国家和社会的一元化主体，独占行政管理权，对公共事务的管理活动和政治活动享有绝对的垄断地位，但随着市场失灵和政府失灵现象日益凸显，现代治理思想开始萌芽，西方政治学家和经济学家逐渐意识到，仅仅依靠市场或计划手段无法实现社会资源的优化配置，也无法广泛应用于社会经济范畴，需要多元主体的共同参与才能更好地实现公共治理。在此背景下，对“治理”内涵的解读和理解更加宽泛而富有弹性。1995 年，詹姆斯 · N. 罗西瑙（J.N.Rosenau）先后发表《没有政府统治的治理》《21 世纪的治理》等代表性文章，强调治理主体的多元性，认为政府和国家强制力不再是公共管理的单一主体和必要力量，公众和社会力量也可以渗透并参与其中，关注和发挥后者在公共事务管理中的积极作用更有利于实现多元主体的治理愿望。同年，全球治理委员会在《我们的全球伙伴关系》报告中指出，治理是指公或私的多元主体为处理共同事务、化解冲突并调和利益而采取多元性、联合性、持续性行为的过程。1998 年，格里 · 斯托克（Gerry Stoker）则直接指出治理的本质就是一种管理机制，治理不再依靠政府权威，而是强调治理主体多元性，尊重多元主体的互动和相互影响的制度机制。

以“多中心秩序”和“治理理论”为基础，文森特 · 奥斯特罗姆（Vincent A. Ostrom）将“多中心”的概念引入公共治理领域，将社群利益、多中心秩序和多元治理关联起来，最终提出“多中心治理理论”，拓宽了公共事务的治理思路。奥斯特罗姆认为，多中心治理不仅是一种社会秩序，也是一种社会治理的方式和思维模式。多中心治理的本质是打破传统的由政府控制的“单中心”治理的思维定式，使政府、市场、公民等多元主体基于共同的治理目标，通过协商、合作的方式共同参与到公共事务管理的过程中来，实现社会利益最大化。根据以上研究，多中心治理的定义为：多中心治理是对传统单一主体治理模式的重大突破，其实质是“交叠管辖，权力分散”，即通过政府、市场、社会、个人等多元主体在规则体系中的共同监管和互动，构建多元协同共治模式，实现对公共事务的动态管理，满足多元主体的利益诉求的持续性治理过程。

2. 多中心治理理论的内容

多中心治理的最大特色在于其治理的多中心性，即改变了以往单一的治理模式，转变为多元协商共治的模式。在治理过程中各个主体之间相互独立又相互制衡，既通过对立竞争的方式寻找自己的定位，又通过共同合作的方式解决利益冲突，最终得以形成良性的社会规则，推动社会运行。

①与“单中心”治理相比，“多中心”治理的优势在于能够充分发挥不同主体的自主管理优势，推动公共事务管理和决策的社会化、民主化。在“单中心”的政府权威控制下，政府权力和决策压力过大，决策效率下降，而市场的调节完全是为了追求自身利益，在公共事务的处理上无法实现宏观调控和公共利益关照。在多中心治理的思维模式下，多中心治理既反对政府的全面治理，也反对放任市场的全面控制调节，转而构建涉及政府、市场、社会等多个领域的多元权力中心和组织体制，强调政府、社会、企业、个人等多元主体基于一定的规则而产生的相互协调与互动过程，因此无论是权力中心、决策中心还是公共产品或服务的供给中心都由多元主体组成，这种多元主体平等参与的治理模式，能够为社会群体提供选择权，避免“公地悲剧”和“集体行动的困境”，增强了公共事务管理的社会性和民主性。

②多中心治理理论并不是完全的多中心治理，而是一种协同化治理模式，是多元主体围绕共同的治理目标而进行的统一行动，也是基于社会力量对政府管理职能进行弥补和完善的调整过程。多中心治理体现了政府与社会、市场、个人等多元主体之间的相互信任与合作。在这一过程中，政府虽然具有统一领导性质，但更强调充分发挥各利益相关主体的优势，政府不仅需要依靠其他社会主体将政策规则传递到社会各个领域，明确监管目标，还需要通过分散监管构建一种合作共治的公共治理模式来弥补政府管理不足，从而提高治理效率和公共服务质量，在分权共治中加强管理效力，实现利益平衡。

③多元主体之间的关系既是相互独立、相互配合的关系，又是相互制衡、相互监督的关系，多元主体在对立统一中实现利益共赢。多中心治理过程中，根据主体特征和治理需求，不同的主体在各自的领域内负责不同的治理内容，具有相互独立性，但均以提高公共管理效能为公共目标，需要互动配合才能完成，因此又具有关联性；多中心治理模式将多元主体引入治理秩序的同时意味着多元主体利益将在治理秩序中进行重组和竞争，因此多元主体之间又会呈现出差异性和竞争性。这种复杂的特性虽然能够在复杂的利益关系之间形成有效的制衡和监督，以及公平合理的利益分配秩序，但如果没有合理有序的制度安排，反而会产生更多矛盾和问题。因此在治理过程中需要相互配合，相互协调，通过交流互动塑造服务共识，确保主体发展的协调性和稳定性，实现统一的治理目标；需要对行为规则进行合理规划，对多元主体的行为活动进行有效规范和制约，使多元主体不仅能够在自主管理中得到发展，不仅能在合作

配合中实现共赢，还能够在监督竞争中得到制衡。

3.4.2 规制理论

1. 规制的概念

“规制”一词最早出现于《宋史·李神福传》中，“久掌三班，无规制，远近失叙，有请托者不能拒之，人讥其所守”，意为“规矩、节制”。现代意义上的“规制”源于英文单词 regulation，原意是规则、命令，用来描述西方政府采取的“命令—控制型”管理体制。随着理论和实践的不断进步，规制理论在政治学、法学和经济学领域中逐渐成熟。

在法学视角下，规制是指在权威机构颁布的具有法律效力的规则或命令下所支配的控制性行为或过程。[1]《布莱克法律词典》从动态和静态上给出“规制”的含义，动态上是指规范、管理、监管活动；静态上是指所有规范行为的法律文件和行业规定，如法律法规、管理办法、政府规章、内部章程等。日本学者金泽良雄将规制界定为“对相关行为制定秩序，从而起到规制作用的过程”。

在政治学视角下，规制指政府通过制定强制性规则来调整或制约规制对象行为活动的过程。[2]在综合考虑了规制和治理之后，斯科特（2011）认为用“规制治理”（regulatory governance）一词概括这种现象更为贴切，并将规制治理定义为利用多元治理主体，引入多元治理工具，通过更好、更公平、更高效、更高参与度的治理体

---

[1] 周林军．公用事业管制要论［M］．北京：人民法院出版社，2004：25.

[2] 于立，肖兴志．规制理论发展综述［J］．财经问题研究，2001（1）：17-24.

系来实现规制任务的行动。[1] 因此也有学者基于此将规制称为规制治理。规制理论涵盖了政府、个人、企业、其他组织等多元主体，由其共同对涉及社会利益的规制对象施加更为广泛的压力，塑造企业行为，维护多元主体的利益。

在经济学视角下，规制指依据一定规则，对经济社会中的个人及其经营活动进行规制的行为。政府通过制定政策和法律法规的形式行使管理职能，约束社会活动的做法是值得肯定的，通过规制企业的经济活动不仅能够弥补市场失灵造成的经济损害，还能调节竞争秩序，实现社会利益最大化。但政府不是万能的，虽然能够对市场机制起到弥补作用，但无法独立完成监管任务，尤其是当被规制的对象涉及社会整体利益时，不但需要政府单方面的有效规制，更需要个人、企业、社会组织的共同参与。

2. 规制理论的核心观点

为了更加清晰地阐释规制路径之间的差异，2017 年罗伯特 · 鲍勃温将规制路径归纳为四个方面，分别是规制者、被规制者、命令和结果。规制者指制定规则并实施规制行为的主体；被规制者指规制行为指向的对象以及规制后果的承担者；命令指具体的规制手段；结果指规制行为对被规制者产生的影响（奖励或惩罚）。在此基础上，按照企业在规制活动中的裁量权大小，罗伯特 · 鲍勃温将规制路径归纳为四种类型，分别是政府规制、元规制、自我规制和无限制的自由（如图 3–1 所示）。

---

[1] 科斯 · 斯科特 . 规制、治理与法律：前沿问题研究［M］. 安永康，译 . 北京：清华大学出版社，2018.

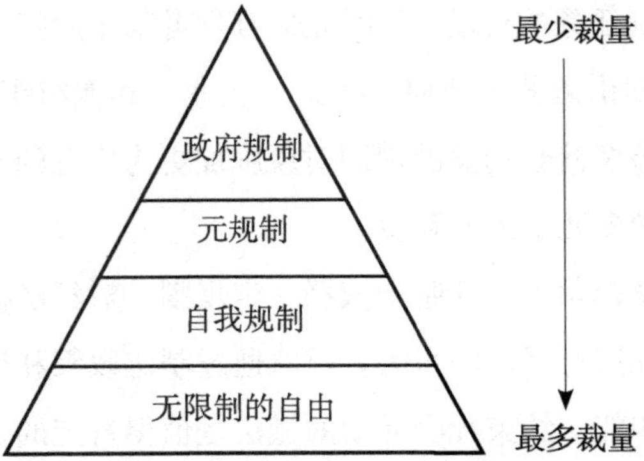

图 3-1　规制裁量的金字塔

注：本图来自罗伯特·鲍德温《牛津规制手册》一书中使用的图表。

（1）政府规制

这种观点认为传统体制下的由政府或政府主导的“命令—控制”型规制模式，最初是政府为了特定利益团体的需要，通过制定政策或颁布法规对企业行为和企业利益进行规制的过程。政府规制模式虽然逐渐由保护特定利益集团转变为保护公共利益，但规制措施依旧呈现出权威性和强制性特点。

（2）自我规制

从规制工具的特征和行为动机出发，可以将自我规制理解为将规制对象作为规制者对自身施加命令、承担结果的行为。这种模式强调规制的内部性，规制对象和规制者存在同一性（都是企业自身）。规制者根据一般目的或特定目的自己制定规则，并适用于自身，且无论规制的行为动机是否受到外部性影响，只要该外部性不存在“有意鼓励或威胁自我规制”的故意，便仍可认定为自我规制。[1]自我规制给予企业非常大的裁量自由，规制与否、规制程度、规制效果均以企业自觉性为基础，对于企业利益保护来讲更加有利，但对于其他主体利益的实现却难以保证。

（3）元规制

这种观点强调规制的外部性，虽然该行为的规制对象仍旧是对企业施加命令并承担结果，但行为动机却不是自发的，而是受到外部规制者的鼓励或威胁，即元规制下的规制行为不仅受到规制对象的自我规制，还受到外部规制者的要求或塑造，呈现出层次化特征，因此元规制也经常被称为对规制者的自我规制。[2]不考虑企业自我规制的因素，元规制的规制者一般是政府，由政府要求企业对自身作出规制，但是政府的干预资源也会枯竭，因此政府还会要求第三方机构或组织协助（如保险公司、金融市场、行业协会或其他经济组织）实施替代规制，给企业行为实施压力。因此在元规制的基础上，政府、第三方和企业之间又逐渐形成一种新的合作式规制模式，被称为精巧规制[3]，规制主体更加多元，规制模式更加提倡合作、共治。

（4）无限制的自由

这种观点一般指个人对企业形成的规制，由于没有强制力保

---

[1] FREEMAN J. Private Parties, Public Functions and the New Administrative Law [J]. Administration Law Review, 2000 (52): 813-858.

[2] PARKER C. The Open Corporation: Effective Self-regulation and Democracy [M]. Cambridge: Cambridge University Press, 2002.

[3] GRABOSKY P. Smart Regulation: Designing Eniviromental Pocily [M]. Oxford: Oxford University Press, 1998.

障，也无法激发企业自身的自觉性，因此对企业来讲约束力最小，裁量权最大。但这并不代表个人的利益就无法得到保护，随着多元规制趋势的形成，个人在利益分配中的作用也在日渐提升，在具体的治理场景中同样是制约企业利益的关键因素。

综合来看，自我规制和元规制认为政府规制无法呈现规制主体之间的多元选择和利益诉求，否定了政府规制下一味强调的“命令与控制”从而将企业和政府的利益诉求截然分开的做法，指出规制体制本质上呈现碎片化、分权化和多层次特征。[1]规制研究不应只局限于弥补市场失灵的功能性，应打破政府规制下以利益团体的需求为规制目的的局限，重视以被规制者为中心的元规制或自我规制等“替代”规制模式，发挥企业内部的控制能力，赋予规制对象部分裁量权，分散规制权力，推广更为广泛的政策[2]，在此基础上才有机会实现“更好的规制”[3]或“高质量规制”[4]。自我规制和元规制实质上是“刀刃向内、自我革命”的规制模式，其优点在于：第一，具有灵活性，能够及时回应市场变化，满足经济发展需求；第二，具有专业性，能够充分发挥企业和其他组织的专业知识和技术优势，制定更具针对性、可行性的规制措施；第三，具有效益性，能

---

❶ HANCHER L, MORAN M. Organising Regulatory Space [M]. Oxford: Oxford University press, 1989.

❷ KERWER D. Rules that Many Use: Standards and Global Regulation [J]. Governance, 2005, 18: 611-632.

❸ LODGE M, STIRTON L. Withering in the Heat? In Search of the Regulatory State in Jamaica and Trinidad and Tobago [J]. Governance, 2006, 19: 465-495.

❹ WEGRICH K. High Quality Regulation: its popularity, its tools and its future, Public Money and Management, 2009, 29 (3): 145-152.

够充分反映规制者和被规制者的利益诉求，降低规制成本，提高制度支持率和落实性。

但是，自我规制和元规制虽然打破了传统规制模式下的政府控制，使规制治理呈现出分散性和去中心化的特征，但自我规制和元规制意味着企业的裁量权变大，企业利益能够得到更多保护。在很多情况下，因缺乏国家强制力的外部控制而仅仅依靠内部自觉，自我规制的实践效果往往难以保障，甚至会出现“监管俘获”的治理乱象。虽然打破了政府利益的强势地位，却又陷入企业利益过度自由的困境，反而是在自我规制和元规制基础上形成的多元主体合作式的“精巧规制”更具有利益平衡的可能性。

可见，正所谓“独木难支”，无论是以政府为中心的“命令—控制”型规制模式还是以企业和行业组织为中心的自我规制或元规制模式，都不能独当一面地完成治理任务，只有相关主体的持续互动才能实现递增式的规制回应[1]，四项模式相互融合，扬长避短的多元化规制模式日渐成为规制治理的发展趋势。因此，构建多主体、多层次的治理模式，整合利益和行动，将对治理目标实现起到重要作用。

3.4.3　相关理论对企业数据的指导作用

企业数据具有利益交织性，除了关乎数据控制企业自身的利益之外，还与个人、相关企业、社会等主体的利益息息相关，对企业数据的治理关乎多元主体之间的利益。因此，若想实现企业

---

[1] 罗伯特·鲍德温，马丁·凯夫，马丁·洛奇．牛津规制手册［M］．宋华琳，李鸻，安永康，卢超，译．上海：上海三联书店，2019：150.

数据有效治理，必须在企业数据语境下建立多中心治理模式，通过多元主体力量之间的平等参与，来有效克制由于单一主体失灵而造成的治理风险问题。通过对多中心治理理论和规制理论的系统梳理，为企业数据的规制路径规划带来了许多思路和启发，具体有以下四点。

第一，从发展趋势来看，虽然多中心治理理论和规制理论最早发端于“命令—控制”式的集体管理体制，但随着政府、市场和多元主体在规制过程中的分工与贡献，单一主体的利益驱使早已不能实现多元主体的利益平衡需求，公共事务治理的权能分配呈现分散化、碎片化的特征。[1]因此若想实现对任何一个治理对象的有效治理，都必须充分尊重多元主体的利益，充分发挥多元主体的治理作用。对于治理对象来讲，既要保护治理对象的利益，又要合理限制与治理对象相关的行为，在保护与限制之间实现多元主体的利益平衡。企业数据来源于社会生活的各个领域，数据控制企业的自身利益与个人利益、相关企业利益和社会公共利益相互依赖又相互制约，因此对企业数据的治理，既要保护数据控制企业的利益，也要从个人利益、相关企业利益和社会公共利益的角度进行合理规制，兼顾多元主体利益，推动数据价值共享。[2]

[1] BLACK J. Decentring regulation: understanding the role of regulation and selfregulation in a "Post-Regulatory" World［J］. Current Legal Problems, 2001, 54: 103-147.

[2] JUSTICKIS V. Balancing Personal Data Protection with Other Human Rights and Public Interest: Between Theory and Practice［J］. Baltic Journal of Law and Politics, 2020, 13（1）: 140-162.

第二，从治理内容来看，在大数据时代背景下，数字技术的发展、数据产品的设计和出售、新类别角色的登场、消费者偏好的转变等复杂因素对治理内容提出了新的挑战和选择。将多中心治理理论和规制理论放在企业数据领域主要指治理内容不应局限于技术层面，更要重视企业数据的内容保护与规制。一方面对科学技术塑造普遍的机会并施加约束，包括企业数据的兼容性、可识别性和互联互通等基础设施方面的规制；另一方面则是对数据流动产生的行为或影响的规制，这一点更为直接地触及企业数据的价值、规范和规则，如企业数据利用或交易过程中的隐私保护、知识产权保护、数据反垄断等问题，在公共治理领域，对数据内容的治理应该得到足够的重视和研究。

第三，从治理路径来看，对治理模式的选择不再是非此即彼、互不相容，而是逐渐呈现出相互交融、相互合作的协同治理趋势，治理制度也更加侧重制度设计，重视分析治理者与治理对象在治理过程中的行为活动（行为）与利益诉求（目的），并将制度设计与行为、目的相联系，在具体行动中满足不同利益主体的治理期待。因此，对于企业数据来说，一方面要重视企业数据关系中不同主体的利益诉求，包括数据控制企业、个人、相关企业、政府等多元主体的利益诉求[1]；另一方面要重视与企业数据有关的数据活动，包括企业数据的权利保护、数据获取、数据利用、数据交易等具体活动，并将利益诉求贯穿到行为活动中。

---

[1] BO Z，YANG F. Mapping the development of China's data protection law：Major actors，core values，and shifting power relations［J］. Computer Law & Security Review，2021，40（8）：225–237.

第四，从学科融合来看，有关多中心治理理论和规制理论的研究和实践已经渗透到法学、管理学和经济学等多个学科领域[1]，呈现出学科交叉的特点，运用这两个理论研究一个具有跨学科特点的治理主题，不仅能够在不同的学科背景和研究传统之间展开对话，还能够适应新的时代需求，在理论视角和研究方法上不断创新，从而找到更有效的治理路径。[2]我们已经进入了数字治理的新时代，关于企业数据的治理问题正是这样一个涵盖法学、政策学、经济学等学科文化，具有学科交叉属性的研究主题，因此在运用多中心治理理论和规制理论指导企业数据治理的过程中，不仅能够兼顾学科差异，从多维视角拓展研究思路和研究方法，还能够实现学科融合，使企业数据治理中的复杂问题在理论指导中形成统一的治理框架。

3.5 企业数据保护的理论框架

综合以上研究，以多中心治理理论和规制理论为指导，对企业数据的研究需从多元主体的利益平衡角度出发，结合数据活动及行为影响，形成以企业数据为中心，以行为和目的为骨架，以保护和规制为核心的研究框架（如图 3-2 所示）。

---

[1] 薛敏芝．美国新媒体广告规制研究［J］．上海师范大学学报（哲学社会科学版），2013，42（3）：61-69.

[2] 罗伯特·鲍德温，马丁·凯夫，马丁·洛奇．牛津规制手册［M］．宋华琳，李鸻，安永康，卢超，译．上海：上海三联书店，2019：13.

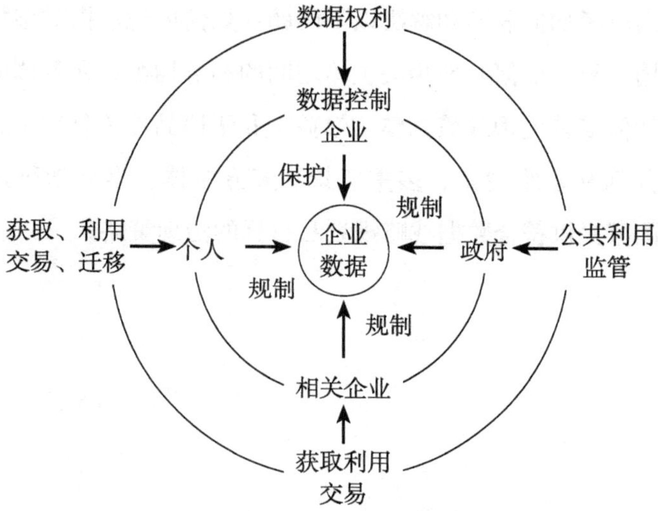

图 3-2　企业数据的保护与规制研究架构

3.6　本章小结

本章是全书的核心章节，具有承上启下的重要作用。通过对企业数据的基本理论分析可以发现，企业数据承载了数据的无形性、可复制性、公共物品性和客观性等自然属性。与原生数据相比，经过加工的衍生数据具有更加显著的预测性，能够呈现更加丰富的数据内容，是具有高价值的数据类型。企业数据来源并应用于社会生活的各个领域，具有功能聚合性和利益交织性，承载了社会层面和技术层面的功能需求，体现数据控制企业、个人、相关企业、政府等多元主体在数据治理领域的利益交织。在多中心治理理论和规制理论指导下，对企业数据应采取“保护与规制”的治理思路，在均衡多元主体利益的情况下，既要重视对数据内容的保护，又要重视对数据行为的规制。在第 4~7 章中，对于具体场景下的研究设计，我们应当思考如何兼顾和解决以下问题：如何体现数据类型特征和场景应用差异；如何实现相关主体之间的利益均衡；在具体的制度完善中如何妥善处理政策调整（效益）和法律品性（公平）之间的矛盾；如何从多维视角、多重场景、多方主体、多种学科角度出发，为国家提供符合数据战略规划和目标的治理策略。

第4章 企业数据的权利保护

企业数据治理的重中之重就是解决企业数据保护问题。在《习近平系列重要讲话读本》《"十四五"规划和2035年远景目标纲要》《法治政府建设实施纲要（2021—2025年）》等国家政策文件中早已提出加强数字经济发展和加快数据法律规制的制度要求及目标规划。虽然在具体层面上，国内外立法对数据保护尚未提出明确的治理规则，但国外在数据保护方面的经验给企业数据保护带来启发，对于该问题的研究也早已引起学界的重视和讨论，但现有研究对于企业数据自身的本体性和社会性特征研究尚不成熟，对现有制度中存在的治理瓶颈和问题根源缺乏全面分析，对将企业数据置于现有制度框架下的必要性和可行性缺乏理论证明，导致企业数据权利难以界定，司法裁判存在"擦边球"现象。因此，本章将延续前人研究，以第3章关于企业数据的理论分析为基础，以自我规制和政府规制为指导，将保护重点聚焦在权利保护问题上。首先，从宏观和微观角度分析企业数据的保护逻辑；其次，从理论依据、调整对象、制度功能和历史发展等多维角度论证企业数据与知识产权制度的适配性；再次，结合企业数据特征和知识产权保护形式进行数据类型的重新划分，将保护类型和数据类型进行对照研究，有针对性地指出现有制度保护中存在的不足；最后，重新规划企业数据的保护模式，调整数据权能分配，使知识产权制度为数据财产治理提供更为契合的制度选项。

4.1 企业数据的保护逻辑

4.1.1 宏观层面

法治是现代国家的重要标志，实现法治治理是国家实现治理现代化的重要标志和核心内容。在此背景下，有学者指出企业数据保护必须坚持法治化道路，在坚持法治理念的基础上设定企业数据主体之间的权利义务关系，在国内是不同主体基于权利义务内容和关系模式而展开的“合作—竞争”过程，放在国际层面是不同国家之间的数据主权之争。从中我们可以梳理出实现企业数据保护的三条关键信息，即合法性、权属分配及利益保护。

第一，合法性是实现企业数据保护的前提和根本。满足合法性的要求首当其冲是有法可依，需要加强企业数据权利的法律制度构建，从形式和实质上确定权属分配和保护规则。[1]既有法律制度并不是针对企业数据问题而设，用既有法律制度规制新兴的企业数据问题存在立法语境和保护目的不适配的间距性问题，有违合法性要求。第二，权属分配是企业数据保护的核心内容。权属分配是针对数据上的主体、内容、法律关系等作出明确规范的过程。我国出台的数据政策多次强调要尽快制定符合国情所需的数据产权制度，重

---

[1] 陈兵．重大突发公共事件中数据治理的法治面向［J］．人民论坛，2020（Z1）：65–67.

视数据资源在获取、流通、交换、共享过程中的利益规制问题，构建以数据为关键要素的数字经济，可见解决数据保护问题已经成为大数据时代社会治理和法制建设中亟待解决的现实问题。斯科特曾提出权利诉求问题是实现数据善治的关键，有效协调权利与权力、公益与私益二者之间的矛盾张力才能构建良性秩序。[1]明确企业数据权属能够正向作用于数据利益诉求划分、均衡保护与利用等困境，无论是对企业数据治理本身，还是对整体数据治理与数字经济转型等都具有重要意义。[2]第三，解决数据纠纷是企业数据保护效果的检验标杆。无论是合作还是竞争，数据纠纷都不可避免。从涉及企业数据纠纷案件的司法判决中可以发现，法院十分重视对数据控制企业的利益保护，在有些案件中甚至直接根据企业数据主体是否实际投入或者付出为前提来决定是否支持其诉讼请求。此外，除了有利于解决数据纠纷外，处理好企业数据保护问题对于促进数据产业发展和个人信息保护都具有积极作用。综上，在企业数据治理的过程中必须考虑法律环境要素及坚持合法性原则，重点解决以利益保护为核心的治理难题，并在此基础上通过制度设计，合理分配数据权能，解决利益纠纷，提升治理效果。

4.1.2　微观层面

通过研究综述发现，国内外研究均认可企业数据的财产价值，但对于企业数据的法律性质界定、保护路径选择等方面仍未形成统

---

[1] 吴理财，王为．大数据治理：基于权力与权利的双向度理解［J］．学术界，2020（10）：33-42.

[2] 秦顺．循证政策视角下我国数据确权的法理解析与规范路径［J］．图书馆建设，2022（2）：58-69+79.

一意见。企业数据应该选择数据类型化还是数据结构化？企业数据的法律保护究竟该选择商业秘密保护还是反不正当竞争法保护？如何进行制度安排才能在兼顾利益平衡的同时实现权益分配？面对数据的滥用、垄断等不当行为又该如何设计保护规则实现数据的执法与司法救济？这些问题关系到企业数据治理的效果和落实，成为企业数据保护必须关注的重要领域。另外，从企业数据的分类和特征来看，企业数据的类型多样且特征迥异，因此对企业数据的权利保护不能采取“一刀切”的处理方式。作为一种复杂的复合性权利，不同类型的企业数据在法律特征、法律属性、法律内容及权利保护形式上均存在差异性，既导致了理论逻辑上难以自洽，也使得司法实践适用出现混乱。因此，本章关于企业数据保护研究中应重点解决以下问题：厘清企业数据的法律性质；确定企业数据权利的主体；确定企业数据权利的权能；确定企业数据的保护形式。

4.2 企业数据的法律性质

关于企业数据的法律性质的探讨，目前主要存在物权法说、所有权说、新型数据权说和知识产权说。本研究认为，相比于其他三种学说，知识产权说无论是从理论基础、调整对象、历史趋势角度，还是从制度功能、立法进步和社会需求角度看，都更具有必要性和说服力，因此本研究更倾向于知识产权说，具体理由如下。

4.2.1 理论基础

洛克的劳动赋权理论和边沁的激励理论能为企业数据的知识产权保护提供理论上的可行性。虽然这两大理论最初产生并适用于解释有形财产权的正当性，但从其关于“劳动即价值”和“制度激励功能"的核心理念对于理解信息、数据等无形财产权益保护的必要性来讲，同样具有重要的指导意义。劳动赋权理论强调人们对其投入劳动价值的部分享有正当权益的核心观点能够为企业数据保护提供合理的理论依据。[1]企业通过收集整理或利用人工智能、算法技术、区块链等数据处理技术或借助云存储、计算机系统、应用权限等方式，通过存储、传输、携带、修改、删除、加工、聚合、清洗、提炼、筛选、过滤等手段生成或获取数据。可以说，企业数据本质上属于企业的劳动成果，企业衍生数据更是企业投入劳动和成本的过程。因此从劳动赋权理论角度讲，赋予企业数据适当的法律保护具有正当性的观点毋庸置疑。

激励理论强调通过合理设置刺激手段的方式对目标行为进行奖励和引导。[2]在企业数据治理中，制度条款便是刺激手段，数据价值便是治理目标，通过合理的制度规制引导和实现治理目标的过程就是激励理论的实现过程。例如，实践中法院以"实质性投入"为标准确定企业数据权属和判别是否侵权的做法就是在通过司法保护企业数据利益的方式达到激励企业投身数据产业和数据研发的目的。例如，"大众点评网诉爱帮网"[3]"Register.com Inc. v. Verio Inc"[4]"Oyster Software Inc. v. Forms Processing Inc"[5]等一系列案件中，

---

[1] 洛克．政府论（下篇）[M]．叶启芳，瞿菊农，译．北京：商务印书馆，1997.

[2] 高郦梅．企业公开数据的法律保护：模式选择与实现路径 [J]．中国政法大学学报，2021（3）：140−152.

[3] 北京市第一中级人民法院〔2011〕一中民终字第 7512 号民事判决书。

[4] Register. com Inc. v. Verio Inc.，126 F. Supp. 2d 238（2000）.

[5] Oyster Software Inc. v. Forms Processing Inc.，WL 1736382（2001）.

法院均认为原告在收集及整理涉案用户评价、卖家信息和形成数据库的过程中投入了大量劳动和经营成本，属于原告的“劳动成果”，因此原告对此类数据享有正当权益；而被告不劳而获的数据抓取行为违反了商业道德，侵犯了原告的合法利益，如果纵容被告的侵权行为将会打击原告参与数据研发的积极性，影响数据产业发展和数据生态平衡。另外，虽然当前数据已经并将继续以指数级的速度增长，企业正在竞相产生更多的数据，但却没有实现数据权益的有效“激励”[1]，很重要的原因就在于现有制度体系并未采取合理手段为企业数据开发提供可靠的法律保障，数据垄断、数据杀熟、数据隐藏等不正当数据行为难以受到合法引导，因而影响数据流通和数据红利共享。

此外，根据科斯定理，在存在交易成本的情形下，交易成本与制度效果成反比，交易成本越小制度效果越好。数字技术创新使市场价值和预期发生变化，传统法律体系出现应对空白，现有知识产权制度与市场现实需求脱节，交易成本增加，因此需要通过对知识产权制度的重新安排来实现技术和成本代价的内部消化。[2] 另外，当客体体量过大，成本过高时，也可能触发相应的制度变化。例如，“淘宝诉美景不正当竞争案”[3] 中，法院认定其已不是一般意义上的网络数据库，而演变成以“行业直播”“商品店铺榜”为具体

---

[1] DETERMANN L. No one owns data [J] Hastings Law Journal, 2018, 40 (70): 231-252.

[2] 吕炳斌. 论网络用户对“数据”的权利——兼论网络法中的产业政策和利益衡量 [J]. 法律科学（西北政法大学学报），2018, 36 (6): 56-66.

[3] 杭州市中级人民法院（2018）浙民终字第7312号民事判决书。

类型，以趋势图、排行榜等为具体内容的既具有巨大体量特征又能够瞬息万变的企业数据产品，即使能够按照传统知识产权制度进行规制，也会面临高昂的举证成本、维权成本和司法成本。可见，用现有制度进行“常规保护”的操作显然是不经济的，因此即使选择知识产权保护方式，还是需要进行具体制度规制。

4.2.2　调整对象

调整对象上的一致性为知识产权保护提供了客体可行性。[1] 企业数据和知识产权客体在权利客体的形态、内容、管理、技术等方面都存在高度一致性。

1. 客体形态共性

无形性。知识产品具备无形性、可复制性和公共物品性。[2] 同知识产品一样，数据产品本身也是无形物，企业数据作为数据的下位概念，也呈现出无形性、可复制性和公共物品属性，因此二者在权利的客体形态上具有共同特征，但这并不是推导出企业数据属于知识产权客体的唯一理由。

2. 客体内容共性

信息性。知识产权的客体内容在于其承载的信息性。数据本身是没有价值的符号或电磁记录，数据的法益属性也主要由其所显现的“信息”的内容来决定。可见，企业数据和知识产权制度本质上都属于对信息的权利，具有同一性。

---

❶ CIMIL D，PLOTNIC O. European Union view on Personal Data in Intellectual Property Rights［J］. Eastern European Journal for Regional Studies，2021，7.

❷ 郑成思 . 知识产权论［M］. 北京：法律出版社，2003：127.

3. 客体管理共性

可控性。知识产权的客体可以在技术、法律、市场等多个层面流转的重要原因是其具备可控性。同知识产权客体一样，企业数据也具备可控性。技术上可以通过算法技术、人工智能等实现数据处理，法律上能够通过制度规制实现数据权益分配，市场上能够通过交易规范规制数据流转。可见，从多维角度看，企业数据具备客体可控性。

4.2.3 历史轨迹和发展趋势

历史轨迹和发展趋势的协同性为知识产权保护提供了可行性。从历史维度看，知识产权产生的根本原因不是公权力为激励创新而赋予的权利，而是知识作为生产要素与资本结合后经由法律确定的结果，可以归纳为"知识产品—法律—知识产权"的发展规律和路径。[1]因此，知识产权其实是法律遵照市场规则对新的财富形态和新兴价值设计分配机制的体现，其推动力量是以知识为生产要素的资本。[2]知识产权制度的产生不仅实现了激励创新，也为包括知识、数据、信息等无形财产的新的生产资料纳入法律体系规制提供了理论支撑、参考方案和比较创新的可能。与知识要素相比，企业数据作为一种生产要素，在产业中所发挥的作用与知识在知识产权形成中所发挥的作用相似。数据被列为继土地、劳动力、资本、技术之后的第五大生产要素，并作为数据时代维度下的新兴资源和数据产业的关键资料纳入资本运作，可见将企业数据归入知识产权保护符

[1] 宁立志．知识产权法［M］．2版．武汉：武汉大学出版社，2011：32.

[2] 李琛．知识产权法基本功能之重解［J］．知识产权，2014（7）：9.

合知识产权制度发展的规律和路径，数据与资本的双向选择丰富了数据维度，使数据具备了成为权利对象的潜质，也为企业数据运用知识产权保护提供了历史可能性。

4.2.4　制度功能和制度目标

制度功能和制度目标的统一性为知识产权保护提供了制度可行性。知识产权具有明确利益分配、鼓励研发创新、规制市场交易、优化资源配置和促进信息传播等价值目标，也常被作为制度目标写入《著作权法》《专利法》等国内立法或《与贸易有关的知识产权协议》(*Agreement on Trade-Related A Speels of Intellectual Property Rights*，以下简称《TRIPS 协定》) 国际公约的法律条款中。[1] 兼顾社会公共利益是与权利分配相对应的制度设置，对社会的共同关照成为知识产权制度普遍接受的制度目标。与之类似，明确企业数据的权利保护也是为了明确数据主体、数据控制者、数据处理者等不同环节、不同主体之间的利益分配，通过法律确权为企业提供可靠的制度保障，鼓励企业充分发挥数据优势，积极参与研发创新，同时需要适当的制度规制和交易规范来引导良性竞争，保护数字生态，实现资源配置和信息共享的目的。可见，企业数据权利保护的制度功能与知识产权具有一致性，即从制度可行性上看，将其列入知识产权框架不存在明显的障碍。另外，知识产权制度的创设经验对于企业数据保护同样值得借鉴。针对具有无形性的知识信息专门创设知识产权制度本身就是一种制度飞跃，在空间范围上体现了人类智慧向信息世界的扩张，不仅实现了研究对象从有形到无形的延

---

[1] 《著作权法》第一条、《专利法》第一条、《TRIPS 协定》第七条等。

伸，也实现了研究范畴和研究方法上的拓展。通过借鉴知识产权制度提供的分析工具和制度得失，不仅能够为企业数据保护提供新的研究思路，还能够以此为镜，节约“试错成本”，站在前人的肩膀上，使新时代新问题的制度设计更具有前瞻性和预测性。[1]

4.2.5 技术进步与立法变革的需要

科学技术与科技立法的适配性及效益性使知识产权治理成为必然。大数据是信息网络技术发展的产物，信息技术从萌芽到成熟的转变过程也是大数据领域和大数据产业实现质变的过程，因此数据治理与保护必须与技术发展规律保持一致。一项科学而有效的治理制度必然是既能与技术发展阶段相匹配，又能实现兼顾经济和社会效益的数据治理目标。也就是说，数据治理应兼顾效益性原则和适配性原则。[2] 从适配性角度看，当技术更替导致现有制度无法满足数据治理目标，或数据治理制度与技术发展阶段不相匹配时，如果继续保留现有制度将无异于固步自封，原因在于技术变化会导致数据要素的市场价值和制度预期发生变化，现有制度与数据治理需求脱节。从效益性角度看，当一味发展数字技术却不尊重数据价值，或技术过度保护而忽略了市场交易规律、制度功能目标和制度实施成本等因素而影响数据交易或数据共享时，也不利于实现良性的数据治理目标。随着信息技术的发展与成熟，企业数据产生了更大的商业价值和经济潜能，也因此拥有更多的权益内涵，提出更多

---

[1] 郝思洋．知识产权视角下数据财产的制度选项［J］．知识产权，2019（9）：45-60.

[2] 宁立志，傅显扬．论数据的法律规制模式选择［J］．知识产权，2019（12）：27-35.

的制度期待和保护需求，但无论是从经济价值保护还是社会效益均衡角度，现有制度已然无法满足外部变化给相关权利内容带来的内部性治理需求[1]，而且在技术更迭与交替过程中，还可能面临客体的即时变化与巨大体量带来的高昂交易成本。可见，当下亟须对现有制度规则进行重新安排和调整，才能适应新的技术特征和新的治理期待。

4.2.6 经济社会需求

数字经济与社会决策的现实需求明确了知识产权治理的必然性。数字经济以知识和信息为主要生产要素，在很大程度上属于知识经济的范畴，因此无论是数字产业化和还是产业数字化发展，数字经济发展的关键在于有效地创新。知识产权制度作为旨在鼓励、保护、规范创新的一项重要制度，对数字经济的可持续发展具有重要的保障、规范和促进作用，同时也是参与全球数字经济发展与治理的重要途径。

1. 知识产权制度和数字经济之间有着密切的联系

一方面，数字经济的创新成果需要转化为各种形式的知识产权，纳入知识产权制度的保护范围，为数字技术的创新提供强大的动力；另一方面，数字经济的发展成果也需要通过知识产权制度进行规范和引导。数字经济既离不开知识产权的保驾护航，也离不开知识产权的指引导航。数字经济发展带来的数字系统显著地改变了决策动机和思维方式，即不仅改变了生产力，还改变了经济行为、

---

[1] DEMSETZ H. Toward a Theory of Property Rights［J］. The American Economic Review，1967，5：13–20.

组织原则和公司的功能，以及一般的经济框架。数字经济的运行是以积极利用知识产权为基础的。在数字经济背景下，知识产权越来越多的成为经济实体的关键资产。数字化极大地增加了创新的价值和对知识产权保护的需求。

2. 数据的知识产权保护是数字时代发展的必然要求

数字经济时代是一个以数据为驱动的时代，通过生产工具的变革，将数据作为新的核心生产要素，重塑了整个互联网时代的技术和商业架构，也深刻改变了当代经济发展的运行模式。麦肯锡全球研究所报告《数字全球化：全球流动的新时代》指出，服务和数据的流动将全球经济联系得更紧密，使全球经济从信息引导模式逐渐转变为数据引导模式，数据的经济价值也不断凸显，并被不断开发与深化。数字经济领域中，数据要素被广泛应用于生产生活中的场景，使知识产权侵权载体也呈多元化发展趋势，特别是在著作权纠纷案件中，被侵权客体主要集中于数字经济中的网络图片、数字音乐、网络文章、短视频类等，数字社会中的泛在连接、泛在智能、泛在交互等发展趋势打破了物理世界和数字世界长久以来的边界，故不断涌现的各类数字平台持续重构，成为新兴的侵权载体。人工智能（AI）、大数据、区块链、物联网（loT）、虚拟现实、脑机接口等新兴数字技术集群持续推动互联网边界快速扩张，以数据为要素的知识产权侵权类型更加多样化，信息网络传播权纠纷、其他著作权纠纷、不正当竞争纠纷均大幅增加。

3. 数据与知识产权密切相关

如何搭建数据知识产权研究框架和如何在保护与规制之间实现多元主体的利益平衡，成为数据知识产权治理的重点和难点。数据需要保护，只有明确保护规则才能明确企业数据的权利内容和范围，有效避免数据纠纷，使企业在权能激励下，为数据开发提供持续性投资；但数据保护也需要适度规制，数据来自社会不同领域，涉及多元主体利益，如果仅重视数据控制企业自身的利益保护，而忽视数据市场监管、个人隐私保护或社会公共利益关照等问题，不仅会造成影响数据流通和数据市场的良性发展，还会造成个人隐私泄露、公共管理不能、商业秘密或知识产权侵害等治理难题。因此，对数据提供知识产权保护，不仅要提供完善的保护制度，还要进行有效的规制措施，在合理保护和适度规制之间，充分发挥数据价值，共享数据红利，实现个人利益、企业利益、社会经济利益和公共利益的均衡发展。

数字经济时代，数据俨然成为数字经济和社会发展的关键推动因素，对数据的保护程度将直接决定对于数据投入的积极性，也决定数据经济的整体健康发展。[1] 当下，5G、区块链、人工智能、量子科技等高精尖技术的成长和算法的形成离不开数据的“喂养”，欧盟将数据作为创新和增长的关键来源，2017 年颁布《建立欧盟数据经济》，希望通过建立一个统一的数据空间，加快开发数据产品、延展数据服务和数据信息再利用。我国政府继将数据列为第五项生产要素之后又将数字经济列为重点立法领域，致力于通过良法善治实现数字经济健康发展。随着社会对数据的依赖度无限拉满，对数据的控制和利用将直接影响未来的消费走向、商业决策、社

[1] 徐实．企业数据保护的知识产权路径及其突破［J］．东方法学，2018（5）：55-62.

会决策甚至法律制度。[1] 例如，沃尔玛曾通过加工处理购物小票上的数据生成能够反映购物习惯的衍生数据，了解到男性客户习惯在购买尿不湿的同时购买啤酒犒劳自己，因此发明“啤酒 + 尿不湿”这种不可思议的促销手段，最终为自己赢得巨大商机和巨额收益。可见，利用衍生数据能够帮助企业了解客户（懂你）、精准推送（为你）还能改善产品服务、预测潜在风险（成就你）。数据对于社会决策而言也是不可或缺的绝对变量。在推进国家治理体系与治理能力现代化的过程中，数据不仅是治理的对象，治理的资源，也是治理的工具和重要手段，成为优化、提升社会治理和公共服务的重要依据。[2] 例如，中国信息通信研究院利用应用监测及分析平台对疫情期间的 5G 应用数据进行分析，发现 5G 技术在社区防疫、资源调度、复工复产、教育教学等行业领域实现深度融合，为防疫重点和科学决策提供了科学支撑。

另外，交易成本变化为知识产权治理提供了理论和实践可行性。根据科斯定理，在存在交易成本的情形下，交易成本与制度效果成反比，交易成本越小制度效果越好。数字技术创新使市场价值和预期发生变化，传统法律体系出现应对空白，现有知识产权制度与市场现实需求脱节，交易成本增加，因此需要通过对知识产权制度的重新安排来实现技术和成本代价的内部消化。[3] 当客体体量过

---

[1] 郑戈．人工智能与法律的未来［J］．探索与争鸣，2017（10）：78-84.

[2] 金耀．数据治理法律路径的反思与转进［J］．法律科学（西北政法大学学报），2020，38（2）：79-89.

[3] 吕炳斌．论网络用户对“数据”的权利——兼论网络法中的产业政策和利益衡量［J］．法律科学（西北政法大学学报），2018，36（6）：56-66.

大，成本过高时，也可能触发相应的制度变化。例如，“淘宝诉美景不正当竞争案”中，法院认定其已不是一般意义上的网络数据库，而演变成以“行业直播”“商品店铺榜”为具体类型，以趋势图、排行榜等为具体内容的既具有巨大体量又能够瞬息万变的数据衍生产品，即使能够按照传统知识产权制度进行规制，也会面临高昂的举证成本、维权成本和司法成本。可见，用现有制度进行“常规保护”的操作显然是不经济的。

总体来看，数字技术导致知识产权的信息载体产生迭代变化，数字技术及其应用的发展也导致数据保护手段发生异化。对数据这种新型客体究竟该如何进行保护尚需持续研究和关注，但基于法律的稳定性和谦抑性，以及数据类型差异性、治理目的多元性和数据与知识产权之间的客体共性、制度成本、交易成本和历史趋势多维因素，仅仅依靠现有制度保护早已不具备适配性，为企业数据创设新型权利的做法更加合理和适宜。

4.3　企业数据知识产权保护现状及不足

总体来看，在现有制度框架下，数据主体主要通过商业秘密、著作权、专利权、反不正当竞争法中与数据有关的相关利益为自身寻求保护，但由于种种原因，现有法律法规只能为部分数据类型提供部分法益上的保护，不但无法满足数据主体的保护需求，还引发了很多数据治理难题。对于企业原生数据来说，现有保护制度中存在的不足相对较为清晰；但对于企业衍生数据来讲，由于其数据形成过程、数据内容和数据特征上更加复杂，导致在数据保护过程中需要重点进行关注和分析。2020 年 3 月 30 日，中共中央、国务院《关于构建更加完善的要素市场化配置体制机制的意见》中明确提出数据治理要“根据不同数据性质完善产权性质”，从国家层面要求数据保护要从数据性质出发，重视数据类型的差异性。推动数据类型化“划分”与数据类型化“保护”有助于局域限定和问题筛选，提高数据保护效能。因此，基于以上分析，在研究企业数据权利的保护现状及不足前，需要先对衍生数据进行重新归类，以便于在分析过程中发现针对性问题，提出针对性建议。

4.3.1 数据类型的重新划分

在传统模式下，对企业衍生数据进行划分标准主要包括以下两种：第一种是“加工行为及其对数据产生的影响”；第二种是“是否公开”。第一种产生的结果是编排结构上具有独创性的数据集合和内容上具有实质性投入的衍生数据类型，因此这种分类方式的关键点可以概括为“创新性”标准；第二种产生的结果是公开型衍生数据和非公开型衍生数据，因此可以概括为”公开性”标准。

综上，基于国家政策的宏观指导，结合企业衍生数据本身的复杂特性以及当前主要数据保护形式的特征，本研究以企业衍生数据“公开性”和“创新性”为标准，对企业衍生数据进行重新归类。“公开”指“是否能为社会公众所获取”，“创新”指“是否独创或是否进行实质性投入”。按照这两个标准，可以将企业衍生数据归纳为保密型、公开型、创新型、综合型四种类型。

如图 4-1 所示，第一类是保密型衍生数据。特点是非公开性和非创新性，即公众不易获取且不必然具备创新性的数据类型，典型代表是商业秘密类数据，关系到企业的核心数据和市场竞争力。第二类是公开型衍生数据。包括公开型和半公开型企业数据，特点是公开性和半创新性，即公众能够获取，虽然整体上缺乏独创性但存在实质性投入的企业数据，如企业通过分析个人信息、教育背景、兴趣爱好、家庭收入等信息而形成的“毕业生就业图鉴”。需要注意的是，这类数据虽然不具备独创性，但却不是经由简单的收集存储而形成的原始数据集合，而是经过筛选、过滤、脱敏等数据加工程序和其他实质性投入才得以形成的衍生数据。公开型数据具有极高的社会效用性，体现的是竞争法所追求的自由竞争与市场效率目标，关系到企业未来的发展潜力。第三类是创新型衍生数据。特点是独创性和公开性，如企业“加工”而成的大学生消费去向数据集合。需要注意的是，这里的公开性仍然是指公众的可获取性，但要受到保护实效、公开时限等制度规制，因此是半公开数据。另外，这类数据在内容上具有创造性，容易认定成知识产权意义上的智力劳动成果[1]，往往代表企业的创新能力和水平。第四类是综合型衍生数据。这类数据兼具第一类（保密型）和第三类（创新型）数据的特点，既具备独创性又具备非公开性，其重要程度不言而喻，在实践中往往是企业数据保护的重点，即使在现有制度框架下，也能得到多重有效保护。因此，下文将重点将前三种数据类型

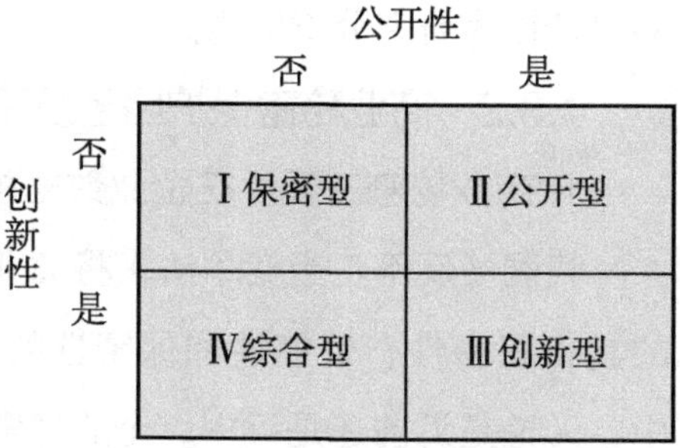

图 4-1　四种企业衍生数据类型

[1] 杨立新，陈小江．衍生数据是数据专有权的客体［N］．中国社会科学报，2016-07-13（05）．

的保护作为研究分析的重点。

4.3.2 商业秘密保护路径及不足

1. 商业秘密三要件在企业数据领域的解读

我国《反不正当竞争法》将商业秘密定义为在商业活动中形成的具备秘密性、价值性和保密性的技术信息和经营信息。在实践中，无论是诉前还是诉中，企业经常采取商业秘密的形式保护企业数据，但并不是所有的企业数据都能得到保护。对于企业收集的订单信息、进货信息、库存信息、客户名单、客户消费偏好等商业信息是否纳入商业秘密保护范围，关键在于考察其是否满足商业秘密三个构成要件。

在企业数据保护视域下，这三项标准也产生了更加丰富的内涵。第一，关于秘密性。传统制度通常将秘密性解释为“不为公众所知悉或容易获得”，但在大数据环境下对保密性的认定需结合主客观因素加以谨慎判别，需结合企业的公开意愿、公开动机等主观因素和数字技术、空间维度、获取方式、企业经营模式、企业实质投入、企业数据价值等客观因素的基础上综合认定是否符合秘密性要求。例如，北京市海淀区人民法院在〔2013〕海民初字第15447号民事判决关于“何晨亮等侵犯企业数据案”中，同样结合主客观因素认定涉案数据库表、源代码文件、存储函数符合秘密性特征；杭州市中级法院〔2018〕浙01民终7312号民事判决关于“淘宝诉美景”等侵犯衍生数据案中，从主客观角度出发认定淘宝的“生意参谋”符合秘密性要件。第二，关于价值性，即“具有商业价值”。虽然不是所有的企业原生数据都具有价值性，但企业衍生数据的特殊属性决定了其本身符合商业秘密的价值性要求。如前所述，具有

"高价值性"是衍生数据的社会属性之一，相较于原生数据，企业衍生数据对于企业经营和市场交易来讲更具有竞争力和话语权，因此一般会具有更高的商业价值。从形态上看，衍生数据通常是预测型、统计型、指数型数据，被广泛用于开展个性定制、实现精准推送、辅助商业决策、防范经营风险和优化系统服务等关涉生产、经营、管理的重要环节，有更大的商业分析和商机预判价值。例如，在"安克诚诉辰邮科技侵害商业秘密纠纷案"[1]和"衢州万联网络技术有限公司诉周惠民等侵犯商业秘密纠纷案"[2]中，法院均肯定了原告通过聚合加工和实质性投入形成的"富裕人群和社会精英数据库"和"用户注册信息数据库"符合商业秘密三要素，因此具备商业价值。第三，关于保密性，即"采取了必要的保密措施"。对于重要数据，企业通常会采取设置访问权限、安装保密装置、订立保密协议、控制内容识别、限定使用范围等技术手段使企业数据处于保密状态，因此采取保密措施被视为企业保障数据安全和规避交易风险的自力救济行为。对保密措施的界定目前仍存在争议，但随着数据的公共属性和开放共享理念深入人心，学界对保密性的认定逐渐转为较为宽松的态度。例如，有学者提出如果企业没有设置严格的访问密码，而只是设置了一些访问障碍，就不能认定其具备保密性。[3]

---

❶ 上海市高级人民法院〔2006〕沪高民三（知）终字第 92 号民事判决书。

❷ 上海市高级人民法院〔2011〕沪高民三（知）终字第 100 号民事判决书。

❸ 丁晓东．论企业数据权益的法律保护——基于数据法律性质的分析［J］．法律科学（西北政法大学学报），2020，38（2）：90-99.

2. 商业秘密保护模式的不足

在实践中，商业秘密模式是数据主体使用较为频繁的数据保护手段，对于企业数据保护来讲，商业秘密保护存在以下问题。

（1）企业数据类型与商业秘密客体不完全匹配

如前所述，企业数据必须满足秘密性、价值性和保密性三个要件才能受到商业秘密保护，但并不是所有的企业数据都能够满足以上条件，企业自身信息等企业原生数据就是典型代表，企业衍生数据也不能全部得到商业秘密保护。因为企业衍生数据寻求商业秘密保护的首要前提就是要符合不为公众所知悉或容易获得的秘密性，依据这一标准审视四种数据类型发现，只有保密型数据才是最适当的保护对象，创新型和公开型因不符合秘密性要求被排除在外。综合型虽然符合保密要求，有机会选择商业秘密保护路径，但企业为了利益诉求最大化，一般会在择优原则指导下，选择著作权、专利权等保护力度更大的救济方式[1]。

（2）企业数据的流通需求与商业秘密保护形式相冲突

社会庞大的数据需求需要数据主体释放数据，跳出个体利用的局限推动数据互通，从而实现数据的社会化利用。可以说，数据流通是实现数据社会化利用和实现数据资源价值的必然路径，正是有社会化数据流通和利用，才能形成数据经济。[2]但商业秘密的封闭式保护模式却与数据流通的开放式相矛盾，虽然前者在一定程度上

---

[1] 杨翱宇．数据财产权益的私法规范路径［J］．法律科学（西北政法大学学报），2020，38（2）：65-78.

[2] 高富平．数据流通理论 数据资源权利配置的基础［J］．中外法学，2019，31（6）：1405-1424.

能够保护数据利益，但容易形成数据孤岛，无法通过流通共享为数据增值，尤其是对依赖于数据访问的数字经济来讲，可能还会给竞争和创新带来更大的问题和危险[1]，因此并不是数据保护的最佳方式。

（3）技术特定性和法律宽容性也使商业秘密保护形式不具有普遍适用性

技术层面，企业数据的加工程序虽然在整体数据领域是丰富多样的，但受到技术、数据、分析方法等因素的影响，在某一具体的行业领域却可能是特定的。法律层面上，商业秘密制度的目的在于阻止他人以“不正当手段”获取商业秘密，维护产业和伦理秩序[2]，因此对他人独自努力破解商业秘密的行为并不禁止。例如，如果该领域内第三人通过反向工程获得构成商业秘密的衍生数据，则不属于侵害商业秘密。由此可见，商业秘密制度并不具备绝对排他性，实际上遵循的是一种有限保护思路，并不具备普遍适用性。

4.3.3 著作权保护路径及不足

在著作权保护路径下，企业常常通过类似数据库的汇编作品寻求著作权保护。《著作权法》第十五条规定，如果不构成作品的数据或材料经过加工汇编能够在内容的选择或编排上具备独创性，就构成汇编作品，受著作权保护。根据该法条规定，汇编作品的独创性体现在数据集合的排列顺序和整体结构上，因此无论是企业原生数据还是企业衍生数据，无论数据本身是否具备独创性或

---

[1] KERBER W. A New (Intellectual) Property Right for Non-Personal Data? An Economic Analysis [J]. Social Science Electronic Publishing, 2021.

[2] 谢铭洋. 智慧财产权法 [M]. 台北：元照出版有限公司，2018：248.

构成作品，只要其在“选择或编排”上具备独创性即可受到著作权保护。

《TRIPS 协定》第十条第二款规定，汇编作品保护不能延及数据本身，如果后者构成作品也可受到著作权保护。这条规定证明在数据上至少存在两种法益需要保护，一种是数据在结构编排上的独创性，另一种是数据在内容上的合理法益。企业数据本身一般很难在内容上符合《著作权法》保护的标准，因此对于企业数据的著作权保护一般是按照编排结构上的独创性提供保护。不可否认，从企业数据保护角度讲，汇编作品的保护方式，确实能够对结构编排上具有独创性的企业数据提供一项重要的法律保障；但是，那些不具备独创性但具备相当商业价值的企业数据却无法得到保护，尤其是随着数据价值挖掘朝着精细化、纵深化发展，数据价值重心从编排结构转移到数据内容本身，在内容层面为数据库形成作出的实质性投入也应当被充分考虑进来。为了保护这一法益，欧盟曾在《欧洲议会和理事会关于数据库法律保护的指令（第 96/9/EC 号）》（以下简称《数据库指令》）中专门规定了一项特殊权利，禁止他人擅自抓取数据库中的实质性内容，充分体现了对数据内容及为内容而投资的相关利益保障。

从衍生数据的社会属性可知，衍生数据是信息载体和信息内容的结合体[1]，也是数据结构价值和数据内容价值的结合体。因此，其创新性一方面体现在数据本身，另一方面体现在数据内容上。汇编

---

[1] 刘双阳．衍生数据刑法保护进路的多重考察——兼论财产权客体的时代变迁［J］．科技与法律，2020（3）：86-94.

作品虽然能够为符合编排独创性的衍生数据库提供法律保护，但却不能为更具有商业价值潜力的数据内容提供对应法益，更不能给数据处理者的实质性投资提供利益保护。在实践中，企业数据的选择编排工作通常是借助算法分析技术或机器筛选程序自动完成，难以满足独创性要求；出于行业规范和良好的用户体验，企业也经常会选择统一的编排标准，也导致独创性难以保障。另外，如果支持所有衍生数据都适用汇编作品保护，还会给企业造成多重伤害。以公开型数据为例，如果其本身是“为公众所知悉且容易获取”的，那么他人只要在编排上具备独创性就可随意使用企业的数据内容，这样不仅会增加大量内容相同仅排列不同的雷同数据库，还会诱发侵权，增加司法讼累，影响正常的市场竞争和智力创新。[1]

4.3.4　专利权保护路径及不足

除了商业秘密和著作权之外，专利权也能够在一定程度上为企业数据提供法律保护，主要保护形态为大数据运算方案或算法程序等技术方案，且与普通专利相同，也需严格满足新颖性、创造性和实用性条件。正因为如此，实践中企业使用专利进行数据保护的情况非常谨慎。另外，专利保护虽然也能够在某些情况下起到保护数据利益的作用，但使用不当可能造成更为严重的数据垄断，影响市场竞争和消费者利益。[2] 有些企业可能会利用专利和商业秘密之间

---

[1] 郝思洋．知识产权视角下数据财产的制度选项［J］．知识产权，2019（9）：45-60.

[2] DIEGA G，SAPPA C. The Internet of Things at the Intersection of Data Protection and Trade Secrets：Non-conventional Paths to Counter Data Appropriation and Empower Consumers［J］. Internet of Things Law，2021.

的互补关系，使专利保护成为帮助企业隐藏超量数据、占据市场份额、垄断数据市场的手段和逃避法律监管的外衣。以谷歌搜索引擎为例，对于谷歌来讲实质上存在两个价值进项：一个是基于搜索引擎的专利价值，即通过专利申请获得一定时间内该大数据技术方案的专有权；另一个是基于用户搜索积累的数据价值，即对产生的数据进行加工筛选、分析过滤和提炼整合等赋值处理，发挥其预测商机、提升服务、锁定用户、精准营销等功能，最终为企业带来更大的商业利益和竞争优势。如果谷歌在专利申请或许可协议中恶意隐藏更容易产生价值的数据信息，而后再利用商业秘密等方式对其提供保护，就会使得专利价值和数据价值完全被谷歌独占，即使专利到期，谷歌也能独占数据市场，损害市场竞争，造成数据生态不良和数据流通障碍。

4.3.5 《反不正当竞争法》保护路径及不足

对企业数据来说，使用《反不正当竞争法》维护其合法利益是另一种常见的保护方式。面对数字技术发展带来的现有法律未能明确规制的新的数据权属纠纷，日本率先在竞争法中增设“限定提供数据”条款，而我国也常常借助《反不正当竞争法》第二条对企业数据提供保护，体现了竞争法保护对瞬息万变的数据治理难题的适应性和包容性。相比于其他三类数据，最常用也最适合用在不具备独创性且能为公众所知悉或获取的公开型数据的利益保护上，但竞争法保护模式对于企业数据保护来讲也是优劣参半。

1. 竞争法一般条款保护形式的优点

优势在于，一方面，反不正当竞争法保护形式符合企业数据治理的场景需求，能够兼顾场景差异、行业惯例、价值分配、竞争秩序、商业道德等多项因素，对个案分析判断和个案特殊利益保护均具有显著实用性。例如，在“阿里诉南京码注公司”不正当竞争案中[1]，法院认定南京码注公司抓取阿里公司的数据行为违反了诚实信用原则，损害市场效率和社会公共利益，属于《反不正当竞争法》的规制范围。另一方面，该方式具有灵活性和能动性，能够给予法官相对宽松的自由裁量权，也具有包容性和开放性，能够延展企业数据的保护范围，尊重企业对于数据的经济追求，甚至为商业价值或商业潜力显著但法益尚未确定的数据提供利益保护。最为典型的判例就是 eBay Inc. v. Bidder's Edge Inc[2]（eBay Inc. v. Bidder's Edge Inc., 100 F. Supp. 2d 1058：2000）案，法院认可了 eBay 公司在数据收集中的实质性投入，并认定 Bidder's Edge 公司的非法抓取行为会给 eBay 公司带来数据流失、数据质量下降、利润减损、消费群体转移等实质性或潜在性商业风险，属于不正当竞争行为。

2. 竞争法一般条款保护形式的不足

尽管竞争法一般条款保护模式最常用，但也存在诸多不足。首先，缺乏明确的适用标准。一般条款设置的初衷是解决由于法律滞后性导致的调控不足，补充类型化制度的局限，但并没有设置明确的调整范围，缺乏明确的构成要件和具体判断标准，保护边界模糊，不但无法保障权利主体的合理预期，还会增加企业的举证责任和维权成本。2009 年，最高人民法院“海带配额案”[3]中曾尝试提出“存在合法权益”“行为不正当”“造成实际损害”三个判断标

---

[1] 杭州市滨江区人民法院〔2019〕浙 0108 民初 5049 号民事判决书。

[2] eBay Inc. v. Bidder's Edge Inc.，100 F. Supp. 2d 1058（2000）.

[3] 最高人民法院〔2009〕民申字第 1065 号民事判决书。

准，但因缺乏明确的数据权利，对竞争优势、商业机会、财产权益等合法权益的内涵和外延并不确定，这三个标准在实践中也很难完全落实和执行。

其次，存在数据权益与竞争权益冲突。反不正当竞争法保护的法益核心是竞争权益，而不是数据权益。在反不正当竞争法语境下争取数据权益需要先将数据秩序转化为竞争秩序，否则将无法涵盖特殊的数据保护需求。例如，用户为了学习或研究而抓取部分数据，或者其他竞争者的“虽然为了经营但却尚未形成市场替代性”的部分抓取行为，虽然二者都在一定程度上损害了企业的数据权益，但前者不符合竞争秩序语境，后者也未达到危害正当秩序或滥用市场支配地位的程度，因此均不构成不正当竞争行为，也就无法享受《反不正当竞争法》保护。另外，权利和利益在法律救济强度上存在差异，前者的保护力度强于后者。将数据视为竞争法益实际上采取的是一种极弱的保护思路，实质上是将企业数据视为一种受法律保护的纯粹经济利益，这种保护力度不足以应对实践中的数据纠纷。[1]

再次，造成利益失衡，与治理目标相悖。企业数据治理的一个重要目的是要在企业与公众之间寻求利益平衡，衡量这种平衡的最基础的表现就是通过治理双方的利益关系应该得到改善，而不是厚此薄彼，制造更多潜在风险，任何一方的利益扩张或给对方造成更严重侵害的治理制度都将与数据治理的目的相违背。因

---

[1] 徐实．企业数据保护的知识产权路径及其突破［J］．东方法学，2018（5）：55-62.

此，应当坚持公平公正和必要性原则，谨慎适用《反不正当竞争法》保护模式，合理分配不同主体之间的数据权益。另外，从数据市场竞争角度看，应在遵守市场规律的情况下发挥其兜底作用。原因在于，数据市场有其自身发展和自愈的客观规律，即使在数据经济发展初期，一般条款模式也只是规制数据市场的过渡选项，并且仅限于危害正当竞争秩序或是滥用市场支配地位的情况。因此，制度设计不应过度干预，一般条款的制度位阶决定了对该条的使用应限制和回归到补充性与辅助性功能之下，否则会影响数据市场的发展自由，阻碍良性竞争，但这并不意味着否定《反不正当竞争法》保护数据权益的所有功能，作为兜底条款，竞争法仍然是对难以法定化的法益进行先行保护的“孵化器”和暂居之地。[1] 因此，对《反不正当竞争法》的适用应该既要保持谦抑性，又要保留其兜底作用。

最后，可能导致裁量过度。在数据领域大量适用一般条款的司法状态导致的直接后果是法官自由裁量空间扩大。如果没有正确的价值观指引，过多适用该原则性条款，容易增加权益保护的不确定性和不稳定性，还会产生损害知识产权利益平衡的危险。

综上，结合图 4-1 和现有保护路径，可将具体的企业数据类型和主要保护方式结合起来，从而得到图 4-2。

---

[1] 刘星，姜南，欧忠辉，马艺闻．数字经济时代企业数据权益保护研究［J］．情报杂志，2021，40（10）：91-98+107.

创新性＼公开性	否	是
否	Ⅰ保密型 （商业秘密保护）	Ⅱ公开型 （竞争法保护）
是	Ⅳ综合型 （综合保护）	Ⅲ创新型 （著作权或专利权）

图 4-2　企业衍生数据类型与保护形式对照

4.4　欧美的数据保护经验

企业数据保护问题早已在国外引起重视和关注。美国和欧盟作为数据经济和数据利用大国，在企业数据保护方面的立法经验值得借鉴。

4.4.1　美国的数据保护发展

依靠强大的技术优势和市场优势，美国的数字经济发展领先全球。由于数字贸易在美国贸易体系和经济体系中占有非常重要的地位，在美国的经济发展、就业增加和福利提升方面发挥着非常关键的作用[1]，因此美国长期致力于推动数据全球自由流动，以实现数字贸易便利化。在传统的立法思路中，美国有关数据权属的诉求主要是消费者隐私权。因此，2018 年之前，美国对数据的保护主要是对原生数据的规范，重点从隐私权角度对原生数据中包含的个人信息进行保护，但随着数字贸易的发展，谷歌、微软等数据企业在全球范围内的数据业务不断扩大，大型互联网企业对数据资

---

[1] 曹晶晶．数字贸易发展面临的问题及我国的应对之策［J］．对外经贸实务，2018（8）：29-32.

源和数据权益的需求与日俱增，如何在立法上确认和保护企业的财产利益成为美国数据保护领域越发重视的话题。美国认为，过强的财产保护可能会影响数据的自由流通，因此经过企业与政府之间的长期博弈，2018 年 3 月，美国出台《澄清合法使用境外数据法》(*Clarifying Lawful Overseas Use of Data Act*，简称 CLOUD 法案)，用“数据控制者模式”取代了“数据存储地模式”，以此满足美国企业对数据控制权的诉求，保障美国企业在数据贸易中的财产利益。另外，在数据财产权益保护问题上，美国没有采取确权模式，而是有意通过弱化数据财产赋权，强调数据控制权的方式传达数据私有化和数据公共化的治理观念[1]，并采取反不正当竞争法的规制方式保护为数据库或数据集合设立而进行的付出或投资的行为，并以此为标准确定数据主体和数据控制者之间的利益分配规则。

美国关于数据库的保护同样值得关注。1991 年，美国历史上著名的 Feist 案[2]为其数据版权保护的立法推进作出了重要贡献。Feist 案发生之前，美国将“额头流汗原则”作为汇编作品的认定标准，只注重汇编人付出的时间、劳动和经济成本，并不需要真正的独创性。1976 年，美国在《版权法》中对汇编作品做了重新定义，增加了对在编排结构上具有独创性的数据库的版权保护，但仍保留了“额头流汗原则”。Feist 案中，法官基于独创性要求否定了原告（某电话公司）关于电话簿的诉讼请求，“额头流汗原则”的彻底结束，确立了数据库或数据集合保护必须符合独创性的要求。1996 年颁

---

[1] 李谦．法律如何处理数据财产——从数据库到大数据［J］．法律和社会科学，2016，15（1）：73-100．

[2] Feist Publication v. Rural Telephone Service，499U. S. 340，at 341-344（1991）．

布的欧盟《数据库指令》提出对等保护原则，在此背景下美国为了保护本国数据库在他国的利益，多次推动数据库立法，并尝试从反不正当竞争法和商业条款方面寻求立法模式，为数据保护提供了一种新的思路。

虽然近年来在数据企业的强烈呼声下，美国在数据保护活动有不少的有利于数据企业的措施，但是总体上美国的数据保护政策仍然以保护个人数据或消费者隐私为重点，因此在企业数据保护方面，还需要重点关注欧盟的立法经验。

4.4.2 欧盟的数据保护发展

基于美国企业在欧盟数据市场的领先地位和本土数据企业发展的困境，为了加强对数据的控制，欧盟采取比美国更为严格的数据保护政策，在加强个人数据保护的同时，十分重视企业数据的权益保护和经济价值开发。1996 年，欧盟通过《数据库指令》，将是否存在“实质性投入”作为获取数据库权益的标准。这种特殊的保护方式对于企业数据保护来讲主要有两个重要的贡献：一是重视数据的经济价值。从数据的财产属性出发，欧盟《数据库指令》摆脱了以往对数据的人格权保护模式，而是对数据财产权益保护问题的创举，为构建数据权利提供了很好的借鉴作用。二是不但要重视数据的结构价值，更要重视数据的内容价值。欧盟《数据库指令》意识到著作权无法为数据提供全面保护的问题，因此除了在第六条规定，对于在编排结构上具有独创性的数据库可以按照著作权的规定提供汇编作品保护之外，紧接着又在第七条规定，数据处理者在数据库内容的获取、筛选、加工等过程中投入实质性投资而产生的能够发挥实际价值的数据库整体内容或实质性部分同样应该受到法律保护，肯定了具有实质性价值的数据内容的权利，也提醒我们在研究企业数据权利保护过程中，既要重视数据库或数据集合在结构层面独创性的保护，又要重视对具有实质性价值的数据内容的保护。

2016 年，欧盟通过《一般数据保护条例》，赋予个人数据迁移权。虽然保护主旨仍侧重于对个人数据的保护，但从立法初衷和制度目的来看，在很大程度上是以保护个人数据的形式实现数据企业利益，以法律的形式允许企业在经过用户“知情同意”之后收集和处理数据，虽然未能实现明确企业数据产权的跨越，但这一规定仍然利好于企业进行数据活动、推动数据产业发展。同年，欧盟发布《数据所有权与数据访问的法律研究》，探讨现有法律对数据规定的以及数据相关法律关系，发现著作权、数据库、商业秘密、合同等既有框架虽然能够为数据保护提供一定的制度框架，但各有不足，提出对企业数据等非个人数据的保护缺乏完善的制度安排。

2017 年，欧盟通过《构建欧洲数据经济》，正式提出“数据生产者权”，允许数据生产者将在应用程序、计算机服务中自动生成的数据或在软件、处理设备中接收的由传感器创建的数据等非个人数据授权许可给第三人使用，其实是将《一般数据保护条例》中的只有个人才享有的数据迁移权延伸到了企业领域，使企业能够享有数据携带或迁移的权利，为企业数据流动提出新的方案。

2018 年，欧盟又先后颁布了《欧洲企业间数据共享研究报告》《非个人数据在欧盟境内自由流动框架条例》等文件，共同支撑企业之间的数据流通和非个人数据在欧盟境内的自由流动，同时与《一般数据保护条例》形成一种互补关系，共同致力于欧盟境内的数据流动与保护。欧盟在肯定数据财产权益的同时对既有制度进行深刻的审查研究，并创新性地提出了数据产权的概念，为非个人数据保护提供了一个新的法律框架。

2022年，欧盟委员会提出了《数据法》(提案)，以分配数据价值、促进数据共享和推动数字经济发展为目的，对用户、政府、大型数据企业、初创企业、中小微企业和提供数据服务的中介企业的权利义务进行系统规制，进一步完善了企业数据迁移权，明确了企业对“在使用产品或服务中产生的数据”的使用权，增加了在特殊情况下向政府提供企业数据的义务等。为中国企业数据保护和规制提供了“及时雨”般的作用。

4.4.3 保护经验总结

欧美的数据保护经验对企业数据的法律保护具有宝贵的借鉴意义，主要体现在以下几点：第一，欧美在数据具有财产权益的问题上达成一致。可见，企业数据具有财产权益是毋庸置疑的事实，因此要重视对企业数据的财产权利保护，充分发挥其经济价值。第二，欧盟注意到数据除了能够在编排结构上存在独创性之外，数据内容上也可能存在实质性价值，二者都需要进行保护。因此，企业数据保护中，不仅要重视企业数据的结构价值，还要重视企业数据的内容价值，对独创性结构的保护和对具有实质性价值的内容的保护并不矛盾，因此如果企业数据在内容上满足实质性价值的条件，也应当提供相应的法益保护。第三，美国侧重于通过行业自治和竞争法规则实现数据的财产利益规制，欧盟侧重于通过确认财产确权形式规制数据权益，虽有不同，但都以本国数据经济发展需要和本土国情为依据。因此，中国企业数据保护研究中：首先应以确定保护客体的法律性质为前提，如本研究想要考察知识产权保护模式，那就首先需要从多个维度确认企业数据是否构成智力成果；其次需要从中国的制度现状出发，对企业数据在既有制度框架下的适用情况进行分析，考察既有制度在企业数据保护中的适用性及其不足。在此基础上完善制度规划，保护数据企业的合法权益，关注公共利益实现。

4.5　企业数据的保护措施完善

4.5.1　形成分类保护意识

不同类型的企业数据在既有制度框架下似乎都能够寻求不同程度的保护，且因不同保护形式的构成要件或保护标准不同，在数据领域被赋予了新的时代内涵和要求，这充分说明了调整对象性质决定规则选择的观点。[1]但也可以看到，不同类型的数据需要限定在不同的保护模式之下才能寻求最大权益保护，保障制度规制的有序性和保护边界的确定性。例如，符合商业秘密三要素的保密型数据便可寻求商业秘密保护，但在狭义知识产权保护模式下却求诉无门；创新型数据在狭义知识产权保护模式下如鱼得水，但在竞争法保护模式下却未必游刃有余。企业数据保护在知识产权总体框架下进行无可厚非，但任何一种类型的保护形式都无法涵盖所有数据类型的权益，更无法为所有数据类型提供一言以蔽之的保护。因此，目前学界研究中将所有数据类型权益保护的重任统一托付给单一的竞争法模式或商业秘密保护模式的做法都是不可取的。

---

[1] 郑成思，朱谢群．信息与知识产权［J］. 西南科技大学学报（哲学社会科学版），2006（1）：6.

另外，结合客体特征、制度功能、历史趋势、经济成本等因素，发现企业数据与知识产权制度存在多维共性；考察理论基础、技术要素和市场要素，发现企业数据与知识产权客体具有天然的契合性；考察现有制度保护及不足发现，虽然总体上有知识产权制度能够为企业数据提供合理保护，但却不能为企业衍生数据上的特殊法益提供保护，需要在知识产权制度体系下创设新的权利类型，以容纳新的信息产品。因此，应该形成分类保护意识，结合数据类型特征、现有制度保护不能共同决定数据保护方案。

4.5.2 构建企业衍生数据权

对于衍生数据，我们已经认识到了衍生数据本身的高价值性、高预测性和内容创造性；我们也认识到衍生数据不仅是信息载体，也是非常重要的信息内容，具有重要的交易价值或利用价值，需要得到更多的数据保护。然而，却忽略了为衍生数据赋予更多商业价值的重要推手，即数据控制者及其实质性投入。

数据控制者为了促进数据的商业开发，在数据内容上进行了大量的实质性投入。数据控制者不仅需要在衍生数据生成前承担市场调研、渠道磨合、想法试点等摸索式商业投入成本，需要在衍生数据生成过程中投入技术支持、组织支撑和资本投资，更需要在衍生数据生成后为数据的商业开发、商业宣传、商品化利用等投入更多的人力、物力和财力。可见，比起数据本身的价值，数据生产者因实质性投入而产生的权益更应该被保护。

但显然，我国现有制度并不能够为此提供合理的权益保护。在现有的知识产权制度框架下，虽然能够通过商业秘密、著作权、专利权、《反不正当竞争法》等为数据提供一定程度的权益保护，但保护范围十分有限，忽略了数据控制者在数据之上的商业化权利。而且，即使是利用《反不正当竞争法》的兜底条款，也只能约束权利人或与其具有竞争关系的主体，而对这两种主体之外的其他侵权人却无计可施。

另外，回顾《中华人民共和国民法总则》的修法过程可以发现，我国早已提出在知识产权体系中增设衍生数据权的制度构想。2015 年，有学者提议将“信息”作为一种新的知识产权客体予以保护；2016 年《中华人民共和国民法总则（草案）》（以下简称《草案》）更是直接在知识产权章节增加“数据信息”为一项独立客体。杨立新教授指出《草案》中提到的“数据信息”的限定范围实际上就是“衍生数据”。[1] 最终虽未通过，但却足以证明将衍生数据设为独立的知识产权客体存在立法上的可行性。另外，中华人民共和国工业和信息化部（以下简称工信部）也曾在印发的《大数据产业发展规划（2016—2020 年）》中明确提出要以应用为导向，支持以衍生数据为内容的数据产品研发，加强对数据产品的知识产权保护。可见，将衍生数据作为独立的知识产权保护客体是数据时代和数据法治的必然选择。因此，本研究认为，对于衍生数据，应该在知识产权体系下构建一种数据专有权，即衍生数据权。

对于企业衍生数据权的主体、客体和权利内容，还需要做以下说明。

---

[1] 腾讯网．法学家杨立新对《民法典》新规则中个人信息、数据及网络虚拟财产保护的解读［EB/OL］.（2020-06-25）［2022-12-04］. https：//new. qq. com/rain/a/20200625A0NMYD.

1. 权利主体

企业衍生数据是企业作出巨大的人力资源、技术支撑、资金投入等实质性投资，通过收集、聚合、筛选、清洗等复杂的加工处理过程才得到的“劳动成果”，因此权利主体是企业衍生数据的控制者或处理者，但仍需根据数据类型、数据处理等具体场景和知识产权制度体系的统一性进行判别。例如，需判断员工的加工行为是否属于职务行为，倘若某员工的非职务行为对企业处理衍生数据产生了实质性影响，那么也应该赋予企业员工一定的数据权利。另外，当数据控制者（进行获取、记录、存储等过程）和数据处理者（进行清洗、脱敏、计算等过程）都是企业时，需要特别关注二者主体身份认定。当二者为同一主体时或虽然分离但存在出于意思自治的合同约定时，自然无可争议；但当二者分离且未达成合意时，则可以在考虑主体意愿、数据内容或数据的其他特征的基础上参照著作权法领域“法人作品”的权属分配逻辑，将企业衍生数据归属于数据控制者。

2. 权利客体

虽然本研究为企业衍生数据设定了企业数据权，但并不是所有的企业衍生数据都能够成为企业衍生数据权的客体。设置衍生数据权的主要目的是为传统知识产权制度无法涵盖的衍生数据权益类型提供法律保护。从前述分析可知，现有制度无法不为公众所知且不具备独创性的公开型企业衍生数据和实质性内容投入的创新型衍生数据提供法益保护，因此将衍生数据权的客体确定为公开型衍生数据和创新型衍生数据。另外，单条或片段式的企业数据应该被排除在该权利之外。因为在企业数据中，单条数据或片段式数据因传递信息有限而难以符合知识产权客体的效益性要求。单条数据或数据片段因包含的经济价值具有低密度性和非直接性[1]，难以满足数据控制者实现“用数据说话、用数据决策、用数据管理、用数据创新”的价值目标，因此不宜在知识产权体系下列为企业衍生数据权的客体。

3. 权利内容

第一，占有权。占有权是知识产权权能中的基础性权利，是指权利主体对权利客体的绝对性或实质性控制。但对于企业数据而言，需要根据数据类型进行分类讨论，如果是可识别型用户数据，由于用户部分授权的关系，数据控制企业只享有有限的占有权能；但如果是企业衍生数据，则可以具有完全的占有权能。第二，使用和收益权。通常是指对企业衍生数据进行加工、交易等数据用途，并获得由此产生的商业利益的权利。使用权能体现数据的生命价值，收益权能体现制度激励功能。数据的价值在于流动，在占有权基础上，权利主体便能够根据法律规定、市场规律、竞争秩序、消费需求、流通行情等因素将数据用于偏好分析、行情预测、风险监管、服务提升、个性推荐等领域，最终在数据交易与流通中实现数据增值，共享数据红利。第三，许可和处分权。具体指权利主体有权通过书面合同或许可协议的方式将企业衍生数据授权给他人使用，也可以根据自身需要随时对企业数据进行删除、修改等处分行为。基于许可权能，权利主体不仅能将自己的数据授权给他人使

[1] 吴伟光．大数据技术下个人数据信息私权保护论批判［J］．政治与法律，2016（7）：118.

用，还能获取经他人授权的数据，促进数据流通，打破数据垄断，实现数据的开放共享；基于处分权能，权利主体既能够及时对数据进行修正和创新，又能节省数据收集、聚合、加工阶段的经济成本，提高数据的再利用效率，构建绿色数据生态。

另外，需要补充的是，虽然原则上权利主体对所有类型的企业数据都具有占有、使用、收益、处分的权能，但在实践中仍需要根据具体的数据类型加以确定。例如，对于经用户授权的数据和经交易、合作获得的数据，既要根据授权范围和合同内容决定具体的权利类型，还要基于企业的社会义务和个人、社会或其他经济主体对该企业数据的具体应用场景来限定企业数据的具体权利内容。此外，涉及个人的企业数据，应优先保护个人数据权利。例如，经用户授权获取的用户数据，企业对其享有的就是有限的数据权利，如果用户出于隐私保护目的要求进行删除或修改，企业应该满足用户的要求，保护用户的个人隐私权，立即采取删除或修改措施。

4.5.3 严格适用《反不正当竞争法》一般条款

考虑技术进步可能会导致新的数据权益出现，因此对于目前看来既不符合传统知识产权保护条件，又不符合衍生数据权保护条件的相关企业数据。如果其确实具有实质性商业价值，且对其提供保护能够维护市场竞争和公平正义的情况下，仍应利用《反不正当竞争法》提供兜底保护；但考虑到法律位阶因素，对《反不正当竞争法》一般条款的适用应当采取严格适用态度，防止过度裁量。

综合以上研究，最终将企业数据的保护模式确定为“传统知识产权保护—衍生数据权—竞争法兜底”的综合性模式，对满足知识产权构成要件的企业数据总体上仍适用传统知识产权制度保护，对公开型企业衍生数据和创新型企业衍生数据赋予企业衍生数据权，对于其确有保护必要的企业数据仍可提供兜底保护。这样的制度设计还具有以下优点（如表 4–1）：能够在明确权利边界和规制边界的基础上延续和发展传统保护制度，保持法律制度的相对稳定性；创设新型权利，包容新法益，能够应对当下及未来的数据保护需求，符合法律制度的适应性；保留兜底制度，让《反不正当竞争法》一般条款回归制度本性，在遏制无止境的扩大解释和司法成本的同时还能为数据权益提供最基本的兜底保护，体现法律制度的谦抑性和周全性。

表 4–1　企业数据保护的制度选项及意义

衍生数据类型	是否公开	是否独创	制度选项	制度特征	治理意义
保密型	否	均可	商业秘密保护	稳定性	治理延续
创新型	半公开	是	狭义知识产权保护 / 衍生数据权	稳定性 + 适应性	双重治理
公开型	是	否	衍生数据权	适应性	治理发展
综合型	否	是	综合保护	择优性	多维治理
其他类型	—	—	《反不正当竞争法》保护	谦抑性	兜底治理

4.5.4　遵守权利限制条款

遵循知识产权制度，鼓励创新和为公众服务的立法宗旨，对企业数据保护也需要制定适当的权利限制。除延续传统知识产权下合理使用、强制许可、法定许可、反向工程等限制性条款和其他公共领域保留条款外，还需要考察数据特点、市场规律、行业习惯、商业模式等例外场景，尊重市场规律和行业习惯。科斯定理告诉我们

"当产权明确且存在交易成本的情形时，市场最终总会达到资源配置的帕累托最优"。[1]因此，在新兴的企业数据产业中，在完成法益的初始归属配置后，如果行业自律模式能够解决企业数据利用产生的纠纷时，法律模式就不应当介入，而是应该遵循市场规律和行业习惯，允许"自愿交易"。[2]对于非法爬取等数据侵权行为，同样需要参考行业共识和行业惯例来分配举证责任和确定侵权类型。尽管借鉴行业习惯的做法也可能存在行业包庇、行业潜规则等不正当行为，但对于加快制度新设和明确制度边界来讲仍然是非常实用的方法。包容有创新性的转化性使用，虽然数据的转换性使用过程中存在数据抓取等不正当行为，但如果该使用方式带来的创新增加既有利于增进社会公共福祉，又能够兼顾自由竞争与市场效率的目标[3]，虽然影响经营者的部分利益，但并不能对其产生根本性影响，同时整体上有利于促进消费者福利，此时应当对其持包容态度，允许商业模式间"相生相克"式的共存。[4]

4.6 本章小结

总体来讲，在数字经济时代下，企业数据保护是企业数据研究中的关键问题，企业衍生数据权的设置是企业数据与知识产权制度

---

❶ HERBERT Z. Buliding a European data economy［J］. International Review of Intellectual Property and Competition Law，2017，48（8）：501-503.

❷ 吕炳斌. 论网络用户对"数据"的权利——兼论网络法中的产业政策和利益衡量［J］. 法律科学（西北政法大学学报），2018，36（6）：56-66.

❸ GUSTAVO G. Intellectual Property and Competition Law：The Innovation Nexus［J］. Northampton Edward Elgar，2006（1）：112-113.

❹ 孔祥俊. 论反不正当竞争的基本范式［J］. 法学家，2018（1）：57.

的相互选择。企业数据是企业、个人、政府和社会发展的关键要素，通过明确企业数据的法律属性及保护路径，不仅能够明确划分权益归属，加强对企业数据的保护与规制，促进数据流通交易与开放共享，还能够规范数据市场，引导数据市场公平竞争，激励数据技术创新和数据产业投资。由于知识产权制度本身秉承“私权神圣”和“利益平衡”的基本价值观，在保护权利主体私益的同时，也会通过权利限制条款维护社会大众的“公益”，因此将企业数据置于知识产权制度框架下，还能够在一定程度上防止因过度使用而造成“公地悲剧”和因过度限制而造成“反公地悲剧”现象的发生。企业衍生数据权的设置也为知识产权制度的延续和发展作出新的开拓和延展。知识产权制度因技术进步而生，其本身存在历史性、流变性特征。即使日后再出现新的客体形态，知识产权制度也应该在保持法律稳定性的同时，充分考虑社会发展趋势和科学技术进步因素，融入新元素，接受新客体，及时更新法律关系和制度内容，也是实现良法善治的需求所在。

但是，企业数据的功能聚合性和利益交织性告诫我们，对企业数据治理的过程中应当坚持“保护与规制”并重的原则，在对企业数据权利进行保护的同时，也不能忽略对其合理规制，要在利益均衡中实现数据善治。因此，第 5~7 章将结合个人利益、相关企业利益和社会公共利益，对企业数据规制进行研究。

第5章 基于个人利益的企业数据行为规制

企业利益不仅关系企业自身的利益，还与个人、相关企业和整个社会的利益息息相关。个人与企业的数据利益关系体现在个人为企业数据的生成提供了数据原料，个人数据是企业数据的重要基础。企业与相关企业的数据利益关系体现在关于企业数据的交易、合作、共享与竞争中，但企业为了实现其数据利益，在数据活动中往往会侵犯个人或相关企业的数据利益，甚至存在与相关企业合谋共同损害个人利益的情况，而这样的行为最终将对整个社会经济进步产生负面影响。因此，在企业数据活动中，需要处理好企业与个人、企业与相关企业的利益关系，并根据数据活动中存在的问题提出治理建议。基于以上问题，本章一方面将从个人权益保护角度出发，以自我规制和无限制自由理论为基础，研究可识别型企业数据的利用和交易规则，规范企业利益；另一方面从个人的数据权利出发，分析个人数据权利在企业数据规制中的作用和不足，最后基于以上研究，提出个人利益视角下企业数据规制的具体建议。

5.1 利益主体及利益关系分析

在企业数据活动中，个人和企业具有密切的关系，个人和企业的身份也因场景不同而发生变化。

个人数据是生成企业数据的重要原料。个人在日常生活、工作和学习中往往通过主动或被动的方式向企业提供数据，企业通过默许、许可、授权等方式从个人处获得数据，以便向个人提供个性化推送等业务服务，数据完成由个人数据向企业原生数据的转变；之后企业基于业务升级、服务提升、市场竞争等商业需求，往往通过聚合筛选、算法分析、删除清洗等加工处理过程形成具有预测性和创新性的高质量衍生数据，个人数据完成第二次蜕变，成为可以被企业重复利用的再生数据。从数据的转换性使用过程发现，商业化使用和加工处理是实现个人数据向企业数据转变的重要环节。由此可见，企业数据之所以能够存在的根基是个人数据的存在，而这也决定了二者的关系密不可分，对企业数据的利用与规制必须考虑个人数据的保护问题，只有明确规制二者的区分依据和转换标准，才能减少后者可能给个人造成的隐私伤害。

个人具有数据提供者和数据使用者两种身份，企业具有数据控制者和数据共享者两种身份（如图 5–1）。个人作为数据提供者时，企业是数据控制者。企业从个人那里获取数据原料，逐渐形成并积累企业数据。在网络环境下，个人在浏览网页、注册下载 App 或在享受企业提供的其他网络服务的过程中将姓名、昵称、头像、年龄、身份等个人数据存储在企业设备、服务器，或者在企业设备及服务器产生评论数据、购物记录、消费记录、实时定位、浏览足迹、停留时常、使用系统服务的日志等个人数据的结果。这些数据经过个人授权能够为企业所用，成为企业原生数据中的关键部分，此时企业的身份便是数据控制者，担当数据控制者角色的企业对该类数据的权限为在隐私保护政策范围内进行收集、使用或共享给第三方使用。需要注意的是，对于向第三方共享的情况，第三方不仅要与数据控制者签订《开发者协议》，还要通知并获得数据提供者（个人）的同意。[1]个人作为数据使用者时，企业是数据共享者。社会和法律出于共享数据价值、促进社会进步及实现社会公平的目的，赋予个人在社会中获取信息的权利；个人基于学习、生活的需要，可以在合法范围内利用企业数据实现获取信息、增长知识的目的；企业作为数据资源的主要控制者，有义务在保护企业利益的情况下，向个人和社会开放和共享企业数据。

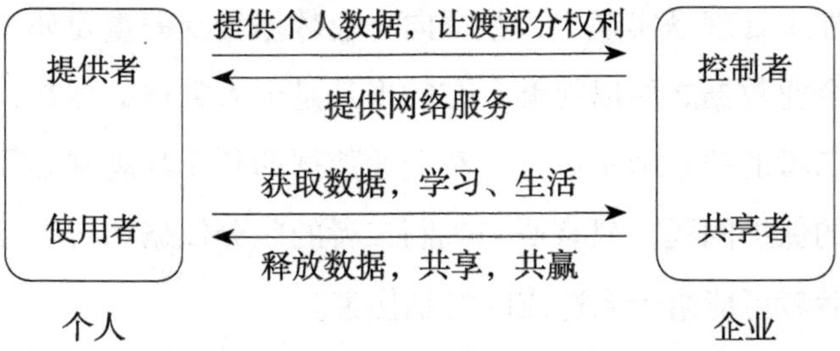

图 5-1　企业和个人的相关利益分析

由此可见，企业数据与个人数据密不可分，个人数据是形成企业数据的重要数据基础，企业数据也是个人用于学习、生活的重要资料。企业利益和个人利益不是绝对对立关系，在许多情况下能够对彼此形成有效规制。被称为史上最严格的个人数据保护条例的欧盟《一般数据保护条例》在其第一条就明确规定，不应为了保护个人数据权利而规制个人数据的自由流动，这正体现了立法者将个人

---

[1] 徐伟．企业数据获取“三重授权原则”反思及类型化构建［J］．交大法学，2019（4）：20–39.

利益和企业利益并重的立法意图。因此，对企业利益的保护需要充分考虑个人利益，对个人利益的保护也要充分保证企业数据的流通与共享。从企业数据保护的角度看，对个人数据的保护制度在一定程度上会构成对企业利益的规制，而对个人数据的保护不足则会纵容企业利益的扩张。在企业数据规制中，非常有必要对个人数据保护制度进行深入分析，在此过程中梳理其对企业利益的规制作用及规制过程中存在的不足，为最终实现数据善治及个人利益与企业利益之间的“二元平衡”提供参考依据。

5.2　重点规制的数据类型

从 3.1“企业数据的概念及分类”中可知，按照数据来源，可以将企业数据分为企业原生数据和企业衍生数据两类。具体包括：①企业自身的数据；②企业向个人收集的可识别型用户数据；③企业向个人收集的不可识别型用户数据；④企业通过交易收集的数据；⑤经“去标识化”并加工之后形成的企业衍生数据。企业自身的数据通常是简单的数据集合，经济价值低、技术可行性低、可利用范围小，通常不作为研究重点，因此本研究也将其排除在考虑范围之外。剩下的四种企业数据按照是否能够识别到个人，又可以归纳为可识别型企业数据和不可识别型企业数据两种类型，前者指第②类数据，后者指第③④⑤类数据。可识别型企业数据与人格权益最为密切，因此在个人利益视角下，重点对可识别型企业数据的获取、利用、交易和迁移活动进行规制。

5.3 可识别型企业数据的利用问题

基于数据企业自身的社会义务以及促进数据流通的社会需要，在保护企业数据权利的同时，也要给个人或相关企业“分一杯羹”，推动数据价值的社会共享，促进社会经济发展。因此，需要解决个人与相关企业对企业数据享有哪些权利、可以使用哪些类型的企业数据、在什么情况下可以使用企业数据，企业应该如何保障个人对企业数据的使用等问题，明确企业数据利用准则，发挥个人和相关企业对企业数据权利的有效规制。企业数据类型多样且具有功能聚合性和利益交织性，判断企业数据的利用行为是否正当，其实是考虑利用行为能否保障数据之上各方利益的平衡。[1]因此，在构建数据利用规则时，不仅要关注企业自身利益，还要应充分考虑数据类型、数据利益以及数据的应用场景差异，采取类型化分类构建的方式。美国学者海伦·尼森鲍姆（Helen Nissenbaum）就曾利用“场景理论”对数据隐私保护进行类型化研究，为我们提供了数据类型化治理的成功经验。[2]本研究将从企业数据的利益格局出发，结合企业数据的类型特征，构建出类型化利用规则体系。

本章主要从个人利益角度，讨论企业数据的利用规则；第 6 章将从相关企业的利益角度，讨论企业数据的利用规则；第 7 章将从社会公共利益角度，讨论企业数据的利用规则。

---

[1] 梅夏英.在分享和控制之间 数据保护的私法局限和公共秩序构建［J］.中外法学，2019，31（4）：845-870.

[2] 李文姝，刘道前.人工智能视域下的信息规制——基于隐私场景理论的激励与规范［J］.人民论坛·学术前沿，2019（6）：70-77+91.

5.3.1　总体要求

因涉及人格权益，可识别型企业数据的利用问题是企业数据研究中争议最多的问题。在不涉及公共利益时，对于这类数据的使用应以人格权益保护为前提。[1] 原因有以下三点：第一，明确数据利用规则的目的是实现多元主体之间的利益平衡，数据利用应该以保护其他主体的利益为前提，不能为了实现自身利益而损害他人的合法权利，这也是我国法律规范和社会规范中处理利益纠纷时坚持的一项重要标准。第二，在数据利用场景下，可识别型企业数据所涉及的主要利益冲突是个人隐私保护与企业利益之间的冲突，前者体现的是个人的人格权益，后者体现的是企业自身的经济价值追求。虽然基于激励创新的目的应尽可能地推动企业数据的利用与共享，但是在价值选择和利用衡量中，仍应该坚持“保护个人利益”的底线[2]。第三，这一原则同样适用于相关企业利益视角下的数据利用规则，但是《民法典》第一千零三十六条规定基于“为维护公共利益或者该自然人合法权益”的目的而使用个人信息的合理行为不负民事责任。因此，当涉及公共利益保护时，可识别型企业数据的利用则要以保护公共利益为前提。

5.3.2　具体规则

在所有的企业数据类型中，与个人利益保护最为密切的是可识别型企业数据。对于这类数据，企业除了需要以保护人格权益为前提外，还要在具体的获取或利用过程中进行严格把关。《民法典》

---

[1] 胡雅瑜．互联网企业数据获取和利用不正当竞争行为的规制研究［D］．武汉：湖北大学，2020.

[2] 朱世定．企业数据利用行为规制路径研究［D］．上海：华东政法大学，2021.

第一千零三十五条和第一千零三十六条的规定，利用未经公开的个人数据要经过本人同意，对于已经公开的个人数据则无须经过本人同意。因此，根据可识别型企业数据在利用过程中是否需要经过个人同意，可以将可识别型企业数据细分为“需经个人同意才能利用”和“不需要个人同意就能利用”两种类型。而在“需经个人同意才能利用”的情形下，不正当利用行为主要表现为“未经同意随意抓取”“未经同意超出合同范围的使用”两种情形。在“不需要个人同意就能利用”的情形下，经数据控制企业授权，第三方即可实现使用目的，但要提供“同等保护”措施。

1. 三重授权原则

对于“需经个人同意”的可识别型企业数据，目前无论在实践中，还是在司法判例中，都倾向于承认并保护企业对此类数据的经济利益，并逐渐形成三重授权的利用方法，即企业将可识别型企业数据分享给第三方使用时，需首先满足该企业已取得个人同意的标准，在数据控制企业授权给第三方使用后，第三方需再次取得个人同意，需要满足三重授权原则才能认定数据利用行为合法。虽然在同类案件中，法院还提出“合理范围内使用”的判断标准，也有学者认为三重授权原则存在逻辑关系、权属不明，甚至影响数据流动等弊端[1]，但是这一标准依旧为我们建立可识别型企业数据的利用规则提供了思路。首先，这一原则要求数据控制企业和第三方在使用数据时，都需取得用户授权，不仅体现对个人权益的尊重，也能够

---

[1] 陈沛．数据流通与利用中的“三重授权”原则——再评大数据引发不正当竞争第一案［J］．上海市经济管理干部学院学报，2020，18（1）：57-64.

使个人充分了解用户数据的去向并自由决定是否再次进入生产，因此在保护个人权益方面起到了较好的效果；其次，企业授权原则要求第三方企业还需要取得数据控制企业的同意，这有利于保护数据控制企业对数据的合法权益，同时也是为了防止第三方企业搭便车、恶意抓取等不正当使用行为。另外，企业授权原则还能够在激励投资方面起到积极作用。例如，Apple 公司为保护可识别型企业数据，在其 safari 浏览器中设置了隐私保护屏障，相关企业想要获取此类用户数据，不仅需要经过用户同意，还需要经过 Apple 公司的技术审查，从而保证了 Apple 公司在合理范围内的数据独占权，激励 Apple 公司为用户数据保护作出更多的投资和贡献。

在实践中，第三方企业寻求个人同意的方式多以弹窗、链接、短信或邮件的方式通知，虽然需要付出必要成本，但并未给第三方企业的数据利用造成不可实现的影响。因此，在未找到更加合适的利用规则前，建议继续使用这一标准为“需经同意才能利用的”可识别型企业数据提供利用准则。

2.“企业授权 + 同等保护”原则

对于“不需要个人同意就能利用”的可识别型企业数据来说，这类数据中的个人信息已经公开，因此第三方在利用时无须获得个人授权，但仍要通过数据控制企业的授权。“是否公开”只是用来判断第三方在获取数据时是否需要得到个人授权的条件，公开并不意味着数据上的人格权益已经消失，如果随意使用仍然会对个人权益造成侵害，因此在利用时仍需对此类数据提供充分的人格权益保护。这说明“不需要个人同意就能利用”的可识别型企业数据，在获取时可以省去用户授权的步骤，采用企业授权原则，但在利用时仍要采取充分的保护措施，保护个人的人格权益。至于充分保护措施的保护程度，考虑到人格权益在数据公开与非公开情况下并不会产生差别对待，因此对人格权益的保护也应当处于同一水准。综上，第三方在利用这类数据时，应当为其提供同“需经个人同意才能利用”的可识别型企业数据同等程度的保护措施，简称为同等保护。

5.4 可识别型企业数据的交易问题

从可识别型企业数据的利用规则来看，对个人信息未公开的可识别型企业数据，要遵从三重授权原则，即数据控制企业和第三方企业均需经过个人授权，第三方企业还需要经过数据控制企业授权，才能构成正当使用；对个人信息已公开的可识别型企业数据，要遵从企业授权原则，即第三方企业要经过数据控制企业的授权，才能正当使用数据。但是在数据交易中，却常常发生未经授权或超出授权范围的使用行为，损害个人合法权益。从上述分析可知，这种现象既可能发生在个人和数据控制企业之间，也可能发生在数据控制企业和第三方企业之间。这里只讨论未经个人授权的情况，其他情况因一般发生在企业之间，更关注相关企业的利益和市场竞争秩序，将在第 6 章进行讨论。

5.4.1 未经个人授权的使用

在数据交易中，企业为了自身经济利益追求，往往忽略对人格权益的保护，将用户数据以有偿方式非法提供给第三方使用。例如，在“新浪微博诉脉脉”[1] 一案中，虽然该案由脉脉公司非法抓取用户数据的不正当行为而起，但讽刺的是，新浪微博自身也存在不正当使用行为。法院发现，新浪微博在起诉脉脉公司之前，早已知道脉脉公司存在非法抓取的行为，但是为了自身利益，新浪仍旧放任脉脉公司的行为，并在未经用户授权的情况下，将用户数据非法转让给脉脉公司使用，不但未尽到信息保护义务，还以侵害用户权益的方式换取企业利益，违反了诚实信用原则和商业道德。

5.4.2　超出授权范围的使用

由于用户只是基于网络服务交换的目的让渡给企业以一定的数据权益，虽然企业在用户授权的基础上能够获得一定程度上的占有、使用、收益和处分权能，但企业对这类数据并不具有全部权益，企业只能在服务协议范围内使用，不能随意使用。《民法典》和《网络安全法》均规定，在利用个人数据时应坚持合法、正当、必要原则，不得过度处理。但是在实践中，企业往往会为了自身利益而过度分析用户信息，甚至以此为基础实施“差别定价”“歧视性定价”等减损消费者福利的行为。[2] 企业还会故意以不显著的合同条款或格式条款形式，使用户在未完全知悉的情况下作出损害个人利益的负面行为。例如，在“支付宝账单”事件中，蚂蚁金服公司曾以不显著甚至是几乎注意不到的提醒方式，蒙蔽、诱导用户默认勾选消费数据使用协议，使用户在不知情的情况下不仅同意“授权”蚂蚁金服可以任意转让、交易涉及个人消费的原始数据及反映

---

[1] 北京市知识产权法院〔2016〕京 73 民终字 588 号民事判决书。

[2] 李明琨，吴欢，王伟．互联网企业大数据“杀熟”的博弈行为机理与消费者应对策略［J］．管理学刊，2021，34（2）：55-64.

消费偏好的衍生数据，还允许蚂蚁金服可以在未经用户同意的情况下以短信、弹窗、网页提醒、图文推荐等方式向用户推销商品或提供营利性广告。

企业数据会造成公众隐私危机还在于数据利用过程中的“去标识化”问题难以根治。我国《网络安全法》第四十二条将“匿名化”限定为“经过处理无法识别特定个人且不能复原”，但对于何为“无法识别”、如何认定“去标识化”并没有作出明确规定。企业需要体量巨大、来源多样、内容丰富的数据原料来满足加工程序的筛选、提炼和聚合，随着企业数据的价值性抬高，对具有可识别性的企业数据的需求量也会增大，如果不解决这些数据的“去标识化”问题，那么造成个人隐私侵害的可能性就会越来越严重。因此，若想有效规制企业数据，就必须采取适当的匿名化或“去标识化”措施对这类数据进行过滤，最大限度地减少特定主体被公开信息和精准识别的风险。[1]

以上的数据利用行为不仅侵犯了用户的知情同意权，还剥夺了用户的数据自决权，违反了合同法的意思自治原则，更使得用户和数据企业在商品交易中处于不平等的市场地位。无论是从数据合同还是从个人权益保护的角度，都需要进行严格监管和规制。

5.5 可识别型企业数据的迁移问题

数据迁移权在个人数据保护方面具有重要贡献，赋予个人转移

---

[1] SWINA W. Personal data for decisional purposes in the age of analytics: From an individual to a collective dimension of data protection [J]. Computer Law & Security Review, 2016 (2): 238-255.

数据的权利，大大提高了个人对数据的控制权。企业数据中很大一部分数据与个人数据有关，因此对个人数据保护力度的加强在一定程度上就意味着对企业数据的保护会受到规制。虽然必须对企业利益进行规制，但也并不是越严格越好，而是应该在保护与规制之间寻求各方利益的平衡。因此，对于数据迁移权制度，需要进行深入研究，在充分分析该制度对企业利益的影响及规制程度的基础上，才能有针对性地提出合理的规制措施。

5.5.1　欧盟《一般数据保护条例》的相关内容

数据迁移权最初由欧盟提出，于 2016 年由欧盟《一般数据保护条例》（GDPR）正式提出，并率先以法律的形式确定。它的主要内容包括以下几点：①个人不仅有权自由获取个人数据，而且有权将个人数据传输给另一个数据控制者，还有权要求原数据控制企业在技术允许的情况下将数据传输给第三方数据控制者，除非数据控制者是为了公共利益或者官方授权行为；②数据获取必须经过个人同意或与个人存在合同约定；③数据格式必须符合结构化、通用和机器可读的要求；④数据控制企业不能设置任何障碍影响数据迁移权的行使。

欧盟设立这一权利的初衷是保护个人数据权利、增强个人对数据的控制权，所以有学者认为，数据迁移权在很大程度上实现了用户对数据的自由掌控[1]，进而能够有效规制企业对数据权利的扩张。但也有人提出反对态度，认为能够掌握生成企业数据的“重要原料”并不是规制企业利益扩张的唯一方法，况且数据迁移权是否能

[1] 谢琳，曾俊森 . 数据可携权之审视［J］. 电子知识产权，2019（1）：28-39.

够真正实现规制企业利益，推动二元权利平衡，不仅要看这一权利的制度内容，还要看这一权利的实施效果。如果数据迁移权本身无法落实，或者在落实过程中因过于保护个人权利而给企业利益造成其他负面影响，那么将不但无益于二元利益平衡，还会违背制度初衷，带来更多的治理困难。[1]

本研究认为，对于数据迁移权是否能够有效规制企业利益或者是否能够达到实现二元平衡、促进数据竞争的制度效果，既不能全盘肯定，也不能全盘否定，而是需要结合制度内容，从技术、法律、市场等多维度出发深度分析其在实践过程中给企业及企业利益带来的实际影响，才能对制度效果作出客观评价并为企业数据治理环境的改善提出针对性建议。

5.5.2 对二元利益均衡产生的影响

数据迁移权对二元利益均衡产生的影响如下。

1. 积极影响体现在两个方面

一方面，调整了数据生态，实现个人和企业之间数据利益的重新分配。个人的话语权在数据市场中严重失衡，企业对数据掌控拥有明显的优势地位，经常利用技术、行为和法律准入障碍导致数据限流、数据封锁、数据孤岛，甚至数据垄断，剥夺了数据主体对个人数据的核心控制力。为了使数据控制权回归到个人手中，欧盟在《一般数据保护条例》中赋予个人以访问、获取、迁移和删除等数据权利，在制度上保证其拥有相对完整的数据保护体系，从实质

---

[1] 谌嘉妮．我的数据谁做主？——基于“头腾之争”对个人数据可迁移权与企业数据权边界的研究［J］．互联网天地，2019（6）：22-27.

上增强了个人获取、使用和处理个人数据的风险控制能力，加强了个人对网络环境的信任。[1] 在数据迁移权下，个人可以将个人数据在其感兴趣的不同服务之间进行传输和重复使用，在丰富服务和客户体验的同时提高了个人提供数据的意愿，为数字经济发展提供了海量数据资源。可见，数据迁移权除了能通过防止数据"锁定"之外，还有望促进企业在个人意愿的控制下以安全稳妥的方式创新和共享数据，这种方式也能够倒推数据服务良性竞争，实现个人和企业在数据价值链中的利益共享。

另一方面，缓和企业利益获取和个人隐私保护的矛盾，激发企业创新。2016 年"Uber 用户数据泄露案"是摧毁网络互信的典型案例，但令人气愤的是，除了数据泄露本身外，还有 Uber 公司后续收买黑客的不正当处理行为，最终导致 Uber 不但失去了用户信任还承担了巨额罚款。数据收集不规范、数据去向不透明、数据风险无保障是导致个人与企业之间的信任纽带断裂的主要原因。数据迁移权将被少数企业圈存的海量个人数据解绑，让数据主体可以自主把控个人数据的去向和用途，并在一定程度上可以有效控制数据泄露风险。另外，当企业获取和利用数据的必要成本降低时，不仅会在数据数量上催生出更多的企业数据，还会在企业数量上催生出更多的数据分析、数据应用等新型企业，推动企业创新和服务提升[2]，因为只有那些尽最大努力提供最好的产品并且能够保证数据

---

[1] 曾彩霞，朱雪忠. 欧盟数据可携权在规制数据垄断中的作用、局限及其启示——以数据准入为研究进路［J］. 德国研究，2020（1）：133-147+164.

[2] 卓力雄. 数据携带权：基本概念，问题与中国应对［J］. 行政法学研究，2019（6）：129-144.

用途公开透明的企业才会是数据用户最青睐的对象。可以预测数据迁移权将极大地增强数据参与者互信并推动企业运营模式的主动变革，催生高质量和高服务质量的新型数据产业。

2. 消极影响体现在数据传输格式和互操作性要求上

一方面，传输格式标准不统一，对故意不履行数据迁移义务的不正当行为难以规制，损害个人数据权益。欧盟《一般数据保护条例》要求数据传输格式必须满足“结构化、通用、机器可读”的条件，但目前行业内数据传输格式和数据处理格式各式各样，尚未形成统一的行业标准。《一般数据保护条例》没有明确规定数据格式，也没有赋予个人可以选择或指定数据格式的权利，更没有采取格式通知义务等措施进行补救。[1] 如果企业不以自动化方式和通用标准处理数据，个人将再次陷入无法获得个人数据的窘境，或者可能出现即使获得了数据副本但由于数据格式缺乏互操作性而无法再次利用的情况。[2] 另外，《一般数据保护条例》对数据格式的模糊规定还有可能反向激励企业采取不正当手段排除使用标准格式、逃脱副本移交义务，以达到节省技术成本的目的。有学者提出可以通过保护权利主体意愿的方法来解决这一问题，例如企业必须根据个人的实际需求和意愿提供满足具体用途的格式类型，但这种方式可能会增加企业的传输压力和技术兼容成本；或者可以使用“格式清单”，

---

[1] 冉从敬，张沫．欧盟 GDPR 中数据可携权对中国的借鉴研究［J］．信息资源管理学报，2019（9）：25-33.

[2] YANG G，JAN M A，REHMAN A U，et al. Interoperability and Data Storage in Internet of Multimedia Things：Investigating Current Trends，Research Challenges and Future Directions［J］. IEEE Access，2020，8：124382-124401.

将数据传输的格式类型固定下来，但又可能影响新格式的开发和推广。[1]可见，与设置统一的标准格式相比，以上方法并不乐观。

另一方面，互操作性问题难以解决，影响二元利益平衡的良性发展。2010 年，欧盟在《欧洲数字议程》中指出，缺乏互操作性是阻碍数字化建设七大主要障碍之一。随后 2015 年在《数字化单一市场战略》中又指出，不同服务商之间在数据准入方面缺乏可携性和互操作性是阻碍数据跨境流动和开发新服务的障碍。但要在实践中完全实现互操作性并非易事，轻度后果是可能导致数据格式化，严重的情况下还可能出现图片、注释等重要内容丢失现象。有专家曾经希望通过研究找出替代微软现有文件格式的其他格式类型，但最终因互操作性问题难以解决而失败。欧盟《一般数据保护条例》第 20 条第 2 款规定，“如果技术可行”，企业还负有将个人数据直接传输给第三方企业的义务。考虑到目前实现系统兼容的技术难度，欧盟数据保护机构（29 条数据保护工作组）在《数据迁移指南》中将数据迁移权的技术是否可行交给企业进行自由裁量，但不要求达到兼容性程度。虽然欧盟并未对其他数据控制者施加支持这些格式的义务，也未要求企业之间实现系统兼容，但如果两个数据系统能够解决技术兼容难题，实现数据安全互通，那么企业之间就能直接进行数据传输，尤其是涉及多个大型且复杂的数据集合迁移时，这将是企业降低隐私风险的良好方法。

---

[1] 付新华．数据迁移权的欧美法律实践及本土化制度设计［J］．河北法学，2019（8）：43-63.

5.5.3 对中小微企业和初创企业的影响

1. 积极影响

积极影响体现在，数据迁移权能够打破“锁定效应”，降低中小微企业和初创企业的数据获取成本。不同于传统的商业模式，以数据驱动的新型商业模式具有明显的正反馈循环效应，包括“使用者反馈”和“获利反馈”[1]，即企业可以利用自己手里的超量数据提升产品质量，实现精准广告投放，所获得的利润再用来投资技术革新或者科技研发，以达到吸引更多消费者的目的。但在实践中，数据控制者，尤其是数据垄断企业为了维护自己的核心竞争力，往往通过设置排他性协议、阻断数据传输通道、提高数据转移服务成本等方式进行数据封锁，以此来防范或规制用户流失。剑桥公司为了实现“数据锁定”，就曾规定相关企业未经许可禁止从“脸书”获得个人数据，目的就是封锁“脸书”平台上的个人数据，以便于日后形成更多为自己所用的企业数据资源。可见，在数据产业领域，对个人数据的占有优势与利用优势的不均衡成为影响企业数据生成，甚至产业发展与转型的关键要素。“锁定效应”表面上看似是个人数据封锁，是对个人数据权益的剥夺和企业数据权利的扩张，但其实还包含着数据控制者对用户、对数据价值，甚至对整个数据市场的封锁和垄断。数据的生命在于流通，数据通过流通实现价值积累，但用户被困在原有服务平台，用户的个人数据流通也受到规制，数据无法流通就无法实现数据关联和数据增值，这对缺乏数据

---

[1] 曾雄．数据垄断相关问题的反垄断法分析思路［J］．竞争政策研究，2017（6）：40−52.

要素又没有经济回报来支持创新的初创企业和中小微企业来讲将会是致命的打击。数据封锁还会影响用户对商业服务的自由选择，滴滴出行事件能够证明此观点。当用户想要转移数据并且选择更加多样化的服务平台时，却发现根本没有可供选择的替代性平台或服务，因此又不得不依附原有平台。长此以往，数据封锁将会严重影响数据变现和企业创新发展。

数据迁移权的实施能够有效解决数据封锁问题。因为在数据迁移权下，个人享有获取、转移和要求数据控制者协助转移个人数据的权利，这将极大地增强个人使用和处理个人数据的主动性和控制权，解决数据存储的"沉没成本"问题，一旦市场出现更优质的产品服务，个人便可以随时转移数据。对于企业来说，数据迁移权的设置促进了数据流通，盘活"数据孤岛"，降低了企业获取数据原料的成本，对激活产业创新也具有重要作用。[1] 另外，这一制度还启发我们，在产业转型和企业数据治理中，不仅要关注数据原料的开放共享，对企业数据同样也需要防范数据封锁；出于数据类型和数据主体权益差异，还需要注意对企业数据进行科学分类、分级管理，关注数据有偿分享和利用规则，在场景差异中制定适宜的治理策略。

2. 消极影响

消极影响体现在以下两个方面。一方面，个人数据迁移的成本提高，导致中小微企业和初创企业的合规成本被迫提高。数据迁移

---

[1] 卓力雄．数据携带权：基本概念，问题与中国应对［J］．行政法学研究，2019（6）：129-144.

权帮助企业通过市场经济下的数据流通产生巨大的经济价值并逐渐形成价值积累的同时，也导致中小微企业和初创企业为适应数据迁移新生态不得不负担起更高的合规压力和技术成本。从数据迁移权的角度来看，无论是迎合数据传输的操作格式要求，还是履行数据传输义务的其他技术成本，都会对企业，尤其是初创企业和中小企业带来合规负担。而且对企业可能面临的合规压力，无论是欧盟《一般数据保护条例》还是我国《信息安全法》都没有设置补贴机制，即企业在利用数据时，不仅要遵守数据迁移义务，还要一并承担由此带来的经济开销。根据 Acess Now 发布的《GDPR 实施两周年的进度报告》显示，自《一般数据保护条例》生效以来，罚款的数量和规模呈指数型增长。欧盟数据保护机构（29 条数据保护工作组）发布的《数据迁移指南》规定，违反数据迁移权规定时将面临上限为 2000 万欧元的行政罚款或上限为上一财务年度全球总营业额 4% 的罚款，以金额较高者为准。从 2018 年 5 月到 2020 年 3 月，数据保护部门实施了 231 次罚款和制裁，仅英国和法国的罚款总额就超过了 3.66 亿欧元。虽然目前尚不能确切估算相关预算和罚款用于数据迁移权的百分比，但根据前述罚款政策也可知，其势必增加企业，尤其是初创企业和中小微企业应对数据迁移权的支出及成本。

另一方面，“锁定效应”反向加固，垄断企业更加跋扈，初创企业和中小微企业面临用户流失和数据流失的双重风险。数据迁移权对“锁定效应”的规制具有双向性，既可能打破数据垄断，也可能加剧数据垄断。具体而言，数据迁移权虽然有助于实现用户将个人数据从大企业向初创企业和中小微企业的流动，但也可能促使用户将数据从初创企业和中小微企业迁移到大企业，导致造成“强者更强”的局面，形成更为稳固的“锁定怪圈”。如前文所述，在实践中大企业往往具备极强的市场洞察能力，一旦发现存在可能对自身造成威胁的企业出现，大企业就会通过设置技术壁垒、签署排他协议等措施规制竞争企业的发展，或者直接高价收购，甚至直接将其扼杀，迫使其退出竞争市场。[1] 另外，在用户忠诚度不高的情况下，数据企业投身于创新的意愿和能力也会受到抑制。数据迁移权要求企业向个人或第三方提供近乎免费的传输服务，这一规定只保障了个人的合法权益，却忽视了企业为数据加工、数据应用、数据增值所付出的努力，导致企业既要承担数据传输的合规压力和技术成本，又要承担数据迁移可能造成的用户流失和数据流失风险，企业尤其是以数据为主要生产要素的衍生数据型企业在数据市场的生存环境将变得更加艰巨。因此，几乎零成本的转换转移并不一定会促进企业竞争；相反，一定的转换成本可以鼓励对新技术业务的投资，从长期来看也许是有效的。

5.5.4　制度本身存在的问题

1. 法律关系模糊，导致二元利益边界无法确定

（1）客体范围模糊，个人利益被转移

数据迁移权的权利客体直接关系到企业和个人的数据利益及其分配。明确数据范围对于确定主体和权利内容等至关重要。欧盟数据保护机构（29 条数据保护工作组）在《数据迁移指南》中将与

---

[1] 丁晓东．数据到底属于谁？——从网络爬虫看平台数据权属与数据保护［J］．华东政法大学学报，2019（5）：69-83.

个人相关的数据分为个人提供的数据、观测数据和推测数据三类。个人提供的数据有广义和狭义之分，狭义概念强调“提供”行为，既包括“主动提供”的个人数据也包括像使用App或申请账号时“被动提供”的个人数据；广义概念强调“数据范围”，即只要是“与个人相关”的数据都属于个人数据，以朋友圈合影等人际互动为代表的涉及第三人的数据就是典型的表现。后两种数据是以个人数据为基础形成的由企业控制的数据。观测数据是企业在分析数据主体使用服务或产品时的行为痕迹所得到的数据，如支付宝向用户发送的年度账单。推测数据是基于算法技术对第一类、第二类数据进行分析所得到的数据，如淘宝根据用户浏览次数和停留时长的数据来判断用户偏好并定向推送商品信息协助完成交易。[1]按照欧盟《一般数据保护条例》对数据迁移权的规定，必须是数据主体“提供”的个人数据才适用数据迁移权。数据主体“提供”的数据指的是“狭义”还是“广义”的个人数据？涉及第三人的数据是否可以迁移？第二类数据和第三类数据是否能够成为数据迁移权的客体？第二类数据和第三类数据究竟是个人数据还是企业数据？这些问题困扰着数据治理者，也使个人数据和企业数据的界限模糊不清。

为了明确权利边界和保护范围，欧盟数据保护机构（29条数据保护工作组）在《数据迁移指南》中将“个人数据”扩大解释范围，涵盖个人提供的数据和观测数据，虽然推测数据最具有商业价值，考虑到数据生成过程和企业的利益平衡，仍将其排除在数据迁

[1] 曾彩霞，朱雪忠.欧盟数据可携权在规制数据垄断中的作用、局限及其启示——以数据准入为研究进路［J］.德国研究，2020（1）：133-147+164.

移权之外。目前只解决了推测数据是企业数据的问题，但其他问题仍未回应和解决，数据迁移权在权利客体的界定上仍然存在复杂的模糊性和不确定性。

数据主体提供的个人数据在狭义和广义语境下将产生不同效果。以 eBay、闲鱼等拍卖网站为例，拍卖广告、产品详情、卖家电话等数据由个人（卖家）自己提供，但能够反映卖家信誉、增强用户信任的服务评分、反馈评价等信息由企业提供。按照狭义解释，个人只能将自己亲自上传的拍卖广告等信息转移到另一个平台，但不能将反馈分数等评分和声誉信息进行转移，因为属于企业数据。但对个人来讲，其在不同平台已建立的良好信誉至关重要，甚至会影响其正常的市场交易，如淘宝会参考支付宝信誉决定个人是否能够享受分期、免息和极速退款等消费优惠。如果没有声誉数据，无论个人是卖家还是买家，都会影响其数据迁移权的行使，阻碍数据流通。

涉及第三人的数据是否属于数据迁移权的权利客体，欧盟《一般数据保护条例》并没有给出明确的规定，但数据迁移权可能会导致某些侵权行为合法化。2018 年“Facebook 数据泄露事件”导致包括“涉及第三人的数据”在内的总计 8700 万用户的个人数据泄露并被用于影响总统大选的政治活动。这一案件一方面使我们重视泄露和不正当使用个人数据的行为，另一方面也引发对涉及第三人的数据是否可以成为数据迁移权客体的问题的思考，再进一步分析个人数据是否要做扩大解释将会是划分个人数据和企业利益的重要争议点。在用户拥有数据迁移权之后，假设剑桥公司经过用户同意获取并合法使用数据主体提供的仅包含自身的个人数据，那么

Facebook 的行为将是合法的，但其对涉及第三人的数据的使用因未经他人授权，仍可能受到个人信息保护法、网络安全法、反不正当竞争法等法律的规制；但是如果把个人数据扩大解释为“与数据主体有关的数据”中，就会导致剑桥公司的行为完全合法，那么此案例的判决结果将会发生质的改变。

关系链数据也是数据迁移权行使需要重点考虑的一环。涉及这一问题的典型案例是 2019 年腾讯诉抖音、多闪的“头腾大战”[1] 案。双方的争议焦点是抖音、多闪在未经腾讯同意的情况下使用用户头像、昵称的行为是否构成不正当竞争。这场纠纷看似是关于用户数据中的“头像、昵称”的争夺，但仔细研究就会发现，“头像、昵称”背后的用户关系链以及与之相关的巨大群体市场才是双方争夺的重点。因为对于微信、抖音等以社交为核心业务的平台来说，除了锁定单个用户数据之外，更大的经济价值来自用户网络和用户关联中产生的关系链数据，即关系链数据才是社交平台的商业秘密和核心资产。[2] 对于关系链数据是否要纳入数据迁移权的客体范围，需要结合合同约定以及商业秘密保护的特殊情况来定。

（2）企业义务过重，企业利益被忽略

欧盟《一般数据保护条例》规定数据迁移权所保护的数据是个人数据，权利主体是自然人，义务主体是能够决定个人数据处理方式与目的的所有实体。也就是说，欧盟数据迁移权的权利主体不包括企业，权利客体也不包括企业数据等非个人数据，网络开放平台

---

[1] 天津市滨海新区人民法院〔2019〕津 0116 民初 2091 号民事裁定书。

[2] 丁晓东．数据到底属于谁？——从网络爬虫看平台数据权属与数据保护［J］．华东政法大学学报，2019（5）：73-83.

等企业无法通过数据迁移权要求准入数据。根据 2020 年《欧洲数据战略》，未来大部分数据将来自工业和专业应用领域、公众关注的领域或日常生活中的物联网应用等领域，即企业数据也将承担越来越重要的社会角色。但是，企业作为同样重要的数据输出主体却被排除在数据迁移权的授权范围之外，还要无条件承担数据传输义务、保障互操作性以及数据隐私安全等技术合规成本。[1] 从这一角度来看，数据迁移权的主体仅局限于自然人似乎有些不妥，但对于权利主体是否增加以及如何增加企业主体，仍需结合企业的服务性质、数据类型、数据用途等特定情形仔细考量。

（3）缺乏配套制度，制度本身落实难，纵容第三方企业的违法行为

根据数据迁移权的规定，相关企业数据控制者可依据数据主体同意或双方合同约定获取个人数据，原数据控制企业不但需要履行传输义务，还不能人为设置任何传输障碍。这一规定赋予个人更为宽泛的数据自决权，数据权利的性质逐渐由消极防御向积极控制转变；但是该权利只顾及对个人数据权利的保障和数据控制者的规制，却忽略了权利义务的相对性，未明确个人在行使数据迁移权时的相对合理义务，导致实践中权利的实施和落地问题难以解决。例如数据转移的通知问题，当数据主体同意或者需要将个人数据从一个平台转移到另一个平台时，由谁负责通知数据控制者履行转移义务？是数据主体还是相关企业数据控制者？如果数据主体未及时通

---

[1] CHANDER A，ABRAHAM M，CHANDY S，et al. Achieving Privacy：Costs of Compliance and Enforcement of Data Protection Regulation［J］. Policy Research Working Paper Series，2021.

知，相关企业数据控制者是否可以以“经数据主体同意”或“合同约定”为由直接从原数据控制企业处“抓取”个人数据？2017年“微博诉今日头条案”中，今日头条的产品“微头条”就是在获得用户授权的情况下直接利用“爬虫”手段获取用户的微博内容。放在数据迁移权语境下，今日头条在经过用户授权的情况下抓取数据的行为似乎存在一定的合法性；但是需要明确的是，数据迁移权只规定在数据主体同意或有合同约定的情况下可以获取个人数据，并没有规定相关企业数据控制者可以主动的、直接的从原数据控制企业处“抓取”数据，且在通知义务尚不明确的情况下，相关企业数据控制者从与自身存在竞争关系的数据企业贸然抓取数据的行为显然不妥，可能会侵犯商业秘密，造成不必要的诉讼纠纷，浪费司法资源。因此，在获得数据主体授权的情况下，如果没有妥善处理通知义务，就需要考虑是否还需获得数据控制者的授权，遵循“授权—通知—授权—获取”模式，否则仍会存在侵权的风险。

2. 侵害隐私权、商业秘密和知识产权，不但无法实现二元利益平衡，还会损害他人的合法权益

相比数据访问权，数据迁移权最大的进步在于赋予用户“转移”数据的权利。然而，在转移过程中以及转移完成后的利用过程中，如何不侵犯他人的合法权益是迁移权面临的最大考验。

（1）数据成倍繁殖，隐私风险扩大，威胁个人利益

数据迁移权是数据访问权的延伸和扩展。相比访问权，数据迁移权的行使将促使数据访问次数、数据流通速度的成倍增长，刺激企业数据的批量产生，随之而来的将会是更为严重的隐私泄露和数据安全风险。数据访问权仅仅赋予数据主体访问数据的权利，而这

已经足以造成不少安全隐患，“大众点评诉百度”[1]“新浪微博诉脉脉”“微博诉今日头条”[2]“淘宝诉美景”[3]“腾讯诉抖音、多闪”等多起案件都与非法访问数据有关，且多以不正当竞争为由寻求救济。数据迁移权在数据访问权的基础上赋予个人下载甚至将个人数据转移到相关企业数据控制者的权利，个人甚至可以一次性、量贩式下载和转移所有个人数据，这无形中增加了数据泄露的潜在风险，为恶意攻击者获取、侵入、篡改、泄露数据原料提供了更多机会。

另外，数据迁移权所针对的数据很可能包含他人的个人信息，甚至是敏感信息，一旦泄露将造成社会更大范围内的隐私安全隐患。虽然欧盟数据保护机构（29 条数据保护工作组）已经意识到隐私安全和数据风险问题并要求满足“完全确认 + 存疑验证”条件才能进行数据迁移，但是单纯地依靠身份验证机制来保证身份的真实性，即使在现有的数据流通状态下也难以确保隐私和数据安全，更别说有数据迁移权和企业数据使用的双重加持。况且，如果数据迁移权的行使要以牺牲个人或他人的数据安全和隐私安全为前提的话，将与数据迁移权设立之初旨在保护人格权、隐私权和数据安全的初衷背道而驰。

（2）侵犯商业秘密或知识产权，导致数据依赖型企业无法存续

数据迁移权，还会与商业秘密或知识产权等产生冲突

数据迁移权赋予数据主体副本获取权和数据转移权，也就是说个人可以将数据副本从一个企业处整理打包给另一个企业，但是有

[1] 上海市知识产权法院〔2016〕沪 73 民终 242 号民事判决书。

[2] 北京市高级人民法院〔2021〕京民终 281 号民事判决书。

[3] 杭州市中级人民法院〔2018〕浙 01 民终 7312 号民事判决书。

些企业在对个人数据进行收集加工之后，为其赋予了财产价值，如果不加区别地允许个人将这类数据传输给其他数据控制者使用，可能会损害相关企业的数据利益，甚至影响市场竞争，阻碍知识产权保护和创新方案产生。典型案例是True fit，True fit是一项在线数字服务，主营业务是为在线服务零售商的顾客找到合适的服装，其运营流程是True fit先要求顾客向其分享的身高、体重、尺码、喜欢的衣服品牌等个人数据，True fit经过整理聚合和数据分析形成能够预测顾客需求的商业信息，再将此分享给在线零售商。可见，True fit的业务核心和商业秘密正是基于用户个人信息生成的商业数据，但如果按照数据迁移权的要求，True fit需要将此数据无障碍地传输给其他服务平台或者零售商，如此True fit将失去主营业务和核心竞争力。

从“数据迁移权是数据访问权的延伸和发展”的角度看，欧盟《一般数据保护条例》第63条提到的规制条款似乎可以适用于数据迁移权。也就是说，当数据主体行使数据迁移权可能会影响数据控制者的商业秘密或知识产权时，数据迁移权将受到规制使用。但是，第15条的适用范围是“一般权利”，数据迁移权虽然可以视为访问权的延伸，但是否能将其归类为“一般权利”也是值得商榷的。《一般数据保护条例》第20条也规定“数据迁移权的行使不得损害他人的权利和自由”，但是与第63条一样，该规定过于模糊和泛化，不但没有明确表明保护商业秘密和知识产权，也没有明确规定如若造成损害将采取何种救济措施。

5.5.5 对企业数据规制的总体评价

通过对数据迁移权的制度研究，发现数据迁移权对企业数据规制的影响并没有像有些学者阐释的那样要么过于严格，要么毫无作用，而是对企业和个人之间的二元利益分配，以及企业与企业之间的利益分配产生了不同的影响。

对企业和个人的二元利益分配来说，数据迁移权通过增加个人对数据的控制权，规制了企业对数据的控制权，有效调整了个人利益和企业利益之间的平衡；缓和了企业利益获取和个人隐私保护的矛盾，还为企业利益增收提供了创新之路。但是，由于传输格式标准不统一，导致企业利用技术排除履行迁移义务的不正当行为无法得到规制，损害个人数据权益；由于互操作性问题难以解决，扼杀了促进二元利益均衡发展的机会。

对企业之间的利益分配来说，数据迁移权规制了垄断企业的数据封锁，释放出更多数据原料，促进了数据流通，降低了中小微企业和初创企业在数据生成与获取方面的成本。但是，数据迁移权规定了非常严格的处罚措施，大数据企业尚且面临很大的经济压力，中小微企业和初创企业更是需要应对更高的生存成本压力。而且，数据迁移权还可能导致“锁定效应”反向加固，数据被进一步聚集，垄断企业更加跋扈，初创企业和中小微企业面临用户流失和数据流失的双重风险。

另外，数据迁移权在法律关系层面存在的问题也给数据利益平衡带来不少麻烦。权利客体不明确，个人数据的范围大小直接影响二元利益划分；权利内容设置不完善，企业不仅要承担迁移义务及由此带来的处罚成本，还需要应对传输格式、互操作性上的技术成本，缺乏通知等相应的配套制度，导致权利实施难，并为相关企业创造了攫取数据权利的机会；只注重数据流通，却不注重监管的制度设计导致个人隐私风险扩大的同时，影响以数据生产为核心业务的企业无法存续，同时损害了个人利益和企业利益。可见，在个人数据保护与企业数据治理中，不仅充斥着不同数据权益之间的矛盾，个人数据保护的法律制度本身存在的不完善还造成了不同利益之间的相互掣肘。

数据迁移权对规制企业利益带来的双重影响，既有数据迁移权平衡数据利益中的积极作用，也有数据迁移权制度本身及其在实践过程中的不足。2021 年 11 月 1 日，我国《个人信息保护法》正式实施。这次立法除规定了个人享有访问权和复制权外，还在第四十五条第三款规定了个人数据迁移权，这既成为本次立法的最大的亮点，也成为此次立法的重要争议点。数据迁移权的问题不断引起学界和实务界的反思，在我国的立法背景下，如何对数据迁移权进行法律定性？在立法之前应该如何思考，在立法之后面对数据迁移权实施中产生的种种缺陷和规制又该如何补救？解决以上问题才能跳出现象回归本质，产生对企业数据治理层面更有借鉴意义的探讨。

从权利基础上看，引入数据迁移权的前提是承认数据权，若想引入数据迁移权必须先确认数据权。这里的数据权是指权利人依法享有对特定数据的占有、使用、处理、收益等权利。[1]尽管我国对于数据的法律属性、个人与企业之间数据权益分配等基础性问题尚未形成统一的立法定论，但是从相关立法过程和学者研究中能够发

[1] 李晓宇．权利与利益区分视点下数据权益的类型化保护［J］．知识产权，2019（3）：50-63.

现[1]，目前对企业数据应当得到法律保护持肯定态度。另外，从企业数据的功能聚合性和利益交织性出发，无论是数据价值实现、数字产业发展、个人隐私保护和信息安全保障，还是推动市场良性竞争甚至维护数据主权，解决企业数据的确权问题都日益迫切和必要。

从立法初衷和立法背景看，欧盟从“信息自决”理论出发设立数据迁移权，其最初最直接的目的是保护个人数据安全和个人隐私，但结合欧盟在第一次数字化浪潮中被脸书等美国巨头科技公司占领市场，不但丧失先发优势，还面临技术挑战和竞争压力。欧盟数据立法中的另一个重要目的是维护企业利益，扭转国外巨头企业对数据市场的垄断局面，解锁数据市场，构建数字经济新秩序。欧盟《一般数据保护条例》出台以来，欧盟一直严格遵守并在数据流动和数据加工方面寻找企业数据控制权与个人隐私保护权之间的平衡，这一点从《一般数据保护条例》第 1 条个人数据处理不能规制数据流动的规定可以得以证明。数据迁移权的核心在于从数据主体的角度重构个人数据的权属及其流动规则，进而重新界定数据主体与数据控制者、不同数据控制者之间的关系。因此，虽然《一般数据保护条例》以人权条约为依托，以个人数据保护为主线确立了数据迁移权，但无论是从立法宗旨、规则设计、数据处理还是整个条例的体例安排都不难看出欧盟促进数据

---

[1] 杨立新，陈小江．衍生数据是数据专有权的客体［N］．中国社会科学报，2016-07-13（05）．

市场竞争，拉动本土产业发展的立法背景和意图。[1]在欧盟看来，数据迁移权更像是一种促进市场自由竞争并实现利益最大化的工具。欧盟在加强个人数据权利的背后是寄希望于以数据迁移权为杠杆撬动整个欧盟大数据产业的发展。[2]此外，2020年2月通过的《欧洲数据战略》提出，既要保持企业和个人对其数据的控制，又要确保更多的数据用于社会经济发展，印证了欧盟数字立法的双重意图。但是，数据立法的双重意图影响数据迁移权在实施过程中对企业数据和个人数据产生积极和消极的双重反馈。为了解决消极反馈中的问题，欧盟委员会和各界组织纷纷采取补救措施。针对技术可信性、互操作性等迁移条件，欧盟委员会对此早已达成共识，并从政策层面提出相关建议和应对策略，欧盟数据保护机构（29条数据保护工作组）《数据迁移指南》针对数据范围的规范和细化，说明针对“结构化、通用、机器可读”的技术难度，欧盟提出在2016—2020年间指导建设欧洲的互通式框架，并认为技术问题可为欧洲互通式框架所解决，但尚待观察。近日，监管机构在处理数据迁移问题中的做法，更是给企业数据治理带来了新的启示。2022年2月，法国数据保护监管机构在调查某本地网站的数据流动情况时，发现该网站在使用谷歌分析功能的过程中导致欧盟公民的个人数据传输到美国。法国数据保护监管机构认定该行为未经用户同意，违反了《一般数据保护条例》关于个人数据迁移的规定，但法国数据保护监管机构却并未完全禁止谷歌

---

[1] 卓力雄．数据迁移权：基本概念，问题与中国应对［J］．行政法学研究，2019（6）：129-144.

[2] 尚海涛．论我国数据可携权的和缓化路径［J］．科技与法，2020（1）：86-94.

分析功能，而是允许该网站继续利用该功能生成不可识别型用户数据，且只要企业不非法传输数据，还可以获得豁免。这一事件呈现出监管机构对个人数据保护的严肃态度，但也给企业数据留下发展机会。可见，如果处理好个人数据保护问题，企业数据治理仍然存在生机。

因此，结合数据迁移权的法律属性、立法宗旨、实现目标以及补救措施来看，数据迁移不仅致力于保护个人对其数据的控制，也致力于增强数据利用和企业竞争，二者不是对立关系，而更像是一枚硬币的两面。从个人角度来讲，数据迁移权就是对个人的行为赋权和权利保障；从数据竞争来讲，数据迁移权就是调节数据市场，推动数据流动、加工、再利用的有效措施；从其法律属性上来看，其既有可能作为个人信息权利体系的一部分加以实现，也可以放到企业数据规制的角度下探讨；当然从竞争目标来看，也有可能为反不正当竞争、反垄断所保护的法益所容纳。总之，若想实现个人和企业之间、企业与企业之间的数据利益平衡，一方面要对数据迁移权本身进行深度反思和完善；另一方面要针对权利实施过程中存在的不足加强监管和协调，把握好数据迁移和数据利用之间的纽带，处理好个人数据权益与企业利益和社会公共福利之间的关系，才能为企业数据治理扫除重要障碍。

5.6　规制措施

5.6.1　完善数据迁移制度

1. 解决法律障碍

厘清法律关系，明确权利主体、权利客体和权利内容，确定权利边界。第一，权利主体在特定情况下可以扩张到企业，当数据垄断者滥用市场支配地位规制竞争而数据又是初创企业或者中小企业参与竞争的关键要素时，可以赋予初创企业或中小企业有限的数据迁移权，但应规制于企业原生数据，不包括企业衍生数据。第二，对数据进行分类，对“个人提供的数据”采取狭义解释，将观测数据和推测数据排除在数据迁移权之外，使个人数据权利和企业利益回归平衡。第三，明确数据主体的“通知迁移”等的相对合理义务，当需要将数据迁移给相关企业时，需通知数据控制者，当授权相关企业直接从数据控制者处获取数据时，也应当通知数据控制者。第四，提供适当的成本补偿。数据控制者承担迁移任务，可以在合理范围内收取适当的技术服务或文本费用。为减轻中小微企业的经济负担，在提供适当补偿时，要综合考虑中小微企业为数据本身进行的投资及其为了提高数据可用性或数据传输共享而进行的技术、资金、劳动等方面的投资。

2. 解决技术障碍

建立统一的数据格式标准，加强企业和行业协会的合作。考虑到兼容性技术在短时间内可能无法实现，目前可先解决互操作性难题，但区别于欧盟交给企业自由裁量的做法，建议由行业主管部门或行业协会来判断技术上是否可行。鼓励企业加大数据迁移基础性研究的投入，加强企业数据技能培养，增强中小微企业和初创企业的数据创新能力。

3. 分阶段、分行业实施

落实数据迁移权试点工作，有针对性地分担企业压力。对试点中的数据迁移企业给予数据储存、处理、利用和互操作性等方面的技术指导，对于支持数据迁移的初创企业和中小企业给予奖励和优惠，适当设置针对合规成本的补贴机制。

4. 重视多部门立法衔接

结合本土的制度基础，注重数据迁移权与相关数据立法的衔接。综观《民法典》和与数据迁移权和企业利益相关的《个人信息保护法》《消费者权益保护法》《反不正当竞争法》《著作权法》《网络安全法》等数据保护立法，权衡应对经济社会、技术创新、国际格局发展带来的变革需求，审慎建构企业数据保护体系。

5.6.2　明确数据利用规则

首先，企业数据中可以利用的数据类型是指除企业自身数据外的全部。其次，企业数据中的价值排序是公共利益—个人数据权益—社会经济利益—企业利益。在制定企业数据的利用规则时，应当以保护公共利益为基本要求。在不涉及公共利益的情况下，应该充分保护人格权益。再次，在个人权益保护视角下，应重点关注可识别型用户数据的利用规则及企业享有的权利类型。数据控制企业在数据收集时，应坚持合法、正当、必要原则，企业在收集利用相关企业数据时，应遵守诚实信用原则，遵守商业道德。基于用户授权，数据控制企业对此类数据具有一定的非独占性的控制权以及一定程度上的使用、收益、处分权，但必须以保护个人权益为前提，尤其是用户的人格权益，当个人对此类数据主张权利，要求访问、更正、删除其个人数据时，企业应满足用户的要求。最后，在具体利用中，应根据可识别型用户数据中的个人信息是否已经公开，来判定数据利用前是否需要经过用户同意。个人信息未公开的，需要经过用户同意；个人信息已公开的，不需要经过用户同意。对需要个人同意的可识别型用户数据，在数据获取时要坚持“用户授权 + 企业授权 + 用户授权”的三重授权原则，对不需要个人同意的可识别型用户数据，在获取时要坚持“同等保护 + 企业授权”原则；在数据利用时，要坚持“非同质化竞争”原则，防止不正当竞争。

5.6.3 规范数据合同内容

以可识别型企业数据为标的的企业数据合同，在数据合同中也应以“保护人格权益”为前提。对需经个人同意的可识别型企业数据的交易，不仅要从数据利用规则上进行管理，还要加强对授权范围、使用范围、格式条款、订立行为的审查，企业应在个人授权范围内使用数据，超出授权范围的部分需要再次申请同意；企业应对合同条款负责，不能故意提供容易造成重大误解的条款，不能故意提供不足以引起个人注意的方式提供格式条款或附加条件，更不能以模糊不清的方式导致个人在不知情的情况下作出损害个人利益的权利处分行为；对不需要个人同意的可识别型企业数据，一方面要为此类数据提供与原数据控制企业同等水平的安全保护措施，另一方面要对相关企业使用数据的规模、目的和模式三个方面进行审查，在合法获取的情况下，允许增进消费者福利的合同行为，但禁止非法、低劣的“同质性利用”行为。

5.6.4 加强数据业务管理

建立“企业—行业协会—政府”多向联动的数据业务监管机制。首先，企业内部应加强数据业务管理，企业应以先进技术如区块链技术、数据清洗技术、加密技术、监测技术等为支撑，切实加强风险防范管理，确保数据安全[1]；还应重视专业人才培养，负责学习、处理、审核、对接与企业数据相关的业务。其次，应设置数据监管部门，加强风险防范和隐患排查，对应用场景中可能产生的潜在影响进行评估和记录，对敏感指数高、针对性强的可识别型企业数据重新进行去标识化处理，建立数据安全责任制度，保证企业数据收集的透明度和数据结果的公平、公正。最后，行业协会可协助企业进行与企业数据有关的文件解读和辅导，并根据行业分类和业务特点制订具体监管方案。

5.7　本章小结

本章主要以个人利益为视角，开展对企业数据规制问题研究。首先，从企业和个人两大主体入手，分析了企业利益与个人利益之间相互交织、相互规制、不可分割的利益关系。其次，从企业数据的利用规则角度出发，本章主要研究了可识别型企业数据的利用规则，确立了以保护人格权益为基础的总体原则以及针对具体数据类型的“三重授权原则”和“同等保护 + 非同质化利用”原则，并发现需要从范围、方式、目的等方面完善数据交易合同的结论。再次，以数据迁移权为重点，检验个人数据权对企业数据的规制作用以及规制不足，得出数据迁移权一方面能够有效规制企业数据，另一方面由于制度本身不完善导致规制不能的研究结论。最后，在上述研究基础上，提出完善数据迁移权、明确数据利用规则和规范合同内容的具体建议。

---

[1] 吕雪坤 . 企业数据权益法律保护问题研究［D］. 兰州：兰州大学，2021.

但是，仅仅从个人利益角度出发，不能为企业数据的保护与规制提供完整建议，还需要从相关企业利益和社会公共利益的角度进行补充，发挥多元主体的规制作用，分享数据经济的价值成果，在后续的研究中需要分别从相关企业利益保护角度和社会公共利益角度开展研究，完善治理框架。

第6章 基于相关企业利益的企业数据行为规制

随着数字技术和数据产业的深度发展，企业数据对企业自身、相关企业以及整个社会的经济价值日益得到重视，数据竞争也成为企业之间在市场竞争中的重要战略。如何在企业之间构建有效的数据规则，如何实现企业自身利益和相关企业利益的平衡，对于促进数据流通，发展数据经济，将具有十分重要的作用。第5章在个人利益视角下，主要对“需经同意才能利用”的可识别型企业数据和“无须同意就能利用”的可识别型企业数据的获取、利用和交易行为进行了规制，对明确企业数据权利、规制企业数据活动起到了明显的作用。因此，本章将继续沿用这一研究路径，从相关企业的利益角度出发，以自我规制理论和元规制为基础，研究对不可识别型企业数据的获取、利用和交易规则，为规制企业数据、完善数据治理提供意见参考。

6.1 利益主体及利益关系分析

相关企业利益主要是指在数据利用或数据交易活动中，与原数据控制企业相对的数据使用方或交易相对方企业的利益。在数据活动中，数据控制方、数据使用方、数据交易相对方都是数据活动中最活跃、最主要的数据主体，在一定程度上，企业之间的数据利益分配能够体现整个经济范围内的利益分配情况，处理好企业之间的数据利益问题，对于实现整个社会的经济利益也至关重要。因此，本章将研究重点放在企业之间的利益分配问题上。数据控制企业和相关企业之间的数据关系主要体现在两个方面，一个是数据交易关系，一个是数据利用关系，具体如下。

6.1.1 数据交易关系

在数据驱动型的经济发展趋势下，企业数据已经成为企业参与竞争、创造价值和获得知识的新源泉和新动能。在企业数据活动中，企业与企业之间利益关系变得更加密切，企业之间的角色关系也因场景不同而发生变化。例如，在企业数据交易过程中，一方是数据控制方，另一方就是数据使用方或数据交易相对方；而在企业数据开发中，双方均是数据合作方。不同的身份具有不同的利益诉求，当企业数据给企业带来的巨大经济价值时，更会促使企业在数据活动中作出不同的处理行为，有时甚至会损害个人或者相关企业的数据利益。例如，数据控制方总是想方设法通过设置数据存储标准等技术障碍，提高交易价格、拒绝交易许可、签署排他协议等市场障碍或者利用个人数据保护法、竞争法、知识产权法、网络安全法等与企业利益相关的法律漏洞来阻止数据流通或传输，从而达到锁定数据高地，排除市场竞争的目的。如何通过制度调整来有效协调企业之间的数据利益关系、如何促进数据流通并改善竞争环境，成为企业数据规制的重要议题。

6.1.2 数据利用关系

企业数据除了能够为个人学习生活带来便利之外，也能够为相关企业的生产经营所用，尤其是对于数据分析公司来讲，数据控制方的企业数据更是其经营存续的重要资源。例如，蚁坊公司是一家大数据分析企业，其主要业务是利用舆情监测分析系统对腾讯、微博等大型社交平台的企业数据进行分析，形成监测报告，为主管部门进行网络不良信息监管提供舆情发现与分析服务，但由于可利用的企业数据类型、数据权能和数据用途的不确定性，导致实践中关于企业数据利用的纠纷时有发生。

因此，处理好企业之间的利益关系，不仅需要对企业数据的获取和利用行为进行规制，还需要对企业数据的交易行为进行有效规制，从而为实现企业数据规制提供针对性建议。

6.2　重点规制的数据类型

从第 5 章可知，除企业自身数据外，其他类型的企业数据均可被用于社会生活的方方面面，但是在不同的利益需求下，企业数据类型的选择也会有所侧重。

在不可识别型企业数据中，首先，不可识别型用户数据和经交易取得的非个人数据是获取和交易最频繁的数据类型，原因在于在使用这类数据时不仅无须考虑对人格权益的让步，这类数据本身还具有基础生产要素属性，能够被广泛的用于访问、共享、加工和利用，能够实现企业数据的快速增值。[1]其次是企业衍生数据，这类数据本身具有高价值性，但因其形成的前提就是要保证去标识化，

---

[1] 朱世定．利益视角下企业数据利用行为正当性标准构建研究［J］．河南工业大学学报（社会科学版），2021，37（5）：59-66.

因而与保护人格权益并不冲突，而且目前企业衍生数据的利用情况，主要是企业自身使用或者通过交易直接获取经济利益，无须像企业原生数据那样需要开发或加工，在数据利用或获取中的矛盾较少。另外，基于以上原因，相比于企业原生数据，企业在衍生数据上的数据权属更加清晰，在交易中能够发挥更大的决定权，在数据交易中的矛盾也较少，因此对企业衍生数据的利用主要是要获得原数据控制企业的同意。

在可识别型企业数据中，对于“不需要经过个人同意就能利用”的可识别型企业数据，虽然相关企业利益仍需要让步于人格权益保护，但相比于需要遵从“三重授权原则”的“需经个人同意才能利用”的可识别型企业数据来说相对开放和灵活，在提供“同等保护”的情况下依旧能够为相关企业所用，因此也常常作为企业之间争夺的重要数据资源。对于“需经个人同意才能利用”的可识别型企业数据，对这类数据的利用主要需要考虑对人格权益的保护。对这两类企业数据的利用规则已在第 5 章中重点予以解决，不再赘述，对其交易规则的设计将与其他数据一起进行考量。

综合以上研究，在相关企业利益视角下，可以利用的企业数据类型依旧是除企业自身数据外的全部数据类型，但重点研究的企业数据是不可识别型企业数据。

6.3 企业间的数据利用问题

6.3.1 数据获取的条件

1. 获取条件

正如上文对数据类型的分析所示，在与社会公共利益和个人利益不相冲突的前提下，不可识别型企业数据对于社会经济发展，具有十分重要的价值。基于数字经济时代对数据流动与开放的经济需求，在相关企业利益视角下，对不可识别型企业数据的利用，原则上应该采取较为宽松的标准，应积极促进数据在社会经济范围内的有序利用，而不是固步自封，阻碍数据流动。在 hiQ v. LinkedIn 案中，法院基于数据的公共物品属性，认为对数据赋权行为应当采取消极态度，不能过度保护数据主体的权利，不能达到控制信息传播或独占数据价值的程度。任何试图使数据控制企业独享数据权益的行为都是违反数字经济发展规律和商业道德的行为。[1]因此，理想的利用规则应当是既能够保护数据控制企业的利益，又能够实现相关企业的利益，创新数据应用，最大限度地发挥数据价值。基于以上研究，可以得出初步结论：对不可识别型企业数据，原则上应当积极利用，尽可能地发挥数据价值；但是，在宽松的获取原则指导下，仍要坚持“授权”原则。在“谷米诉光元不正当竞争纠纷案”中，光元公司和谷米公司分别开发了“车来了”和“酷米客”软件，均用来为用户提供免费的路线规划、公交查询等服务，光元公司未经谷米公司授权，擅自抓取“酷米客”上的公交位置数据，并直接用在“车来了”软件上，最终法院认定光元公司的行为构成不正当竞争，而行为认定的四项理由中，除第四项标准是“诚实信用原则”之外，前三项均表明数据利用应坚持“授权”原则，即光元公司应当在获得谷米公司同意的情况下，才能使用“酷米客”上

[1] 孟涛．基于“丰鸟数据之争”的数据财产的法律属性与保护路径［J］．大连理工大学学报（社会科学版），2019，40（2）：77-84.

的实时数据。综合以上研究，基于企业之间的利益分配和数据流通共享的治理目标，在数据获取中应采取宽松的授权原则。

2. 限制获取的条件

积极开放的利用规则虽然对于相关企业来讲十分有利，但如果允许相关企业随意使用，数据控制企业的利益又该如何保障呢？如果他人随意获取，数据控制者是否能够借助技术措施为自己提供保护呢？但是这不免引起数据控制企业的担心。因此，在确定数据利用规则时，仍然需要考虑两个问题：第一，数据获取是否需要坚持必要性原则；第二，是否允许采取技术保护措施。对于必要性原则，本研究认为，在以经济价值为目标的利益追求下，对不可识别型企业数据不宜采取必要性原则，而是应该根据法律法规、交易需求和主体意愿决定，只要相关企业需要、数据控制企业同意且不存在违法行为，那就应该尊重市场主体的交易自由，相关企业即使获取其全部数据也应当被允许，必要性原则在这里并不适用。

对于技术保护措施，在“百度公司与奇虎公司不正当竞争纠纷案”[1]中，奇虎公司提出，其在使用奇虎360浏览器搜索百度网站时，会出现访问阻断并直接跳转至百度浏览器的搜索界面的结果，认为百度的行为构成不正当竞争。经法院审查，造成阻断的原因正是因为百度公司在其浏览器中设置了robots协议，虽然该协议的初衷原本是帮助用户筛选有用信息并提供更好的信息流动服务，但百度却将此协议作为一项技术措施，故意且有针对性地阻碍360浏览器的正当抓取，这种行为不但不符合技术措施所必需的合理、正当

[1] 北京市第一中级人民法院〔2013〕一中民初字第2668号民事判决书。

理由和无歧视原则，还给数据流通带来损害，扰乱市场秩序，最终将损害网络用户利益。从本案的判决中可以看出，在企业数据获取阶段，原则是允许数据控制企业采取技术措施的，但必须满足两个条件：第一，具备合理、正当的理由才能实施，即必须是为了维护自身系统安全或正常运营，为了保护内部信息或用户敏感信息，为了保护社会公共利益，以此达到保护企业自身利益与相关企业利益平衡的目的。第二，公平、无歧视原则，即该技术保护措施只能发挥“提示牌”般的作用，对相关企业应一视同仁，无差别对待，从而防止数据交易中的不公平对待或歧视性交易的发生。

综上，对不可识别型企业数据而言，在数据获取时，要以鼓励为主，坚持“宽松的授权”原则，但不用坚持必要性原则；在一定条件下，数据控制企业允许采取技术措施限制相关企业获取数据，但必须满足合理、正当、无歧视要求。

6.3.2　数据利用的司法经验

从上述研究可知，基于社会经济发展需要，对企业数据的利用规则设置，原则上也应当以鼓励为主。因此在保护公共利益和个人利益基础上，还应充分考虑相关企业的利益，适度让渡数据控制企业的利益，给相关企业提供进入数据市场的机会，激发数据潜能，促进企业创新、产业转型和社会经济发展；但在这一过程中，仍需要对相关企业在利用中存在的“未经授权”“大规模利用”和“同质化利用”行为进行判断，以防止非法获取、低质竞争等行为，影响社会经济利益的良性平衡。

1. 未经授权的利用

关于未经数据控制企业授权的数据纠纷在司法实践中十分常

见，且无论是可识别型企业数据还是不可识别型企业数据都是这类案件的重灾区。例如，在“腾讯诉抖音、多闪不正当竞争纠纷案”中，法院认为腾讯公司为收集和经营用户数据付出了巨大的投资，用户数据已经成为腾讯公司开发产品的核心资源，因此腾讯公司对用户数据享有合法权益，有权制定开发者协议并通过该协议允许相关企业平台使用相关数据，抖音正是基于腾讯的合法授权而获得使用微信用户的头像和昵称的权利。但是作为开发者协议的相对方，腾讯并未允许抖音擅自将用户头像和昵称再次授权给多闪使用，因此抖音的行为侵犯了腾讯的合法权益，而多闪在明知需经腾讯授权，但在未得到授权的情况下继续使用的行为，同样侵犯了腾讯的合法权益，同时抖音和多闪的行为还严重损害了用户的合法权益和公平的竞争秩序。可见，在数据控制企业拥有合法权益时，相关企业必须经过数据控制企业的同意才能利用，且需要在合理范围内利用，维护利益平衡。

2. 大规模利用

在“万得诉同花顺不正当竞争纠纷案”中，法院又对数据利用中的模仿行为认定给出了标准。在该案中，法院认为，同花顺公司的产品晚于万得公司的产品，并且与万得公司的数据库相比，同花顺公司的数据库中出现大批量重叠数据，同花顺的产品属于“同质化产品”，具有“搭便车”的嫌疑，不符合“合理模仿原则”，且违背诚实信用和商业道德，因此应当被认定为“模仿行为”。

在“大众点评诉百度地图不正当竞争纠纷案”中，法院也将百度地图在未经大众点评同意的情况下“大量”“全文”使用大众点评上的用户评价数据的行为认定为是起到了“实质性替代”作用的不正当使用行为，但同时提到早期版本的百度地图只提供三条用户评论，虽然都来自大众点评，但是“不构成大规模使用”，且不足以替代后者向公众提供点评服务，因此前期的行为不构成不正当使用。

“万得诉同花顺不正当竞争纠纷案”和“大众点评诉百度地图不正当竞争纠纷案”给我们的启示是，在数据利用中，虽然法律允许“模仿自由”，但必须在合理范围内适用。如果存在“大规模利用”行为，可能构成模仿行为或实质性替代，在未经允许的情况下构成不正当利用行为。但也从反面证明，并不是所有的利用行为都会被认定为“模仿”，只有大规模利用的行为才构成“模仿”，如果利用数据极少，则不构成“模仿”。“腾讯诉 3Q 不正当竞争纠纷案”肯定了经营者对商业模式的正当性权益，从“大众点评诉百度地图案”看，在未经授权的情况下，都是以通过展示商家信息和评论的商业模式，实现为用户提供查阅点评、筛选商家的服务目的，再次证明，对于未经授权、大规模使用、相同模式且相同目的的利用数据的行为属于不正当利用行为。最后，上述案件还告诉我们，无论出于何种数据利益需要，无论保护何种数据类型，在数据利用活动中，都要以诚实信用原则和商业道德为前提，尊重他人的合法权益。

3. 同质化利用

在上文所述“谷米诉光元不正当竞争纠纷案”中，光元公司在非法抓取数据后，又以“与谷米公司在数据用途、数据服务方面具有一致性的经营模式”对数据进行利用，从而判定其行为构成不正当竞争性行为；虽然光元公司提供的是免费服务，但仍旧被判定为

“经营者”。光元公司直接利用谷米公司的公交位置数据进行相同模式的商业利用并以低价售出的方式，给谷米公司造成严重的经济损害，若允许这种直接使用数据控制企业数据的行为而不加规制，很容易导致同质、低劣的竞争现象，无法实现对数据控制企业利益的保护与激励，长此以往，也会损害整个社会经济利益。在“抖音起诉刷宝不正当竞争纠纷案”中，法院同样认可上述观点，并将刷宝 App 大量抓取抖音上的短视频和用户评论，并替代抖音向用户提供内容服务的利用行为认定为不正当利用行为。“谷米诉光元不正当竞争纠纷案”和“抖音起诉刷宝不正当竞争纠纷案”给我们的启示是，在数据利用中，除了需要考察数据获取是否得到授权外，还需要考察数据利用的商业模式是否对数据控制企业构成竞争，具体判断时，可以参照是否属于相同用途和是否提供相同服务两个标准。另外，关于商业模式问题，在“腾讯诉 3Q 不正当竞争纠纷案”中，最高人民法院针对商业模式问题给出的指导意见也认为虽然商业模式不是一种法定权利，原数据经营者也不享有垄断性使用这种模式的权利，但是商业模式包含了经营者为之付出的心血，因此仍旧是一种合法权益，应该受到保护。

6.3.3 数据利用条件

以上司法案例和法院判决从行为规制的角度为我们提供了判断企业数据利用行为是否正当的标准，总结起来包括以下几点。

1. 是否“授权”

是否经过数据控制企业的“授权”，是相关企业能够获取不可识别型企业数据的条件，也是利用这类数据的前提条件。只有获取时满足授权条件，才能继续进行具体的利用行为。不同于可识别型企业数据需要经过“三重授权”的严格保护模式，这类数据原则上只要经过数据控制企业授权即可使用。尤其是企业衍生数据，其生成过程要经过去标识化、加工、清洗等过程，基本完成了与人格权益的分离，因此很少需要为人格权益保护让渡经济利益；又因为在加工过程中企业需要付出更多资金、技术、劳动成本，在编排结构、数据内容层面付出更多的实质性投资，数据控制企业对衍生数据理应享有更多的数据权益，因此在不损害社会公共利益、个人利益，不违背法律法规的情况下，只要数据控制企业同意，就可以进行利用。

2. 是否构成“大规模利用”

从《反不正当竞争法》第六条看，原则上法律允许在“合理范围内的”模仿行为，也允许对“文本片段”或“少量”“小规模”数据的使用，但如果在未经数据控制企业允许的情况下对企业数据进行“大量”“全文”“整体”性利用，就属于“大规模使用”的范畴了，那么这种行为就不再是合法的模仿，而应该被认定为“抄袭”，在此基础上形成的产品多为质量低劣或者服务低劣的同质化产品，还常常以低价出售的方式争取用户，损害原数据主体的合法权益，因而应该被禁止。

3. 是否采取相同的商业模式

相关企业在获得企业数据之后，将数据投入使用的商业模式可以分为两种，一种是与数据控制企业相同的商业模式，一种是与数据控制企业不同的商业模式。虽然我国法律并未明确商业模式属于知识产权的保护对象，司法实践也并未认可数据控制企业对商业模式的独占或垄断使用，但如果允许相关企业在未经数据控制企业同意的情况下通过不正当手段使用数据控制企业的商业模式，使相关企业不劳而获，达到快速进入市场的目的，却忽视数据控制企业为之付出的市场调研、渠道磨合、想法试点等摸索式商业投入，那么这显然是不公平的。因此，在数据控制企业已经授权的情况下，如果相关企业以“与数据控制企业不同的商业模式”使用数据，不但不会侵犯数据控制企业在商业模式上的正当权益，还有利于促进产业模式创新、提升消费者福利，因此应该得到支持；如果相关企业以“与数据控制企业相同的商业模式”使用数据，则需要结合其商业目的加以甄别。例如，蚁坊公司作为一家数据分析公司，在经过新浪微博同意的情况下，从微博平台抓取微博上的数据，用于形成舆情监测报告，供政府部门使用。蚁坊公司的利用行为符合经授权、规模化、相同模式但不同目的的使用标准，因此属于正常的商业利用行为。

4. 是否出于相同的商业目的

在商业模式相同，商业目的不同的情况下，如果能够促进商业模式创新，增进消费者福利，应该予以支持。但如果在商业模式相同，商业目的相同的情况下，可能存在同质化竞争的风险，因此需要结合其他利用条件进行判断。

综合以上四项标准，可以将对不可识别型企业数据的利用规则总结如下。对数据控制企业来说，第一，必须以授权为前提。除非出于公共利益的需要，一切未经其授权而使用其企业数据的相关企业行为都是不正当行为。第二，在授权情况下，构成正当使用的情况包括但不限于：非大规模使用、相同模式但不同目的的使用和不同模式不同目的的使用。第三，即使得到授权，相同模式相同目的的大规模使用行为也应该被禁止。因为无论是否得到授权，这种行为都会对数据控制企业利益和社会经济利益造成损害，因此需要严格规制。

6.4　企业间的数据交易问题

数据的巨大商业价值带来数据交易市场的迅速发展美国 Factual 公司自 2008 年成立以来就以数据交易为主要业务，日本富士通公司专门建立了“Data plaza”数据交易市场，我国也先后在中关村、贵阳、武汉等成立大数据交易中心，并根据交易数据的体量、内容、类型等确定交易价格。近年来，企业数据日渐成为交易所内重要的交易对象，贵阳数据交易所甚至直接在交易合同中明确规定只有在底层数据基础上加工形成分析、建模、清洗、可视化后生成的企业衍生数据才能成为该所范围内的交易对象。但是，在数据交易中，企业可通过数据转让协议、数字技术或与数据相关的法律漏洞来排除相关企业的利益，维护自身的数据利益。另外，由于在数据市场中的实力差异，大企业与中小微企业在数据交易中的谈判处于不平等地位，大企业经常利用其在技术、资源、市场等方面的有利地位与中小微企业签订不平等的数据合同，从而挤占数据市场，攫取数据利益，数据市场面临大企业垄断，小企业出局的危险局势。可见，在交易自由、合同自由的背景下，仅仅依靠市场的自发调节已经无法弥合数据合同中的不公平现象，需要政府适度干预进行宏观调控，保障中小微企业的交易公平。对此，欧盟《数据法》(提案)为我们提供了可供借鉴的经验。

6.4.1 恶意设置访问限制

除了在数据获取中存在访问规制问题外，在数据交易中也同样面临访问规制问题。虽然理论上要求交易双方在法律范围内行使合法权益，但为了获取更多的企业利益，有些数据企业利用技术手段，故意设置访问障碍，损害相关企业的数据利益。甚至在许多领域，即使对数据没有合法权益，数据控制企业也能通过其对产品或相关服务的技术设计的控制来确定生成数据的内容以及可被访问的数据范围。但是，能够掌握先进技术的往往是大型企业或垄断企业，如果纵容这种现象存在，将严重损害初创企业和中小微企业的合法数据利益以及整个社会经济利益。例如，2021 年 11 月发生了国内首例因限制数据访问而引发的反垄断案件，即“蚁坊公司诉新浪微博案”。蚁坊公司认为，自己的主营业务是通过海量数据分析获取数据报告，并为政府监管网络环境提供依据，但在与新浪微博的合作中，新浪微博却在未告知的情况下突然拒绝为其提供数据访问服务，这一行为不但直接摧毁了蚁坊公司的商业模式，损害其合法的数据访问权益，还影响政府部门对新浪微博的合法监管，损害数据行业的公平竞争，构成垄断。

6.4.2 利用现有法律漏洞

有些企业还会利用法律漏洞，逃避法律监管，损害相关企业的数据利益。正如本书第 4 章中提到的企业数据保护形式，出于保护企业数据权利的目的，现有制度为企业数据提供商业秘密、著作权法、专利法以及反不正当竞争法上的保护依据。但是在实践中，有些企业却狡猾地利用专利和商业秘密之间的互补关系，使专利保护成为帮助企业隐藏超量数据、占据市场份额、垄断数据市场的手段和逃避法律监管的外衣。例如，对于谷歌、百度等以搜索引擎为主要经营模式的数据公司而言，对数据利益的期待不仅是对数据技术方案的专利保护期待，还有基于超量数据获得的衍生数据价值期待；而且，在数字技术更迭和数据分析日渐成熟的时代趋势下，在搜索引擎作为专利技术为企业带来的保护作用的基础上，企业更期待基于衍生数据的长远价值。然而，对于企业利益而言，衍生数据的高价值性和商业秘密的保密属性形成天然的契合，企业可以通过商业秘密保护的方式将衍生数据“合法”地置于囊中而不被公众所获取。虽然有利于企业利益的扩张，但这也给某些企业造成可乘之机，导致企业可以先通过专利申请或者在交易合同中故意隐藏商业数据，而后利用商业秘密对隐藏数据进行保护，那么即使专利或合同到期，他人也无法接触这些信息，大数据企业便可轻松实现数据垄断而不被察觉。

6.4.3　签订灰色交易协议

为了获取数据资源，企业之间还会达成灰色协议，帮助对方利用技术手段破解相关企业或 App 设置的数据保护屏障，损害相关企业的数据利益。例如，2021 年 10 月 25 日美国 12 个州总检察长在对谷歌联合发起的反垄断诉讼中指出，谷歌和脸书签订企业数据合同，通过市场合谋致力于提高脸书从苹果系列信息设备和苹果浏览器上识别那些 Cookie 被屏蔽用户的能力，谷歌利用技术手段破解苹果浏览器上的 Cookie 技术，帮助脸书获取苹果公司的用户数据以用户浏览数据并躲避监管审查，脸书则为谷歌提供广告服务作为交换。这样一来，不但会破坏苹果公司的数据保护功能，非法剥夺苹果公司控制的用户数据的控制权益，还会造成用户隐私泄露，使苹果公司试图通过为用户提供更好的数据保护而进行市场竞争的努力付之东流，不仅会打消数据企业保护用户隐私的积极性，更会影响正常的数据市场秩序。[1]

6.4.4 给中小微企业强加不公平条款

在数据市场中，由于用户黏性大、业务相关性强，企业数据向大数据企业集中的趋势日益明显，甚至造成数据垄断，加上技术、资金、市场等方面的竞争优势，大数据企业在数据交易中拥有绝对话语权，导致中小微企业常常面临被迫接受不公平的合同条款的现象，严重阻碍了数据流通，影响正常的数据交易秩序。

1. 欧盟的“不公平测试条款”

为了解决上述问题，欧盟《数据法》（提案）在第 4 章强调了合同性质的合法性，明确规定违背诚实信用、公平交易和商业惯例的数据合同将不具备法律约束力。为了保护中小微企业和初创企业的数据利益，促进各类数据企业的公平竞争和利益分配，《数据法》（提案）在第 3 章第 13 条还重点针对数据合同中数据控制企业可能单方面强加给中小微企业的不公平条款及交易行为制定了进行“不公平测试”的具体标准，根据条款目的和条款效果的差异，主要可以归纳为内容确定、数据利用和责任承担三个方面。

首先，在确定合同条款时，欧盟要求合同双方必须坚持平等协商和意思自治原则，数据控制企业应充分尊重中小微企业的意见，由数据控制企业提供但并未经过中小微企业同意的条款将不具有约

---

[1] SVETLANA Y，KRISTINA I. Pitching Trade Against Privacy：Reconciling EU governance of Personal Data Flows with External Trade［J］. International Data Privacy Law，2020（3）：3–8.

束力；数据控制企业单方面赋予自己对合同标的或条款以解释权利的条款也不具有约束力。其次，在数据获取和使用方面，数据控制者负有数据提供义务，数据控制者在合同生效期间故意限制中小微企业使用合同范围内的数据，或使中小微企业无法正常控制、访问、获取、使用该数据或利用其数据价值的合同条款视为不公平条款。另外，除非有重要理由，数据控制者不能随意终止数据合同，在符合必要条件的情况下，数据控制企业仍需考虑中小企业转向替代服务或类似服务的可能性以及由此造成的经济损失。最后，责任承担方面，如果合同条款导致数据控制者单方面排除或减免自己因故意或过失给中小微企业造成损失，单方面排除或减少数据控制企业未履行合同义务时的补救措施或违反合同义务时的赔偿责任，则该条款视为不公平条款。

2.“合同自由”之例外

针对大企业和中小微企业在数据合同中的不公平问题，《数据法》（提案）从内容协商、数据利用和责任承担三个方面详细列举了数据合同中可能影响交易公平的合同行为，确定了不公平测试的具体标准。通过在一定程度上规制企业合同自由的方式，促进大小企业在数据合同中的利益公平。虽然这一规定在一定程度上规制了企业之间的合同自由，但它仅适用于一个合同中单方面针对中小微企业而施加的不公平合同条款，只有在合同条款会导致中小微企业在数据访问或获取方面受到不公平待遇的情况下，该条款才会被认定为无效，但并不影响合同中其他条款的效力，因此具有合理性和限定性。另外，由于在数据市场中，小企业处于几乎无法讨价还价，只能被动选择“接受”或“放弃”的不利地位，在市场无法实现交易公平的情况下，通过适度规制合同自由，制定明确的数据访问和使用规则，防止合同各方滥用数据优势损害弱势方的合法利益，保障合同双方能够进行平等交易，无论是对于促进数据访问，提高中小微企业参与数据业务能力，还是对于避免市场垄断，实现更公平的价值分配来讲，都具有重要的意义。

但是，仅仅依靠规制合同条款和规范竞争秩序尚不足以对大数据企业形成规制，因为“不公平测试”只能在大小企业进行交易的情况下规制数据合同中存在的不公平行为，但如果大企业直接通过拒绝合作或拒绝共享数据的方式将小企业挤出市场，那么这一制度将失去其规制作用。因此，在借鉴这项制度的有利经验的同时，也要积极探索其他方式来保护中小企业的利益，营造公平的交易环境。

6.5 规制措施

6.5.1 明确利用规则

1. 明确数据获取规则

数据获取需要取得数据控制企业的同意，但总体上采取宽松原则，不需要坚持必要标准；数据控制企业可以采取技术保护措施，但必须满足合理、正当、无歧视原则，合理理由只限于：为了维护自身系统安全或正常运营；为了保护内部信息或用户敏感信息；为了公共利益需要。

2. 明确数据利用规则

数据利用总体上也采取宽松原则，积极鼓励相关企业的数据利用行为；数据利用原则上需取得数据控制企业的同意，但涉及公共利益需要的情况除外；对不可识别型企业数据的利用，以“是否规模化利用、商业模式是否相同、商业目的是否相同”为标准判断利用行为是否正当；在授权情况下，“非大规模利用”“相同模式 + 不同目的 + 规模化利用”“不同模式 + 相同目的 + 规模化利用”属于正当的利用行为；但无论是否授权，“相同模式 + 相同目的 + 规模化使用”的行为都是不正当的利用行为，都应该被禁止。

6.5.2　规范数据交易

1. 规范交易行为

虽然总体上鼓励交易，但禁止低劣的模仿性、同质性竞争行为；对故意限制同行竞争，恶意串通损害相关企业利益或利用自身掌握的数据优势，非法获悉相关企业的经营状况或生产方式等重要商业信息的行为进行严厉打击；对故意以技术手段或法律漏洞设置访问障碍，阻止或者控制相关企业合法使用数据，故意限制数据竞争的行为采取适当的罚款和警告。

2. 强化数据合规安全

数据企业要保证用户的信息安全，防止逆向识别；涉及用户数据的数据交易，还应尽到合理注意义务，做到“事前通知”和“事后删除”，尊重相关主体的个人隐私权和自主决定权，提供“不针对个人特征”或“拒绝使用”的选项，当相关企业要求原数据控制企业删除相关信息时，原数据控制企业应当及时配合予以删除。

3. 允许适当的访问规制

一般情况下，企业应该以易于访问数据的方式提供数据服务。在满足合理使用的前提下，允许企业设置访问数据的黑名单和白名单。[1]当存在数据滥用行为时，出于公共利益、个人利益的保护需要，允许根据比例原则，设置临时访问规制，如设置日访问量、日访问次数等。

4. 遵守其他法律法规

合同双方应必须遵守《合同法》《个人隐私保护法》《网络安全法》《信息安全法》等与数据保护相关的法律规定。

6.5.3　完善数据合同

1. 明确使用方式

合同双方应坚持透明原则，明确使用或交易企业数据的数量、格式、性质和用途，保证在合同约定和法律规定的范围内使用或共享数据。

2. 保证数据质量

数据控制企业应承担数据瑕疵担保义务，保证提供的数据符合“准确性、完整性、真实性、可靠性”标准，不能为限制交易相对方的数据利益而故意删减、造假或破坏企业数据价值。

3. 规范订立过程

合同双方应坚持自愿、平等、公平、诚实信用的原则，应尊重合同双方的意愿，不能通过不公平、不透明的格式条款或附加条件促使合同相对方在不知情的情况下作出损害自身利益的数据处置，更不能以胁迫、欺诈或显失公平的方式进行不正当交易，损害他人的合法利益。

---

[1] 丁晓东．论企业数据权益的法律保护——基于数据法律性质的分析［J］．法律科学（西北政法大学学报），2020，38（2）：90-99.

4. 加强合同审查

对包含格式条款或附加条件的合同，合同提供方应以足够明显的方式提醒交易相对方对相关条款的注意，在保证意思真实的情况下促成合同成立。

5. 加强培训和指导

针对中小微企业和初创企业，可以通过联合法律专家举办数据合同写作培训活动，制定或推荐示范性合同条款，或者可以通过设置咨询热线服务，为中小微企业提供合同指导，从而帮助中小微企业签订更加平等、公平的数据合同。

6. 进行分类分级管理

根据数据类别、内容特征、敏感程度、社会效应、舆论属性等因素，对企业数据合同进行分类分级管理等。

6.6　本章小结

本章以相关企业利益为视角继续推进企业数据规制问题研究。首先，分析了企业自身数据利益与相关企业利益之间的关系，明确了相关企业利益对企业数据规制的重要性；其次，从企业数据的类型出发，确定了在相关企业利益视角下不同数据类型对企业的重要作用，确定以不可识别型企业数据为重点规制对象；再次，针对具体的数据类型，结合具体的司法案例，从利用规则和交易规则层面分析目前存在的问题，寻找规制企业数据权利的方法；最后，得出“授权，可适当规制”的获取规则，以及“授权 + 非同质化利用”的利用规则，从交易行为、访问设置、数据安全等方面完善数据交易规则，并从内容、质量、订立等方面为规范数据合同提出了参考建议。

但是在研究中发现，无论是从个人利益视角还是从相关企业利益视角，都必须让步于社会公共利益。虽然本书第 5 章、第 6 章分别从个人利益视角和相关企业利益视角对企业数据进行了规制研究，但是并没有明确公共利益视角下的具体利用规则；另外，规制企业数据还需要充分发挥政府职能，解决个人和企业无法应对的难题。基于此，在第 7 章，仍有必要从公共利益角度出发提出企业数据规制的具体建议。

第7章 基于社会公共利益的企业数据行为规制

企业数据具有公共物品属性和公共管理功能，发挥企业数据在公共管理中的作用对实现公共利益具有重要作用。因此，在企业数据规制的过程中，不仅要重视个人利益和相关企业利益，还需要重视公共利益，将公共利益作为规范企业数据权利和企业数据活动的重要标杆。随着数据交易日益频繁，仅仅依靠市场机制不但无法实现交易活动的有序开展，还会造成数据垄断、数据封锁等不正当竞争行为，因此需要发挥政府作用，从公共利益和社会经济利益的角度出发，在数据标准、数据定价、数据内容等方面尽快制定统一标准，构建公平的交易环境。欧盟于2022年2月23日提出了《数据法》（提案）：一方面，从数据利用角度规定了企业数据的公共利用条款，要求企业在应对公共紧急情况及其他与公共利益相关的特殊事件中承担“数据提供义务”；另一方面，从数据交易角度规定了数据访问和利用中应达到的互操作性的基本要求，对确立企业数据的利用规则和交易规则具有重要的参考意义。本章将以自我规制和政府规制为基础，结合欧盟《数据法》（提案）的相关规定并延续第5章和第6章的研究思路，研究公共利益视角下企业数据的公共利用规则及数据监管问题，寻找实现企业利益与公共利益平衡的有效治理措施。

7.1 利益关系分析

企业数据具有公共管理功能，能够帮助政府实现行为决策的科学性、风险预测的前瞻性和政策回应的权威性，提高治理效能，改善服务质量。[1]因此在企业数据规制过程中，不仅要确保企业和个人等数据主体的数据利益，还要在数据领域构建更广泛的公共利用途径。[2]但是，企业数据虽然具有功能优势，但也时常因为信息不准确导致决策失误，或者因信息不匹配导致社会分配不均。尽管社会公共利益在价值、理论和观念上居于最优位置，但是在现实中，却很难依靠数据控制企业的自觉性来保证社会公共利益不受侵害。在实践中，个人往往处于对数据失去控制权的状态，若企业不能恪守相应的数据保护义务，则个人利益将受到严重侵害；在数据交易中，中小微企业和初创企业的弱势地位，也常常发生大小企业订立“不平等合同”的现象；由于传输格式和互操作性等数据标准不统一，也使得企业在数据控制和利用方面占据了更多优势。而以上问题，虽然有些能够在相关主体的利益视角下得以解决，但有些问题却必须站在公共利益的角度进行考量，如面对公共卫生危机、重大自然灾害等涉及全体利益主体的公共事件时，无论从数据控制企业的自身利益角度、个人利益角度还是相关企业利益角度，都是无法完全解决的。因此，在进行企业数据规制时，除了从企业自身利益、个人利益、相关企业利益角度进行规制外，仍有必要从公共利益角度

---

[1] 梁正，吴培熠．数据治理的研究现状及未来展望［J］．陕西师范大学学报（哲学社会科学版），2021，50（2）：65–71.

[2] KAPOOR A，NANDA A. Non–personal Data Sharing：Potential，Pathways and Problems［J］. CSI Transactions on ICT，2021，9（3）：165–169.

出发，结合公共事务的特殊需求，审视和规范企业数据的获取、利用和交易规则，规范企业数据活动。[1]

因此，在公共利益视角下研究企业数据规制问题，主要从公共利益角度出发，研究政府在公共事务中该如何利用企业数据以及如何完善企业数据监管等问题。[2]企业数据具有强烈的公共物品属性，无论是可识别型企业数据还是不可识别型企业数据，其数据利益的实现都与社会公共利益息息相关，因此在公共利益视角下讨论企业数据的规制问题，需要将所有的企业数据类型作为研究对象。

7.2　企业数据公共利用问题

7.2.1　企业数据的公共利用场景

将数据作为工具应用于管理活动的尝试最初活跃在企业管理领域，但随着人工智能、云计算、区块链等数字技术的发展，数据科学逐渐在公共管理领域得到应用与渗透，大数据的工具视角也逐渐成为政策科学的重要研究方向。[3]在继西方国家大数据战略之后，我国政府也逐渐制定大数据发展战略，管理决策从关注传统流程转变为以数据为中心[4]，建立用数据说话、用数据决策、用数据管理、

---

❶ SHARMA P. Non-personal Data: Unlocking value for public good [J]. Fortune, 2020.

❷ 黄璜. 美国联邦政府数据治理：政策与结构 [J]. 中国行政管理，2017 (8): 47-56.

❸ 黄璜. 政策科学再思考：学科使命、政策过程与分析方法 [J]. 中国行政管理，2015 (1): 111-118.

❹ 陈国青，曾大军，卫强，张明月，郭迅华. 大数据环境下的决策范式转变与使能创新 [J]. 管理世界，2020，36 (2): 95-105+220.

用数据创新的管理机制，实现基于数据的科学决策，推动政府管理理念和社会治理模式进步的行动方案，在创新管理模式、指导管理实践和提高服务水平的同时，为公共决策的理念创新和思维转型提供了科学支撑和理论依据。[1]企业数据具有公共管理职能，政府可以利用数据的功能优势提升在公共事务中的管理效能，包括但不限于经济调节、市场监管、社会管理和公共服务四项职能，尤其在公共紧急事务处理中，如在疫情防控等紧急公共卫生事件中，或在突发性重大自然灾害中，企业数据发挥着至关重要的作用，直接关系到公共利益保护和救济能否实现的问题，因此加强企业数据的公共利用，保障社会公共利益实现的任务非常紧迫和必要。

1. 经济调节

整体来看，企业数据以海量数据和数字分析技术为基础，能够实现以经济活动为中心的多项指标聚合和相互验证，挖掘新的经济指标，使更多的时间节点产生关联，形成可视化的整体网络框架，反映经济形态，辅助经济调节。具体来讲，在数据分析技术普及之前，政府主要依靠经济增长、财政支出、投资消费、通货膨胀等宏观经济变量观测总体经济形势，描述经济活动特点。在数据分析和数据挖掘技术日渐成熟的大数据时代，政府的观测变量逐渐丰富，除了宏观经济变量外，还可以借助相关指标，如用水量、发电量等实物指标，劳动过程、劳动条件等劳动指标和工农业总产值等价值指标。政府还会通过政企合作形式构建新的经济指标，如原国家工

[1] 张楠．公共衍生大数据分析与政府决策过程重构：理论演进与研究展望［J］．中国行政管理，2015（10）：19-24.

商总局通过与龙信数据有限公司合作，对全国 5000 多万家企业和个体工商户的企业信息进行分析，按照企业规模、行业类型、主体类型进行分类，并与财政投入、财政支出、国内生产总值等宏观经济指标进行相关性比对和关联，最终构建起“企业发展工商指数”，为指导国民经济发展提供了新的依据和参考。随着数字经济渗透和企业数据的开放共享，企业也会发布与宏观经济变量相关的数据指标，如阿里研究院曾发布与居民消费价格指数（CPI）高度相关的“阿里巴巴网购价值指数（aSPI）”和“阿里巴巴网购核心价值指数（aSPI-core），随后腾讯、今日头条、百度、新浪等先后根据其业务数据提供“腾讯浏览指数（TBI）”“头条号指数（TGI）”“百度指数（BI）”“微指数”“新浪传播指数（BCI）”，这些都为政府提供了丰富的决策资源。另外，从微观层面看，企业数据能够辅助政府发现某一领域新的经济特征和相关规律，如从电商平台业务中获得用户上网时长、直播带货量、数据交易量等数据获得新的经济指标，从宏观和微观层面实现整体数据关联和相互交叉验证。

以数据为基础的治理网络就像一张庞大的社会关系网，不仅能够在数据分析基础上对相关主体间的信息获取和资源配置情况进行实时跟踪和动态调整，还原更为客观的事实真相，掌握公众需求的演变规律，反映群体利益诉求的集聚与扩散，还能够从宏观和微观层面表征经济形势，帮助政府深度剖析经济事件的相关关系和因果联系，解释复杂的经济现象，加强风险防范治理和经济态势预测，从而实现经济调节功能，引导社会经济健康发展。

2. 市场监管

赫伯特·西蒙认为，基于信息缺失，政府只具备有限理性，而这将阻碍政府科学决策的实现，但数据能够有效解决这一问题。[1]一方面，作为大数据的组成部分，企业数据具备数据的全部属性。因此可以作为数据原料和单个数据全线记录企业活动事件，形成体验式、沉浸式、全景式、可追溯式的数据应用场景，便于政府对企业信息的全方位汲取和实时动态掌握，推动政府对市场环境的“全触点化”数字管理。另一方面，数据还能够以指数型、统计型、预测型数据形式呈现从生产到售后的产品特点和行业特征。能够将政府对企业运营状况的把握从“无形”感知转变为“数字理性”，能够将原材料产地、商品质量、热销季度、企业声誉、信用指数、消费投诉、行政处罚等相关数据进行系统对比和整合分析[2]，实现决策信息从一到多、决策过程从内向外的领域融合，突破领域边界，使决策要素更加完整可靠。[3]最终，通过数据关联系数评估数据指标之间的因果联系或相关关系，研判商业风险、行业短板和治理难题，并在此基础上帮助政府筛选出日后需要重点跟踪、指导或监督的产品类型、企业活动和行业领域，辅助政府在实施总体调控和统筹规划的基础上通过分布式、阶段化、针对性制度设计实现对重点对象的市场监管目标。

---

[1] 赫伯特·A·西蒙．管理行为［M］. 4 版．詹正茂，译．北京：机械工业出版社，2004.

[2] 江小涓．大数据时代的政府管理与服务：提升能力及应对挑战［J］．中国行政管理，2018（9）：6-11.

[3] 陈国青，曾大军，卫强，张明月，郭迅华．大数据环境下的决策范式转变与使能创新［J］．管理世界，2020，36（2）：95-105+220.

3. 社会管理

企业数据改变了政府的应急决策方式，将传统的事后被动决策转变为事前主动预警或决策，有效提升应急反应能力。[1]传统的应急决策方式遵循“事件突发—应急响应—因果关系分析—应急决策制定”的“先事件后决策”的事后管理模式，也就是危机事件爆发时或爆发后的应对之策，以至于在很多情况下，当自然灾害、公共安全、卫生防疫等公共事件突然爆发时决策主体和社会公众束手无策，事件影响和受灾情况难以控制甚至会呈扩大趋势，造成不必要的经济社会损失。而以数据为基础的决策方式则遵循“数据分析—相关关系分析—预案跟踪和调整—科学决策输出”的“先预测后决策”的事前防御模式，将决策阶段直接从事件爆发期拉到了事件潜伏期。两个模式对比图如图 7-1 所示，相比传统方式具有以下优点：第一，从“数据分析”出发，依靠客观数据分析的科学方式能够有效研判事件突发的时间、地点、规律、趋势和潜在社会影响等重要信息，弥补信息缺失造成的预测失误，从真实数据中开展逻辑分析，挖掘因果联系，能够提高决策者理性思维，保证理性的政策决策过程，提升决策方案质量[2]；第二，“事件提前预警”，能够为决策者争取应急时间，提高应急反应能力，便于部门之间及时信息共享和功能协调，便于社会资源调度，优化供给安排；第三，“先预测后决策”，数据突出的预测功能可以有效预测事件发展趋势和可

[1] 岳向华，林毓铭，许明辉．大数据在政府应急管理中的应用［J］．电子政务，2016（10）：88-96.

[2] 高筱培．知识产权政策研究中的大数据方法应用研究［D］．合肥：中国科学技术大学，2016.

能性后果，决策者可以结合事件诱因、关联关系、实施障碍、治理经验、治理目标等多项变量制定多种预选方案；另外，大数据流的特性支持对现实场景中各要素的动态交互的刻画，体现非线性、非单向的状态变化，能够根据实时数据跟踪接收动态反馈，使数据融合、全景跟踪、方案调整、动态评价等各个环节迭代进行，推动预案调整和科学决策的有效输出，如根据灾害现场的实时信息监测和措施反馈动态生成应急疏散路线。为提升管理决策范式在新情境下的效力，出现了面向连续、实时、全局决策且允许信息反馈的非线性流程转变。[1]

事后应对	事件突发 → 应急响应 → 相关关系分析 → 应急决策制定
事前预测	决策调整 ← 预案跟踪与调整 ← 相关关系分析 ← 数据分析

图 7–1　传统决策模式与数据决策模式对比

4. 公共服务

企业数据以社会各领域、各行业、各组织、各部门的海量数据为原料，能够有效打破数据垄断和信息孤立，通过数据之间的交互关联实现事实真相的交叉复现。依托集散、聚合、清洗、回归、算法等技术程序加工而成的企业数据，往往能够以可视化形式呈现治理对象的特点和差异性治理需求，辅助公共服务部门站在更为全面的数据分析和信息聚合基础上推动决策过程重构，识别公共服务供给不足和差异性服务需求；实现公共服务的个性化、精细化、定制

[1] 陈国青，曾大军，卫强，张明月，郭迅华．大数据环境下的决策范式转变与使能创新［J］．管理世界，2020，36（2）：95–105+220.

化管理，打造专业化、有温度的数字政府。[1]例如，出于流动人口管理的需要，可以通过手机与移动通信基站实时交互产生的用户空间信息数据，实现对人口流动的规模、趋向和空间聚集度等情况的动态监控与风险预警，准确反映手机用户的移动规律、出行习惯、活动趋势与特征，可以将中国移动、中国联通和中国电信掌握的用户空间数据进行整合形成全民空间流动画像，还可以与腾讯的游戏用户登录数据、百度搜索的登录数据做对比进行跨行业、跨领域的数据关联与检验，为人口管理、城市管理和公共安全提供新的保障。[2]虽然有些场景目前尚未实现，但随着企业数据的应用拓展，相信实现这样的目标也不再遥远。

当然，随着数字经济和数据产业的迅猛发展，“互联网 +”的产业模式带动数据产量井喷式增长，企业数据应用场景日益丰富，数据监管需求持续扩大，在大数据时代背景下，政府通过完善基础设施、强化市场监管、协调主体利益等方式引导企业数据良性发展。首先，政府完善数字基础设施建设。推动数据产业的发展和保障网络运行秩序始终是政府推动企业数据治理的两大议题。政府重视数据价值挖掘，支持大数据、人工智能、区块链等数字技术发展，鼓励以企业数据为依托的产品开发和产业转型。数字基础设施是企业数据发挥效能的基础，但数字基础设施建设投资规模巨大，企业自身难以负担，需要依靠政府财政资金的投入和支持。实际上，政府

❶ 江小涓．大数据时代的政府管理与服务：提升能力及应对挑战［J］．中国行政管理，2018（9）：6−11.

❷ 白云朴．应用移动通信大数据 提升社会公共治理［J］．中国电信业，2020（2）：62−65.

通过完善基础设施建设等方式帮助企业解决负外部性难题，推动数据产业的发展，如加大对5G基站、区块链、大数据中心等基础设施的财政支持力度，加快新基建的建设力度和进程，为企业数据效能的发挥保驾护航。其次，政府加强企业数据的市场监管，维护市场秩序。一方面，政府注重完善企业数据保护和规制的法规政策体系，通过《民法典》《反不正当竞争法》《个人信息保护法》等法律法规将数据保护与监管措施渗透在数据收集、利用、开发、交易等各个环节；另一方面，政府强化对数据要素市场的监管力度，对数据活动中侵犯知识产权、个人隐私权或者造成数据封锁、数据市场垄断的行为严厉打击、及时规制，以保障数据安全与数据交易秩序。最后，政府有效规范主体职责，协调各个主体的利益冲突。政府是多元主体之间的协调者和利益的“平衡器”。由于各个主体在愿景、属性和价值取向上的差异，政府从伦理、道德、法律、政策等多重维度协调个人、企业、国家、公众之间的利益平衡，明晰各个主体的职能划分，整合其主体优势，建立新的主体关系。

另外，企业数据产品开发需要大量的人力、物力、财力资源，政府与企业往往采取合作方式开发数据产品。联合国全球脉动计划负责人指出，在数据开发中建立企业和政府的合作框架，能够对公共利益作出有效回应[1]，肯定了政企合作的重要价值。疫情时期“健康码”的有效应用便是通过政企合作推动数据治理的成功典范。目前，“用数据开发”场景下的政企合作至少呈现出如下两种模式。

---

[1] 国脉互联. 前瞻：2021年全球数据治理趋势分析［EB/OL］.（2021-01-28）［2023-03-30］. https://www.govmade.cn/dat/20210129/5398144704283934 72.html.

①“政府即平台”模式。政府通过数据开放平台面向全体企业主动地、无差别地提供政府公开数据，为企业提供数据资源；企业则负责开展数据开发业务，根据自身需求自主开发并在平台上附加应用。这种模式能够在政企之间形成显著的双向互动：一方面政府主动引导企业开发利用政府公开数据，对企业创新转型、数字产品开发、数字服务提升等具有鼓励作用，激发数字经济活力；另一方面企业数据收益增加和数据红利辐射效应也会增强政府推行数据开放的信心，扩大数据共享范围，积极投身数据利用与合作。

②“政府向企业采购外包服务”模式。政府或企业主动启动数据利用项目或计划，双方针对特定目的，出于平等的合作地位和目标共识，共同参与完成数据产品开发。相比于“政府即平台”模式，“政府向企业采购外包服务”模式更具有针对性和灵活性，政府和企业都能够根据自身需要选择合作伙伴、制定参与条件，政府不只是公益性地提供数据或资助，企业也不是单一享受政府公开数据服务的便利。在这方面，浙江具有成熟的经验，如 2016 年杭州市政府曾联合阿里云制订了一项“城市大脑”计划，即利用人工智能、云计算等数字技术将城市交通数据加工成能够提供全局性、实时性路况分析的衍生数据，绘制出事故高发区、早晚高峰期、城市路况图，根据数据的实时更新、动态调整和风险预警，自动调配公共资源，修正城市运行，次年杭州便成为全国第一的治堵城市，交通拥堵延误率下降 15.3%[1]；2020 年新冠感染疫情暴发之际，杭

[1] 都市快报．拥堵缓解趋势，杭州全国第一［EB/OL］．(2017-11-28)［2022-11-29］. https：//baijiahao. baidu. com/s? id=1585271419618162829&wfr=spider&for=pc.

州又在“城市大脑”计划基础上联合阿里巴巴和腾讯发明了“健康码”，为疫情防控、风险排查等发挥了重要作用，成为政企合作开发数据产品的成功典范，也成为企业数据参与社会治理的重要尝试。[1]

7.2.2 欧盟的“公共利用条款”

关于企业数据的公共利用问题，在欧盟的数据立法中早已得到关注。2018 年，欧盟在其发布的《修改〈公共部门信息再利用指令〉的建议》中分析了电商平台、网络平台、汽车制造商、社交媒体等企业数据与社会公共利益的密切关系，强调了加强这类数据的公共利用对于城市规划、交通管理、市场监管产生的重要作用。该建议充分肯定了企业数据对于实现公共利益的重要作用，但是，尽管在前期的民意调查中已经认识到了为政府管理等公共事务而公开企业数据的必要性，该建议却并未明确企业的相关义务及具体的适用条件。[2]

2022 年 2 月 23 日，欧盟通过了《数据法》(提案)，在第 3 章第 8 条规定企业具有“数据提供义务”，这是针对所有数据接收者的一般提供义务；随后，《数据法》(提案)又在第 5 章明确规定了企业专门针对政府所应承担的“数据提供义务”。根据第 14 条规定，“数据提供义务”是指数据控制企业应该根据政府的特殊需要

---

[1] 陈嘉烨，周云龙，朱琪浩．数据治理的公私合作模式研究——以杭州健康码为例［J］．中国管理信息化，2021，24（10）：195-196.

[2] Europecn Commission. Digital Agenda：Turning government data into gold［EB/OL］.（2011-12-12）［2023-03-30］.https://ec.europa.eu/commission/presslorner/detail/en/IP_11_1524.

向其提供企业数据。根据第 15 条规定，这里的“特殊需要”可以概括为三个方面：政府为了应对公共紧急情况；政府为了防止公共紧急情况或协助从公共紧急情况中恢复的情形，如公共卫生突发情况或重大自然灾害等；政府必须依靠某类企业数据来完成某项关乎公共利益的特定任务，但这类数据又无法通过市场购买、法律规定或创设新法等方式及时获取，或如果按照《数据法》(提案)规定的程序获取数据，将严重减轻数据控制企业或其他企业的行政责任的情形。

为了保障政府顺利获取数据，《数据法》(提案)第 17 条、第 18 条和第 19 条还详细规定了企业的“及时提供义务”和政府的“必要说明义务”。政府在要求企业提供数据时，应当指定需要的数据范围、证明确实存在要求提供数据的特殊需要、说明数据用途、使用期限及相应的法律依据。提供数据的企业应及时向政府提供数据，除非请求的数据是不可用的，或者政府未指定数据范围，或者政府未证明存在要求企业提供数据的“特殊需要”。

但考虑到公共利益和企业利益的均衡分配，《数据法》(提案)免除了中小微企业的数据提供义务，十分重视保护数据提供企业的合法利益，并为“应对公共紧急情况”之外的数据提供行为给予适当的成本补偿。第一，为了减轻中小微企业的负担，《数据法》(提案)在第 14 条明确规定免除中小微企业的数据提供义务，体现了立法对中小微企业的利益关照。第二，为了防止企业数据泄露，《数据法》(提案)第 19 条规定，政府在使用企业数据时应尽可能地保护企业的合法利益，当提供的数据涉及企业商业秘密时，政府应为这些数据提供必要的技术保护措施。当完成特定任务后，应及时删除提供的全部数据并告知数据控制企业，且不得将此类数据用于其他目的。第三，为了保护企业履行数据提供义务的积极性，《数据法》（提案）第 20 条规定，企业提供数据时并不一定是免费的，只有在为了“应对公共紧急情况”的情形下，企业才需要向政府“免费”提供数据；在除此之外的公共利益保护情形下，应充分考虑企业因提供数据所需的成本和努力，数据提供企业有权在提供数据所付出的技术成本和组织成本范围内获得适当补偿。

从上述规定来看，整体上，《数据法》（提案）延续了公、私利益平衡的立法思路。一方面，通过法律条文的形式正式规定了企业的数据提供义务，迫使企业在面对公共利益需要时，让渡企业权利，履行社会责任，从而起到规制企业数据权利的作用。[1]通过利用企业提供的数据，帮助政府提高应对紧急事件的能力，改善公共管理效能，从而达到及时保护公共利益的目的。另一方面，十分重视保护企业的合法利益，重视企业在数据提供中的成本和付出，从而保护企业履行义务的积极性；赋予政府以“必要说明义务”，明确数据使用的范围和用途，保证公权力的规范行使。另外，免除中小微企业的数据提供义务，体现了对弱势企业的特殊关照，也体现了对社会公平的重视和社会经济利益的调整。

7.2.3 公共利用的原则

从欧盟《数据法》（提案）第 14 条关于企业数据公共利用条款的制度内容和该条规定制度效果中，可以看到企业数据在公共利益

---

[1] TASCHNER J B. Data Profiteering: Corporate Social Responsibility and Privacy Law Lost in Data Monetization and National Security [J]. American Journal of Trade and Policy, 2020, 7 (1): 37-58.

保护层面的重要意义；但从《数据法》（提案）第 14 ~ 20 条关于企业及政府的具体的权利义务规定中，也能看出《数据法》（提案）对企业数据利用及企业数据利用主体的有利规制，为我们从公共利益视角重新审视数据格局、完善数据利用规则提供了思路。

1. 公共利益优先

边沁和路易斯·亨金为公共利益和公共利益优先性提供了理论论证。对于公共利益，边沁在其公共利益理论中指出，公共利益应具备公共性和利益两个要素。“公共性”是指公共利益与社会范围内的大多数人相关，具有普惠性和共享性，而“利益”在利益关系中不存在不同利益的自动和谐，个体对个人利益的追求并不能带来公共利益最大化，因此实现“大多数人的幸福”才是所有利益关系中的最大利益准则。[1] 对于公共利益的优先性，公共利益与个人权利相互限制，又相互依存。在公共利益和个人利益的关系方面，路易斯·亨金确立了“平衡个人利益与公共利益”的原则，政府在行使任何权力时，都应把个人意见、个人生命、自由和财产等考虑进去，但“有时公共利益可能会高于个人权利”；有些权利是根本的或优先的，只有公认的紧迫性公共利益才能凌驾其上。[2] 也就是说，特定情形下公共利益可以优先于个人利益原则。没有正当理由不能限制民事主体交易自由；反之，只有在充分正当的理由下才能对民事主体交往自由进行限制。在实现公共利益最大化的过程中，有时会存在利益冲突，这种“冲突导致最大化需要付出额外的成本（社会

---

[1] 边沁．政府片论［M］．沈叔平，译．北京：商务印书馆，1995：128.

[2] 路易斯·亨金．宪政、民主、对外事务［M］．邓正来，译．北京：生活·读书·新知三联书店，1996：151.

关系冲突导致摩擦），需要用适当的制度设计，在付出一定交易费用后平衡这种矛盾”。[1]

《数据法》（提案）中关于数据提供义务的规定，体现了公共利益与企业利益之间的博弈，也反映了在特殊情况下，公共利益相较于企业利益的价值优先性。企业数据具有功能聚合性，其中公共利益功能主要体现为对公共利益的保护，如提高公共管理效能、应对重大自然灾害、推动国际合作、捍卫国家数据主权和信息安全等，体现了企业数据的利益交织性，也对企业数据起着重要的平衡与规制作用。因此，在对企业数据进行规制的过程中，必须明确这些公共利益的存在，并将其内化于企业利益之中或外化于对企业数据的利用与交易活动之中，从而构成对企业利益的制约。

另外，出于公共利益保护，我国《民法典》第四百九十四条保留了强制缔约条款，规定国家在抢险救灾、疫情防控或其他需要时下达国家订货任务，相关民事主体应根据法律规定订立合同。同欧盟《数据法》（提案）中的不公平测试条款一样，这项规定也是对自愿订立原则的突破。但不同点是，不公平测试是对中小微企业利益的保护，强制缔约合同是对相关企业利益的保护，后者体现了在特殊情况下应让渡企业权利，维护公共利益。《上海市数据条例》第十六条也规定了在突发事件情况下，社会主体应向地方政府履行数据提供义务，义务主体不仅包括企业，还包括个人和其他组织，体现了地方立法对公共利益的保护。综上，在公共利益视角下，数

---

[1] 金京玉，尹兆睿．公共卫生事件应急制度完善研究——基于公共利益理论［J］．中国经贸导刊（中），2021（10）：53-55.

据控制企业必须重视对公共利益的关照，在满足特殊需求条件时，适当让渡企业权利，保护社会公共利益。

2. 必要性原则

公共利益视角下，利用企业数据时应该坚持必要性原则。《数据法》（提案）虽然规定了企业的数据提供义务，但是该义务并不是适用于所有涉及公共利益的事务中，而是只允许在应对公共紧急情况，或为了防止或解除紧急情况，或在其他没有数据提供之外的替代方法，但又必须挽救比企业利益更重要的社会公共利益等特殊情况下，才能够要求企业履行数据提供义务。另外，欧盟《数据法》（提案）还规定了政府在取得该特定企业数据后，不能以不符合公共利益要求的方式使用数据；在特定的公共利益实现后，政府应立即删除相关数据；如果涉及企业秘密，也只能在实现特定公共利益保护目标的范围内进行必要性使用。可见，在数据利用中，当公共利益与企业利益发生冲突时，虽然需要企业让渡部分经济利益，但并不是完全舍弃企业利益，而是以必要性为原则，以能够完成特定公共利益任务为目标。

3. 保护性原则

欧盟《数据法》（提案）规定政府在要求企业提供数据的同时应保护企业的合法权益，涉及商业秘密时政府还应提供技术或组织保障措施。这说明虽然在公共利益视角下对企业数据的利用要以公共利益为重，但也要充分考虑对企业利益的合法保护。在“谷歌趋势”事件中，也反映了即使是出于公共利益需要，也要对企业利益采取保护性原则的态度。在 2013 年谷歌预测出现重大失误之后，有学者曾在 *nature* 杂志报道中提出可以采取政企合作与数据共享的方式增强数据结果的检验性和准确性，如在谷歌流感预测事件中将美国疾病防控中心（CDC）和谷歌的浏览数据结合进行预测，能在一定程度上弥补谷歌单方面的预测失误，但出于公众隐私保护等公众利益考虑，这一想法并未得到官方认可。为了修正企业数据服务对公共决策的重要作用，有学者还提出可以让谷歌公开其搜索算法，对涉及流感预测的企业数据操作流程进行开放共享，但可能因干涉谷歌的专利或商业秘密，对谷歌的核心业务产生威胁，最终无疾而终。可见，在利用企业数据为公共利益服务时，还需要积极探讨企业知识产权保护、企业核心利益与社会公共利益之间的平衡问题，在发挥企业数据服务对公共利益的重要作用的同时，也需要保护数据提供企业的合法权益，尤其是涉及商业秘密等关系企业命运的核心数据，只有适当的保护和适当的规制才能持续激发企业进行数据资源开发的热情。

7.3 企业数据监管问题

从公利益角度看，除了需要加强企业数据的公共利用外，还需要对企业数据交易中的互操作性问题、数据内容问题、数据定价问题进行管理。互操作性直接影响社会公众访问和利用数据的权利，数据内容将影响决策公平，而数据定价则直接影响数据价值的实现。因此，除了从个人利益和相关企业角度进行规制外，还需要从公共利益角度出发进行，发挥政府对数据交易的规制与监管作用。[1]

---

[1] YU H, HE X. Corporate Data Sharing, Leakage, and Supervision Mechanism Research [J]. Sustainability, 2021, 13 (2).

7.3.1　互操作性问题

随着数据产业的发展，市场对数据流动的要求也越来越强烈，但由于数据互操作性问题尚未形成统一标准，往往导致数据格式不兼容、数据主体之间无法进行自由转移、数据流通和数据利用受到严重阻碍、数据交易难以开展等问题，甚至有的企业故意利用技术手段关闭数据接口或设置成他人无法兼容的数据格式[1]，人为阻碍数据流通，造成数据垄断和数据封锁。

为了解决这一问题，近年来，欧盟数据治理过程中积极推进对数据传输格式和互操作性问题的研究。2010 年，欧盟在《欧洲数字议程》中指出，缺乏互操作性是阻碍数字化建设七大主要障碍之一；2015 年，欧盟在《数字化单一市场战略》中又指出，不同服务商之间在数据准入方面缺乏迁移性和互操作性是阻碍数据跨境流动和开发新服务的障碍，数字治理应加快解决互操作性问题。2016 年，欧盟在《一般数据保护条例》中明确规定，数据控制者提供的数据必须满足“结构化、常用和机器可读”的数据格式标准和可互操作性的传输要求，欧盟数据保护机构（29 条数据保护工作组）也强烈呼吁在行业内部建立统一的数据标准，以实现数据共享的要求，但上述研究并未提出互操作性的具体实施方案，对于技术上是否可行的判断也交给企业自由进行裁量，从而导致实践中很难落实。于是，2022 年欧盟在《数据法》（提案）中再次针对互操作性问题进行规制，并且以专章的形式明确规定

---

[1] 詹馥静．大数据领域滥用市场支配地位的反垄断规制——基于路径检视的逻辑展开［J］．上海财经大学学报，2020，22（4）：138-152.

了互操作性的基本要求，为解决数据共享和数据服务的互操作性问题提供了参考。[1] 根据《数据法》（提案）第28条的规定，为促进企业数据的访问、获取和使用，数据空间运营商需遵守以下互操作性要求：①对数据的内容、质量、许可、限制等方面进行详细描述；②对数据的结构、格式、分类法、代码清单等进行公开和统一描述；③对访问数据的技术手段进行详细说明；④保证智能合约的互操作性[2]。《数据法》（提案）明确了互操作性的基本要求，为数据流通和共享提供了更多可能，也为我国完善企业数据管理提供了经验借鉴。

互操作性是实现数据流通的重要步骤。解决互操作性问题，能够改善企业数据的处理结构，增加可使用和重复使用的高质量数据，提升整个行业利用和开发数据的能力和素养。因此，应尽快统一互操作性标准，减少数据垄断企业故意设置的格式障碍，为数据的访问、获取、转移和利用提供便利。

7.3.2 数据定价问题

当下，数据已然成为一种新型的生产要素，数据的经济价值已经被普遍认可，并成为社会经济中一项重要的数据资产。2015年以来，国内出现了大批数据交易平台，包括贵阳、安徽、东湖、长

---

[1] SHABANI M. The Data Governance Act and the EU's move towards facilitating data sharing［J］. Molecular Systems Biology，2021，17（3）.

[2] European Commission. Data Act: Proposal for a Regulation on barmonised rules on fair occess to and use of data［EB/OL］.（2022-02-23）［2023-03-30］.https://digital-strategy.ec.europa.eu/en/library/data_oct_proposal_regucation_harmonised_rules_gair_access_and_use_data.

江、浙江、哈尔滨等大数据交易中心以及数读、数据宝、数据星河等大数据平台，积极推动数据交易和数据产业的发展。尽管目前数据交易所林立，但是数据交易活动却处境艰难，造成这一困境的主要原因之一就是数据定价问题。

目前在数据交易中，数据定价策略主要是参考传统信息商品中的定价方式。[1] 例如，拍卖定价，即通过公开竞价的方式确定数据价格；使用量定价[2]，即通过订阅模式或使用次数确定数据价格；免费增值定价[3]，即通过先提供一定的免费 API 次数，当超过给定的次数之后对增量部分进行收费的方式。虽然许多数据交易所也在探索通过数据状态、数据质量、数据成本[4]等方式进行数据价值评估，但定价指标尚未形成共识[5]。《贵阳大数据交易所交易规则》第 12 条提出建立数据质量评价标准，根据数据完整性、数据实时性、数据深度、样本覆盖度等进行数据定价。《安徽大数据交易中心交易规则》第 29、36、43 条根据数据状态，采取动静结合的定价标准，即将数据分为在线数据、离线数据和托管数据，对于在线数据采取动态定价标准，以使用次数为单位提供数据包，根据使用时间、使

---

[1] 蔡莉，黄振弘，梁宇，朱扬勇．数据定价研究综述［J］．计算机科学与探索，2021，15（9）：1595–1606.

[2] BOCKEN N，MUGGE R，BOM C A，et al. Pay-per-use business models as a driver for sustainable consumption：Evidence from the case of HOMIE［J］. Journal of Cleaner Production，2018，198：498–510.

[3] MYERS B A，STYLOS J. Improving API usability［J］. Communications of the ACM，2016，59（6）：62–69.

[4] 赵子瑞．浅析国内大数据交易定价［J］．信息安全与通信保密，2017（5）：61–67.

[5] 姬蕾蕾．大数据时代数据权属研究进展与评析［J］．图书馆，2019（2）：27–32.

用频次来动态调整数据价格；对于离线数据和托管数据则采取静态定价标准，提供固定的数据包，采取固定的价格。

数据定价是构建数据交易市场、实现数据公平交易的重要步骤。公平、合理的数据定价有利于改善数据交易乱象，提高数据利用效率，同时吸引更多的市场主体参与到数据交易中来，为数据产业注入新的活力。因此，在完善数据交易秩序中，政府和行业组织应积极探讨数据定价问题，为构建统一的数据交易标准扫清障碍。

7.3.3 数据内容问题

无论是从数据筛选、数据加工还是数据应用，企业的价值判断往往隐藏在每一次的数据选择和特定推荐中，通过信息分发对个人价值判断、社会舆论导向和政府决策选择产生潜移默化的影响，最终影响公共利益。

从企业数据的公共利用场景发现，企业数据在政府决策中起着越来越重要的作用，关系到公共利益分配，因此必须保证企业数据信息的科学性、准确性。2009 年美国暴发流感之际，谷歌公司推出“谷歌流感趋势（GFT）”服务，这一服务以用户在谷歌浏览器上的网络搜索数据为基础，通过处理加工和实时分析生成数据报告，为政府决策提供预测依据。这一功能曾成功地预测出美国的流感趋势，还对病毒的暴发时间、暴发地点和传播范围等重要信息作出精准报告，为美国公共卫生机构赢来宝贵的应急准备时间，保护了千万人的生命健康，因此成为此次流感防控中最有效、最及时的预测指标。但当流感病毒于 2013 年再次席卷美国时，GFT 却高估了流感疫情，其给出的就诊数据比实际数据高出 1.5 ~ 2 倍，且高估时间长达 100 周，这一系列错误信息反而阻碍了正常的卫生防控工作，增加了政府管理成本。通过反思这次谷歌的翻车事件发现，造成预测偏差的一项重要原因是当流感暴发之后，媒体对流感的过分报道和关注引起公众爆发式的搜索，因此谷歌上有关流感的网络搜索数据呈现出突增趋势。但是，由于当时的企业数据分析只关心事件之间的相关关系而不关心因果关系，纵容了数据收集过程中收集者的主观性和数据分析的过度拟合，所以最终导致数据预测结果偏差。可见，如果不对“大数据自大”[1]和“算法演化”[2]等技术陷阱进行规制，将会出现更可怕的预测偏差和错误预警，一旦被公共部门利用，将严重影响公共管理运行和管理政策的及时性，甚至对社会稳定、经济复苏产生负面影响。

另外，大型互联网企业成为大众获取信息的重要渠道，往往掌握着数据话语权。出于商业合作、广告宣传、热度推广等自利目的追求，数据企业或数据平台经常利用企业数据进行“自动化决策”，即自动向用户推送对平台自身有利的商品、广告、时事新闻或社会热点。数据决策依靠数据喂养，数据的不平等将直接导致决策的不平等。在数据话语权分化和数据不平等现象的影响下，原本以客观、公平为特征的数据信息将逐渐代表“数据富人”的价值取向[3]，而忽视了那些无法提供或者很难掌握数据的社会人群的合理需求，最终

---

❶ 即认为自己拥有的数据是总体，因此在分析定位上，大数据将代替科学抽样基础上形成的传统数据，而不是作为小数据的补充。

❷ 大数据不再只是被动记录使用者的决策，而是通过算法演化，积极参与到使用者的行为决策中。

❸ 郭蓉．从技术理性到行政伦理——大数据时代智慧治理的伦理反思［J］．道德与文明，2018（6）：17–23.

将违背数据正义，影响社会公平。[1]因此，从公共决策和社会公共利益角度出发，一方面需要对企业数据内容的科学性、准确性进行审查，另一方面需要对企业数据内容的选择和价值导向进行监督。

7.3.4 数据算法问题

算法偏差导致政府决策失误。在数据活动中，企业因信息不对称、技术能力不足等原因经常面临数据收集不稳定和数据分析结果过度拟合等问题，而由此引起的系统误差往往会导致数据预测失误，给政府带来更多的治理障碍。

数据决策依靠数据喂养，数据不平等将直接导致决策的不平等。在数据话语权分化和数据不平等现象的影响下，原本以客观、公平为特征的数据决策将逐渐代表“数据富人”的价值取向，而忽视了那些无法提供或者很难掌握数据的社会人群的合理需求，最终将违背数据正义，影响决策公平。[2]

学界普遍认为，大企业、中小微企业和用户在数据意识、数据素养和数据控制能力之间存在巨大差异。[3]大企业不仅成为大众获取信息的重要渠道，还能够在数据控制方面占据主导地位，因此掌握着数据话语权，左右着用户和中小微企业的信息获取自由。

从用户角度看，出于商业合作、广告宣传、热度推广等自利目的，数据控制企业往往会自动向用户推送对自己有利的广告、新闻或热点。用户看似享受着信息福利，但其实却被企业控制，用户在

---

[1] 徐雅倩，王刚．数据治理研究：进程与争鸣［J］．电子政务，2018（8）：38-51.

[2] 同[1].

[3] 郭蓉．从技术理性到行政伦理——大数据时代智慧治理的伦理反思［J］．道德与文明，2018（6）：17-23.

信息面前的可选择性越来越小，甚至会完全失去数据话语权。“用户看到的只是企业想让你看到的”，而“企业想让你看到的”或许还是二次筛选过的或带有导向性的，如涉及明星黑料的微博热搜就常常被明星的公关团队以重金买下，这类现象导致数据控制企业从信息传播者变成了信息切断者，导致数字不平等现象愈演愈烈。

另外，从中小微企业角度看，在数据市场中，由于用户黏性大、业务相关性强，相关数据向大企业集中的趋势日益明显，甚至形成数据垄断，加上技术、资金、市场等方面的竞争优势，驱使中小微企业不得不被迫接受不公平的合同条款，使大数据企业在数据交易中拥有绝对话语权，从而影响数据公平和决策公平。

7.3.5　数据垄断问题

在企业数据规制中，反垄断问题始终是数据监管领域中的重要难题。为了获取更多的企业利益，大企业往往利用技术手段，故意设置访问障碍，限制其他企业获取数据；甚至在许多领域，大企业即使对数据没有合法权益，也能通过其对产品或相关服务的技术设计的控制来确定生成数据的内容以及可被访问的数据范围，从而达到数据垄断甚至市场垄断的目的。

而企业服务模式从“有偿交易”到“免费服务”的转变也给垄断行为的识别和量化工作增加了许多困难。数据控制企业虽然具有显著的市场优势和影响力，但是却能成功逃脱垄断行为规制，原因就在于商业模式从有偿到无偿的转变，如谷歌、百度、微博等都对用户提供免费的搜索、浏览、查询服务，但需要注意的是，数据控制企业从传统经营模式转变为“免费市场模式”后，虽然不会利用其市场影响力向消费者收取高额费用反而会提供免费使用服务，但会加载广告来实现获利。由于资本市场的深度参与，数据控制企业对从用户身上获取利润的直接网络效应并不敏感，通过商业合作、广告推送、明星代言等获得间接网络效应才是支撑企业盈利的关键。因此，虽然有些数据控制企业的市场份额或市场控制力很高，但其产生的负面影响却难以识别和量化。可见，对垄断的传统定义已经无法甄别免费市场中数据控制企业的控制力对消费者福利的影响，从而给市场监管带来新的难题。

7.3.6 数据开发问题

如前所述，“政府即平台”模式以企业数据的经济价值开发为主，但却忽略了对企业数据的公共管理功能的发挥。相比于“政府向企业采购外包服务”模式来讲，在数据开发层面，“政府即平台”模式更强调政府以管理者的身份、以公开政府数据的形式为企业提供数据获取层面的便利，而不是以合作者的身份参与到数据产品研发中来。在这种模式下，政府的主要任务是为企业提供公开数据，对于企业获取这些数据后如何开发、如何利用以及发挥数据的何种作用并不在意，主要由企业根据自身业务需要进行选择。这种合作模式虽然能够实现数据的经济价值，但却很少能够激发企业数据对社会治理的价值和企业以主体身份参与社会治理的热情[1]，对于政府发挥公共服务效能作用不大，但从协同性角度看，相比于已经相对成熟的“政府即平台”模式来说，“政府向企业采购外包”模式更需要在未来的政企合作中被高度关注。

另外，管理权能让渡，政府还可能面临数据监管失控风险。在政

---

[1] 赵淼．政府数据治理中的政企耦合机理研究［D］．包头：内蒙古大学，2020.

企合作中，当数据完成既定目的之后，政府需要对该类数据的后续利用和保护问题进行特别关注，防止“被动监管俘获”。[1]“被动监管俘获”由国内学者方兴东首次提出，其结合斯蒂格勒[2]和佩尔兹曼[3]等学者对“监管俘获”的研究将其定义为“监管者因能力不足而与被监管者合作，且不得不向对方让渡部分权力或资源的状态”。以健康码为例，虽然健康码成为精准防疫的利器并在全球得到认可[4]，但当疫情得到有效控制之后，“健康码”背后的数据再利用问题日益浮出水面。有学者提出，在其完成防疫任务后，应尽快落实健康码及相关用户数据的后续利用问题，充分发挥企业数据的价值，优化企业运营、提升政府治理或指导其他领域的数字建设。[5]实践中，在后疫情时期，杭州市政府将健康码与健康卡、社保卡进行绑定，市民通过健康码可以享受挂号、就诊、取药等服务，再次走在推进健康码商业使用和业务拓展的前沿。但是，健康码涉及大量用户信息，虽然在疫情防控的公益目的下个人权益被暂时后置，但当疫情得到有效控制，如何防止隐私泄露的问题仍会变得十分敏感和必要。另外，政府还让渡了部分公共管理权能，如让企业负责健康码的颜色设置，而这相当于直接将用户的出行权让渡给了企业；从健康码引申出的渐变码和个人健康指数

---

❶ 方兴东，严峰．“健康码”背后的数字社会治理挑战研究［J］．人民论坛·学术前沿，2020（16）：78-91.

❷ STIGLER G. The Theory of Economic Regulation［J］. The Bell Journal of Economics and Management Science，1971（2）：3-21.

❸ PELTZMAN S. Toward a More General Theory of Regulation［J］. Journal of Law and Economics，1976（19）：211-248.

❹ 徐剑锋．“健康码”是精准防疫的一把利器［N］．劳动午报，2020（2）：12-14.

❺ 杨学山．从健康码看政务数字资源建设［N］．中国信息化周报，2020-05-11（10）.

排名的初次尝试也可能对升学、就业、医保等造成影响。[1] 企业手握一张二维码便能够控制用户的出行自由和健康排名，“数据就是权力”不再是危言耸听。然而对于企业来讲，这还远远不够，如果不尽快加以规制，数据治理恐怕会产生“滑坡效应”。[2]

7.4 规制措施

7.4.1 明确公共利用规则

第一，应明确企业的数据提供义务。当政府为应对紧急事件或为了保护公共利益而不得不利用企业数据时，企业应当及时向政府提供相关数据。如果是为了应对公共突发事件，如洪水、地震等重大自然灾害或大规模数据泄露等人为灾害，企业应当免费提供；如果是其他特殊情况，如防止或解除紧急情况，企业有权在提供数据的成本范围内获得补偿。第二，数据利用应坚持必要性原则。为了避免数据滥用，在使用之前，政府应向企业说明数据使用的目的、范围和对公共利益保护的必要性，确保数据使用的公开性、透明性，在完成特定的公共利益保护目的后，要及时删除相关数据，未经企业同意，不能将数据用于其他用途。第三，数据利用应坚持保护性原则。当企业提供的数据中包含个人数据或商业秘密时，政府应采取必要的技术保护措施予以保护。另外，为了减轻初创企业和

---

[1] 有识 YouShi. 健康码将“变色”？绿码不再使用？[EB/OL].（2020-05-24）[2022-05-22]. https://baijiahao.baidu.com/s?id=1667564562855727442&wfr=spider&for=pc.

[2] 郭春镇. 对“数据治理”的治理——从“文明码”治理现象谈起[J]. 法律科学（西北政法大学学报），2021，39（1）：58-70.

中小微企业的负担，应免除其向政府提供数据的义务。

7.4.2　统一互操作性标准

数据互操作性问题给数据流通和数据交易带来严重阻碍，但仅仅依靠个人和企业的力量却无法解决这一问题，需要政府和行业组织站在社会经济整体利益和社会公共利益的角度，统筹考虑各方数据主体的合法权益，制定统一的数据传输和互操作性标准；规范数据格式、数据结构、访问接口及使用限制等，形成切实可行的操作标准；同时加强对数据传输格式和互操作性的监管，对故意设置技术障碍，阻碍其他主体合法访问或使用企业数据的行为进行处罚。

7.4.3　加强数据定价管理

虽然数据定价策略和数据定价标准尚未实现统一，但数据交易行业应当继续致力于寻求有效的数据价值评估体系，尽早形成行业共识。在定价过程中，不仅要参考企业数据的付出成本、交易难度、应用场景、竞争优势等定价因素，还要重视对数据质量和信息价值的评估，综合考虑交易双方的利益，制定公平、合理的定价标准，鼓励合法的数据交易，疏解数据地下交易乱象，为市场化运作提供制度保障。设立奖惩机制。数据治理是一个动态变化的复杂治理过程，需要多元主体的助力和支持，因此政府应鼓励企业发挥数据优势，分担治理任务。[1]数据监管者对企业的奖惩力度也会影响数据治理中的博弈结果，因此政府需坚持奖惩分明的原则，应结合

---

[1] 致力于大数据时代的产品质量保障和知识产权保护，阿里巴巴联合华为、三星、福特、索尼等 20 多家企业成立全国首个“大数据打假联盟”；为保护青少年身心健康，抖音推出“青少年保护模式”，对青少年用户的登录时长进行限制，对推送内容进行筛选，引导青少年合理使用。

企业参与数据治理的技术成本和组织成本，适当设置奖惩机制，对主动保护个人信息、积极共享企业数据的相关企业给予适当的精神表彰、资金奖励或税收优惠；对因故意或过失造成数据泄露的企业，参照《个人信息保护法》《网络安全法》等相关法律法规进行严肃处理。

7.4.4 加强数据内容审查

作为数据交易的对象，一方面，企业数据内容必须坚持向上向善的主流价值导向，不得违反法律法规，不得损害国家、社会和他人的合法权益，不得扰乱社会经济秩序；另一方面，要建立内容审查机制，准确研判企业数据应用中产生的意识形态、社会公平、道德伦理等安全风险，加强内容生态治理，积极传播正能量，呵护健康向上的网络生态。另外，还可以制定数据登记制度，从公权力和行业自律两个视角引入登记制度，将事后被动保护改为事前预防保护，提升数据行业透明性。[1]但是，需要把握好内容监管的力度，既不能过度紧缩，影响内容发展的自选性和灵活性，造成信息茧房；也不能过度松弛，放任内容推送的导向性和支配性，造成监管失控。

7.4.5 加强数据算法规制

1. 坚持“数据理性”

在使用企业数据管理公共事务时应坚持“数据理性”，既要保证数据分析能够在公共决策中得到充分的技术参与，又要保证决策者在数据分析结果基础上的充分讨论。在数据分析阶段，对企业数

---

[1] 丁晓东．论企业数据权益的法律保护——基于数据法律性质的分析［J］．法律科学（西北政法大学学报），2020，38（2）：90-99.

据内容的真实性进行必要审查，并通过设置科学合理的分析变量，剔除人为因素和算法偏差带来的过度拟合，保证企业数据结果的准确、客观、真实。在政策讨论阶段，要保证决策者基于企业数据分析结果的充分讨论，充分发挥企业数据分析在公共决策中的广泛参与，避免因分析者的主观认知和能力水平影响而产生的“事实扭曲”或“决策黑箱”。

2. 坚持“以人为本”

在决策过程中，除了要坚持“技术向善”和“数据向善”，防止技术依赖之外，还要坚持“以人为本”，加强公民的数据素养，积极培养公众参与数据治理的主体意识，充分体现公众认知、公众舆论和公众参与的价值，深度挖掘公众的需求。决策者的信息化素养和数据驾驭能力限制了企业数据参与政府治理的应用潜能和场景延伸，所以政府部门应致力于提高决策者的数据驾驭能力，重视数据分析型人才培养与发展的现实问题，主动学习和掌握涉及数据分析的虚拟化、编程化、云计算和云服务等技术，提高决策者用数据说话、用数据决策、用数据管理、用数据创新的能力和水平，为未来企业数据在公共治理工作中的场景应用提供更多可能。

3. 坚持“决策公平”

如前所述，作为掌握数据话语权的“数据强者”，数据控制企业往往会在追求自身利益的影响下通过数据优势争取政策优势，因此政府在利用企业数据进行治理时应警惕此类现象，关注多元主体利益之间的平衡与维护。[1] 首先，要保证“数据平等”，在法律允

[1] 龙卫球．再论企业数据保护的财产权化路径［J］．东方法学，2018（3）：50-63.

许范围内引导多元主体公开数据、共享数据，保证数据的多源异构性；在决策中参考多维指标，保证不同主体都能够用数据发声，维持均衡的数据话语权。其次，要保证“数据透明”，公开政府利用企业数据的动机、过程、目标和结果，合理利用，防止对企业造成商业秘密泄露等负面影响。[1]最后，要保证“决策公平”，充分考虑不同主体的诉求差异，尤其是对未成年人、老年人、流浪人群等在互联网环境中无法产生或难以贡献网络数据的“弱势群体”，应提供特殊的社会利益关照。

7.4.6 细化数据开发流程监管

1. 建立数据分类管理机制

政企合作过程中，一方面应对企业提供的非公开型企业数据信息提供保密措施，对涉及著作权、专利权、商业秘密等知识产权的企业数据进行重点保护，避免企业利益受损；另一方面应对政府提供的数据，尤其是具有识别性、生物特性或关乎国民隐私的识别型数据提供保密服务，可以签署保密协议或保密条款，适当运用行政手段。针对企业故意泄露数据的情形，还可以采取纳入失信名单、取消企业与相关部门合作资格或财政资助金额限制等方式进行规制。

2. 完善数据收集和销毁制度

收集来的数据首先要满足“去标识化”特征，数据收集要区分数据的来源、特征和规模，对涉及个人隐私的数据要坚持合法性、

---

[1] 王拓，李俊，张威．欧盟数据治理经验及其对我国的启示［J］．国际贸易，2021（9）：15-22.

必要性和目的限制原则，对基于此类数据生成的企业衍生数据也要进行去标识化处理，防止二次伤害；其次，完善数据销毁和周期性回收制度，按照企业创新目标或行业发展需要对企业数据进行分级分类，对数据保存时间、处理周期、销毁方式、归档封存等情况进行规范化管理；最后，结合数据的生命周期，要求企业在不违背法律法规、不涉及数据争议的情况下，对不再具备即时相关性或商业开发潜力的可识别性企业数据进行转移或删除。

3. 明确数据管理权能

明确数据产品归属是实现管理权能让渡的前提。对于产品权属，可以参照著作权的法人作品归属规则，首先尊重政府和企业之间的意思自治，有约定的从约定；其次，在无约定又无明确归属的情况下，优先归属于数据控制者，即企业所有。另外，相关部门依靠技术创新服务的思想值得肯定，但必须要警惕“监管俘获”现象的发生。政府应当正视数据背后的资源、角色、权力、隐私等问题，警惕数据衍生常态化背后隐藏的“商业力量借助公权力突破法律法规限制”的风险。

4. 加强数据结果管理

政府应在其组织内部提高对企业数据的智能化管理，加强对数据本身和数据结果的管理。在满足数据治理的必要性和可行性的基础上，通过立法、行政、执法等方式保障数据结果的安全管理。另外，政企还需通过合作建立容灾机制，加大容灾系统建设，做好数据备份，防止因遭受地震、火灾、不正当攻击等重大事件而意外毁损。

7.5 本章小结

本章在第5章（个人利益视角）和第6章（相关企业利益视角）的研究基础上，以公共利益为视角，继续研究企业数据规制问题。首先，分析了企业数据与公共利益的关系，得出以下结论：企业数据一方面具有公共管理功能，能够帮助政府管理公共事务，提高公共管理效能；另一方面企业数据在市场机制下呈现自发性弊端，离不开政府的有效监管，因此既要规范企业数据的公共利用规则，充分发挥企业数据在公共利益实现中的重要作用，也需要尽快构建统一的企业数据交易规则，形成公平有序的数据市场，实现全社会范围内的数据流通与数据价值共享。其次，重点研究了企业数据的公共利用和交易监管问题。一方面，从数据利用角度出发，根据企业数据的公共利用场景，结合欧盟《数据法》（提案）中关于“数据提供义务”和“公共利用”条款的规定，梳理出《数据法》（提案）在企业数据公共利用方面的经验，并得出企业数据公共利用的原则为：公共利益优先，兼顾必要性和保护性原则。另一方面，从数据交易角度出发，结合交易活动现状，得出影响交易公平的三大障碍为互操作性标准不统一、数据定价规则混乱、数据内容缺乏审查、数据开发缺乏监管等。最后，在以上研究基础上提出明确公共利用规则、统一互操作性标准、加强数据定价管理、加强数据内容审查、加强数据开发流程监管的具体建议。

第8章 企业数据法律保护、规制的对策建议与展望

8.1 研究结论

企业数据规制是当前经济转型和社会发展中面临的重要问题。由于许多数据来自社会公众的日常生产与生活，企业数据关系着广大群众的隐私保护和信息安全；由于在推动经济发展和社会进步的过程中具有更大的经济价值，企业数据成为企业预测商机、实现产业创新和结构转型的重要资源，也成为数据控制企业与相关企业之间竞相争夺的重要生产要素。另外，由于在政府管理和社会治理中也发挥着重要作用，企业数据也是新公共治理时代提升治理效能的重要对象和必不可少的治理工具。但是，通过对企业数据相关研究的梳理和总结，发现企业数据虽然日渐得到重视和应用，但当前对企业数据的研究仍然处于起步阶段，理论基础、研究思路、重要内容、解决方案等均呈现碎片化研究模式，缺乏整体视角下对基础理论的系统阐释和对核心问题的深度剖析与应对之策。本研究基于系统视角，从企业数据的功能聚合性与利用交织性出发，以多中心治理理论和规制理论为基础，对企业数据治理进程中存在的问题进行全面分析，将企业数据的保护与规制确定为研究内容与治理重点，

并在“利益平衡”的总体思路下，在“保护与规制”中探索实现数据善治的改革之路。通过研究主要得出以下结论：

①企业数据在主体、对象和关系等方面十分复杂，企业数据的功能聚合性和利益交织性要求企业数据治理活动必须站在多元主体的利益视角审视问题，在保护与规制中实现多元主体之间的利益平衡。企业数据本身具有无形性、客观性、可复制性、公共物品性等自然特征，能够发挥经济社会、公共管理、信息安全和社会关照的功能作用，因此具备商业潜力和经济价值，以及其在企业经营、市场竞争、社会生活和政府治理过程中的重要作用，保护企业数据的正当权益，这将有助于激励企业投资数据生产，保证企业数据发展的生机与活力。但由于企业数据来源于社会生活的方方面面，是企业、个人、政府等多元主体共同努力的结果，企业数据与个人利益、相关企业利益和社会公共利益息息相关，利益主体和利益关系相互依赖又相互制衡，因此在保护企业利益的同时，还需要充分考虑其他相关主体的利益，以保护与规制为基础构建利益平衡机制。

②企业数据的权利边界不清，法律关系不明是导致数据争议不断的关键所在，对企业数据的知识产权保护具有可行性和必要性，但现有制度不能为企业衍生数据提供有效保护，应创设数据专有权，即以企业衍生数据权的方式，成为实现数据保护的可行方案。理论上，企业数据与知识产权客体在形态、内容、管理和技术层面均具备一致性，说明企业数据具备成为知识产权保护对象的前提和基础；财产权劳动理论与激励理论从数据生成和数据成果的角度为知识产权路径提供了理论基础，科学技术的新特征与科技治理的新期待以及二者之间的适配性和效益性要求使知识产权保护成为必

然；数据保护与知识产权保护在制度功能、制度目标、历史趋势等维度的一致性也为采取知识产权路径提供了可行性。但是在实践层面，理论构建并未完全得以实现。通过将企业数据和保护形式进行重新归类和对比，并重点考察和分析现有知识产权制度针对企业数据存在的保护形式，发现虽然现有知识产权制度能够从著作权、专利权、商业秘密或反不正当竞争等角度为企业数据提供一定的保护与规制，但每一种保护模式在治理实践中均存在不足，尤其是无法对企业衍生数据的内容价值和实质性投资提供保护，因此创设新权利包容新法益成为一种可探索的新思路。

③基于个人利益分析发现，对可识别型数据企业应重点关注数据之上的人格权益保护，并应将该原则内化在数据获取、数据利用和数据交易等活动中；对于这类数据的迁移，需要首先解决制度本身存在的技术、市场、法律层面的实施障碍，对个人和数据控制企业之间的利益平衡起到有效规制。在企业数据活动中，企业利益和个人利益相互交织，相互制约，实现二者之间的利益均衡，一方面需要在可识别型企业数据中加强人格权益的保护，另一方面需要从个人数据权利角度加强对企业利益的规制。可识别型企业数据与人格权益密不可分，如果企业未经用户授权使用或者超出约定范围使用，可能会造成个人数据和隐私泄露风险，因此企业利益保护必须受到人格权益的规制；数据迁移制度能够促进数据流通、降低数据获取成本，从而通过保护个人权益的形式规制企业利益扩张，但该制度又存在传输格式不统一、处罚措施过重和法律关系模糊等问题，影响个人隐私保护，加重中小微企业负担，导致数据再次垄断，因此需要对此进行完善。

④基于相关企业利益分析发现，企业之间的数据交易和利用问题同样严峻，尤其是数据合同中关于大数据企业与中小微企业之间的不公平条款问题，需要进行重点规制。企业之间的数据利益分配对社会经济利益具有重要影响，规范企业间的数据获取和数据利用规则，明确数据交易和数据合同准则，建立公平、有序的数据竞争秩序，对规制企业数据权利、保护相关企业利益和社会经济利益具有重要作用。在激烈的数据竞争下，企业之间关于数据利用和数据交易的纠纷日益增多。在数据利用方面主要存在未经授权的利用、大规模利用和同质化利用等不正当利用行为；在数据交易方面，大企业或数据控制企业经常通过设置访问障碍、利用法律漏洞、强加不公平条款和签订灰色协议等不正当手段影响公平交易，损害相关企业，尤其是中小微企业的合法利益，明确利用规则、规范数据交易、完善数据合同将有助于解决上述难题，实现社会经济利益平衡。

⑤基于公共利益分析发现，企业数据具有公共物品性和公共管理职能，因此当面对公共紧急情况时，需要让渡数据控制企业的利益，来实现对公共利益的救济。另外，企业数据还需要政府的监管，需要通过政策安排推动数据标准、数据价格和数据内容等方面的规范。企业数据具有公共物品性，且公共利益的价值位阶优先于企业利益，在特定情况下需要让渡企业利益以实现公共利益的救济；企业数据也离不开政府的监管，只有在有效的规制下才能使企业数据更好地发挥公共管理功能。企业数据广泛应用于经济调节、市场监管、社会管理和公共服务等公共事务管理活动中，对提高公共管理效能具有重要的作用；在应对公共紧急事务中，政府出于保

护公共利益的目的需要使用企业数据时，企业应及时提供相关数据，让渡企业权利，保护公共利益；由于企业数据在互操作性、数据定价、数据内容筛选等方面的标准尚未统一，给企业数据交易和管理功能发挥带来了许多障碍，因此需要尽快制定统一标准，加强数据监管。

8.2　对策建议

8.2.1　完善企业数据保护制度

重视数据类型化特征，形成分类保护意识，在明确企业原生数据和企业衍生数据的特征区别基础上，对照现有保护制度确定保护方案；对企业原生数据的保护，如果符合知识产权构成要件，依然提供著作权、专利权或商业秘密保护，如果不符合知识产权构成要件但确有保护价值，提供严格的《反不正当竞争法》兜底保护；对企业衍生数据的保护，仍应坚持类型化保护原则，对保密型企业衍生数据使用商业秘密保护，对创新型企业衍生数据和公开型企业衍生数据使用企业衍生数据权进行保护；对综合型企业衍生数据，在符合知识产权构成要件的范围内则有选择保护模式，对不符合以上要求但确有保护价值的企业衍生数据，提供严格的《反不正当竞争法》兜底保护；遵守合理使用、法定许可、强制许可等权利限制条款，遵守行业规律和商业惯例，包容有创新性的商业使用。

8.2.2　加强数据利用规范

对于可识别型企业数据，企业享有有限占有、使用收益、处分权能等权利，总体上坚持人格权益优先原则，如果用户要求删除、修改或迁移，企业应积极配合完成上述要求，保护用户的合法利益。相关企业获取用户信息未公开的可识别型企业数据，应坚持“用户授权—企业授权—用户授权”的“三重授权原则”。相关企业获取用户信息已公开的可识别型企业数据，虽然无须通过用户授权，但必须经过原数据控制企业同意且需提供与原数据控制企业同等水平的数据保护措施。利用上述两种数据时，要考察是否授权、是否大规模利用、是否采取相同商业模式或用于相同商业目的，避免“同质化利用”模式；对于不可识别型企业数据，企业享有占有、使用、收益、处分权能等权利，相关企业利用这类数据前必须经数据控制企业授权，但原则上以鼓励开发为主，因此在授权情况下使用规模无须坚持必要性标准。原则上，数据控制企业不能对相关企业利用数据采取规制访问措施，只有在为了维护自身系统安全、保护商业秘密或用户敏感信息或公共利益需要等合理、正当理由时，可以无歧视地采取必要规制措施；相关企业对这类数据的商业利用规则同可识别型用户数据一致，即“非同质化利用原则”；企业应承担数据提供义务，当政府等公共机构出于应对公共紧急情况或为了防止或解除紧急情况时，企业应及时、免费向其提供企业数据；当为了保护公共利益而应对非紧急情况时，如果没有获取数据的替代方法（比如通过市场购买或法律规定获得数据）只能要求企业提供数据的情况下，企业也应当积极、及时地提供数据，但可以在成本范围内取得适当补偿。当然，政府也要坚持必要性原则，在实现特定公共利益目标为标准利用数据，坚持保护性原则，提供必要技术措施，尽可能保护企业数据安全，事后应积极删除、销毁，不能用于其他目的或其他用途（见表 8-1）。

表 8–1　企业数据规制

<table>
<tr><th>利益视角</th><th colspan="3">数据类型</th><th>保护形式</th><th colspan="4">权能配置</th><th>获取规则</th><th>利用原则</th></tr>
<tr><td>个人利益</td><td>可识别型企业数据</td><td colspan="2">可识别型用户数据</td><td>知识产权保护</td><td>有限占有</td><td>使用</td><td>收益</td><td>处分</td><td>总要求：人格权益优先；未公开：三重授权原则；已公开：同等保护 + 企业授权</td><td>允许非同质化利用</td></tr>
<tr><td rowspan="6">相关企业利益</td><td rowspan="6">不可识别型企业数据</td><td colspan="2">不可识别型用户数据</td><td>知识产权保护</td><td rowspan="6">占有</td><td rowspan="6">使用</td><td rowspan="6">收益</td><td rowspan="6">处分</td><td rowspan="6">企业授权</td><td rowspan="6">允许非同质化利用</td></tr>
<tr><td colspan="2">经交易获得的非个人数据</td><td>知识产权保护</td></tr>
<tr><td rowspan="4">企业衍生数据</td><td>保密型</td><td>商业秘密</td></tr>
<tr><td>创新型</td><td>企业衍生数据权</td></tr>
<tr><td>公开型</td><td>企业衍生数据权</td></tr>
<tr><td>综合型</td><td>综合保护</td></tr>
<tr><td>公共利益</td><td>全部</td><td colspan="2">全部</td><td>根据数据类型确定保护形式</td><td>占有</td><td>使用</td><td>—</td><td>—</td><td>社会公共利益优先必要性原则；保护性原则</td><td>社会公共利益优先；应对公共紧急事务时免费提供</td></tr>
</table>

8.2.3　加强数据交易和合同规范

明确数据使用范围，坚持透明原则，明确使用或交易企业数据的数量、格式、性质和用途，保证在合同约定和法律规定的范围内使用或共享数据；明确数据瑕疵担保义务，保证提供的数据符合“准确性、完整性、真实性、可靠性”标准，不能为规制合同相对方的数据利益而故意删减、造假或破坏企业数据价值；明确数据安全保障义务，对可识别型用户数据的数据交易行为仍应以保护个人利益优先。对未公开可识别型企业数据，数据控制企业和相关企业都要在用户授权范围内进行交易，对超出授权范围的部分需再次获得授权后才能进行交易，在合同中设置“不提供个人特征”或“拒绝使用”的选项。对可识别型企业数据，与相关企业进行交易时，合同中应规定隐私保护和同等保护条款，通过合同条款转让用户信息安全义务，并防止第三方对用户数据进行逆向识别；禁止不公平交易，数据交易坚持自愿、平等、公平、诚实信用的原则，尊重合同双方的意愿，不能通过不公平、不透明的格式条款或附加条件促使合同相对方在不知情的情况下作出损害自身利益的数据处置，更不能以胁迫、欺诈或显失公平的方式进行不正当交易，损害他人的合法利益。

8.2.4 加强数据监管

统一数据标准，联合行业组织和数据专家，制定统一的数据传统格式和互操作性标准，采取能够促进数据流通的数据结构和访问接口，规范限制访问的具体情形，对故意利用技术措施影响数据利用或数据共享的行为严厉处罚；加强定价规范和数据定价监管，推动数据定价标准化，参考企业数据的付出成本、交易难度、应用场景、竞争环境、数据质量等因素，形成统一有效的数据价值评估体系；加强交易监管，根据数据类别、内容特征、敏感程度、社会效应、舆论属性等因素，对企业数据合同进行分类分级管理，针对大小企业签订的交易合同进行“不公平测试”，适当干预交易双方的合同自由。针对中小微企业和初创企业，可以联合法律专家举办数据合同写作培训活动、制定或推荐示范性合同条款或设置咨询热线服务为企业提供合同指导，帮助中小微企业签订更加平等、公平的数据合同；加强内容审查，构建数据登记制度，提升行业透明度，形成向上向善的数据价值导向。

除此之外，实现企业数据的保护与规制还需要尊重场景差异、重视法治治理、坚持类型化保护、兼顾发展与安全。

第一，整合多元主体，在“共建共治”中探索兼具全局性、根本性和体系性的综合型规制模式。考虑到企业数据中主体、对象、活动关系等的多元性，企业数据规制应首先处理好全社会责任与单一数据主体利益的关系；面对大数据时代带来的颠覆性变革，企业数据不应当仅仅局限于与某一主体相关的某一场景，而是需要从全局出发，既要发挥“举国体制”优势，又要摒弃数据价值挖掘仅仅依靠企业的理解偏差，将其关注点转变为合作协调机制，构建部门之间、组织之间、部门和组织之间的良性互动、协同提升的治理关系，鼓励社会参与，让个人、企业、行业组织、公共机构都参与到数据治理和数据决策的过程中来。[1]整合多层次、多领域的数据资源，充分发挥企业数据优势，尽可能还原事件原貌及未来进展，触发数据关联，形成高效反馈、有机联动的体制机制，保证决策的科

---

[1] 陈美，曹阳赤．治理理论与开放政府数据服务的社会参与［J］．现代情报，2020，40（6）：129-136.

学合理及系统全面；加强对企业数据领域关键性和根本性科学问题的研究部署，集中力量重点突破，为我国数据治理水平的战略性和实质性转变提供有益经验，创造具有领先价值的竞争优势。企业数据需要在流动中产生关联价值，这也决定了数据垄断、数据封锁、数据孤岛等“圈地”行为在企业数据规制体系中难以维系和长存；需要充分考虑企业数据治理的公共物品属性，基于场景化设计增进消费者福利和公共利益关照，在充分厘清多元主体之间关于数据客体的复杂交互的活动关系基础上，在更高和更具有决定性的层面完成对企业数据价值实现要件及其发展变化的优化调整，通过聚集力量、配置资源、协调关系为数据服务提升和数据价值创造提供更充分的环境和条件。

第二，重视场景转换，在“求同”与“存异”中建构差异性与协同性双向互动的规制模式。一方面，场景化规制可以精准定位和描述企业数据的数据特征、数据质量标准、数据需求差异和数据服务程度，并根据场景特征为不同环节、不同利益目标、不同战略导向的数据活动提供定制化服务。无论是从数据权益界分、数据流通利用还是从数据价值实现角度看，都离不开“场景化”，将企业数据置于具体情境中予以分析能够更充分地挖掘不同场景的差异和智慧，增强规制治理的靶向性、科学性、有效性。另一方面，虽然目前相关研究也关注并强调从不同行为活动和场景出发，从法律、制度和政策等不同层面对生活、生产活动中产生或需要的数据进行规制，但并不代表孤注一掷地坚持“场景化”规制。因为，单纯从某一场域角度出发，而忽视对其他不同场域和整体性、全局性的数据规制活动的理解，很容易导致规制活动在内涵和外延上解释性和适用性不足的问题。“场景化”导向的数据规制模式十分必要，但要考虑到数据规制既有特殊性也有全局性，兼顾全局性的差异化治理体系才会更具有协调性，多元主体之间通过在利益目标、行为手段等层面上充分沟通与合作、达成有效协调与整合的规制模式[1]，才更有利于实现规制对策的落地实施，这也是综合型规制相较于场景化治理的特别之处。总之，在进行企业数据规制过程中，需要“有破有立”，既要重视差异效应，将规制活动的边界置于特定场景下具体考量内在规定性，灵活调节公益和私益、保护与披露，又要跳出各自为营的既有界定，重视整体效应，兼顾各方主体、各类客体及各组规制关系之间的总体协同，处理好隐私保护、产业发展和公共利益保护的关系，在发展时序、空间布局和结构优化等多维度中实现多元利益耦合，从而激发企业数据使用活力，提升企业数据服务效能。

第三，重视企业数据的法治化治理，在坚持“依法治国”的基础上实现企业数据治理法治化，秉承合法性、体系性和平衡性原则深耕数据法益和价值差异，在刚柔并济中塑造企业数据治理的良性秩序。刚柔并济的含义从保护程度和监管力度上指在企业数据治理中既要严格控制和保护数据利益，又要为数据活动预留自由空间，既要制定“强法”，也要重视“软法”；既要重视企业数据成长过程，又要重视企业数据安全保护，“刚”与“柔”的制度设计能够充分体现国家的数据战略思维和治理能力。明确权利归属是解决数

---

[1] Perri. Towards Holistic Governance: The New Reform Agenda [M]. New York: Palgrave, 2002.

据难题的核心。从产业发展角度看，企业数据规制的首要问题是必须明确数据的权利归属和保护模式，明确在知识产权制度体系下各类保护形式对应的数据类型、权利义务内容、权利规制及例外，为数据交易提供明确的边界，促进数据合理合法的流通；从数据安全角度看，应处理好经济发展的价值取向与个人隐私安全、国家信息安全之间的关系。企业数据规制的价值定位应符合总体国家安全观对“发展与安全兼顾”的要求，并同步配置具体的制度支撑。数据规制的体系定位要在服从总体国家安全观全局规划的基础上，整合吸纳现有数据安全政策，避免过度介入已经或本应由其他法律规制的领域[1]，坚持用“个人信息受保护权—国家保护义务”框架重构个人信息和隐私保护模式。另外，从规制环境角度看，既需要建立健全数据资源体系，确保数据安全，推进数据跨部门、跨层级、跨地区汇聚融合和深度利用，还需要从思想上加强数据文化建设，制度上建立数据使用规范，技术上提高数据平台水平，应用上延展数据服务深度，推动数据治理法治化进程。

第四，重视类型化保护，从保护与共享的平衡角度出发，建立企业数据分级、分类管理的标准和制度，对不同类型、不同级别的企业数据构建不同的规制手段和安全责任。对企业数据治理做到心中有数，必须重视企业数据保护的类型化，根据企业数据的属性、特点、内容、用途、敏感度等多重因素，科学划分企业数据的类别和保护级别。设置配套的风险防范措施，对涉及个人敏感信息、商

---

[1] 朱雪忠，代志在．总体国家安全观视域下《数据安全法》的价值与体系定位[J]．电子政务，2020（8）：82-92.

业秘密或国家机密的企业数据进行重点保护和监管，对核心数据实行严格保护；涉及国家秘密、国家安全的重点行业数据，交由相关主管部门进行统一监管；其他普通数据，可由企业（平台）承担安全主体责任，综合公共利益、个人隐私和企业合法利益等因素，结合企业数据共享需求，分别制定不同的管理规范和流动标准。另外，还需要提供相应的技术保障，设置风险预警和数据结果审查机制，提高防范数据泄露和监管失控的能力。

第五，平衡发展与安全，在"战略协同互信"中打造企业数据综合体。从创新与竞争的角度看，企业数据规制还需要将目光投向国际视野。在数字经济全球博弈的背景下，企业数据立法不仅应充分考虑相关制度在形式、实质、结构、体系间的合法要求，还应兼顾国际经济模式、产业格局和政治风向的情势变更。如果脱离国际数据治理体系，单方面强调治理规则和秩序的过分"内化"，则可能会导致治理效果式微，带来网络安全和国家安全问题，甚至遏制国内产业领域的创新发展。在国内外数据治理的双轮博弈中，既要避免规则缺失导致"无法可依"，又要避免治理秩序过于"本地化"和国家利益损害，积极参与全球数据治理，贡献中国智慧，在全球治理体系中形成和提升我国数据治理话语权。从发展与合作的角度看，应加强大国之间数据治理的"战略协同与互信"，通过多边协议、区域组织等多维治理途径在国际范围内逐步统一数据标准和使用规范。例如，欧盟通过双边协议方式推动建立安全可信的数据流动圈，已分别与美国、日本等国家达成协议，建立世界最大的、安全的数据流动区域，实现高效的数据传输。由于涉及个人隐私、产业竞争、数据主权、国家安全等复杂因素，只有在具备一致性目标导向、战略规划、利益诉求的基础上才能顺利实现数据跨境流动，在缺乏信任基础和合作历史的情况下，往往导致数据大国对其他非伙伴关系国家的数据规制、贸易壁垒甚至“战略围剿”。因此，战略互信已经成为实现数据跨境流动的先决条件，应重视数据治理战略协同和友好互信，充分发挥双边、多边和区域合作优势，构建数据治理综合体。

8.3 研究展望

企业数据规制是多种治理理论和规制理论在数据语境下的治理具象，通过企业数据规制有望推动规制治理的机制创新和规范创新，为推进国家治理体系和治理能力现代化带来新的契机。随着数据时代发展、数字经济需要和数据知识产权竞争的日益加剧，有关大数据的治理研究将面临前所未有的复杂性，也将面临更大的挑战，本研究选取企业数据为对象，从利益平衡角度出发，重点解决企业数据的保护和规制问题，但从整个数据治理环境来讲，这一进展只能算是“星星之火”，无论是对企业数据本身还是对“芸芸数据”，均面临数不胜数的治理难题，需要我们脚踏实地，深入研究，因此日后可以在以下方面继续加强对数据治理的研究。

①在研究视角上，首先本研究重点是从法律和政策的角度探索企业数据保护与规制的逻辑与思路，但数据本身涉及经济、法律、公共管理等多重价值和多重学科属性，仅仅以这两种视角开展研究是远远不够的。接下来将在现有研究的基础上融入经济视角的分析，如促进企业数据的开放共享、经济视角下企业数据保护与规制的社会成本分析、企业数据利用中的激励成本与收益问题等。

②在研究方法上，本研究主要运用文献分析和案例分析等定性研究我国企业数据保护与规制的过程、思路和问题等，而对于实践层面上的改革，如企业内部对治理改革的了解不够深入。接下来的研究中将加强对企业实践的深入研究，通过调查问卷、访谈或定量分析法为企业数据研究提供更加充足的科学依据。

③在研究问题上，对企业数据的研究尚处于初步阶段，企业衍生数据权的制度效果和社会效益等仍需接受实践的考验，未来研究也应更加关注企业衍生数据权的制度应用与成果检验。除了本研究探讨的数据特征之外，不同行业的企业数据也存在差异性特点，未来应该采取更加细化的数据研究，根据行业特色进行专项研究，探索更加有针对性的数据治理经验。

④在理论框架改进上，本研究以多中心治理理论和规制理论为指导规划企业数据的治理之道，以发挥多中心治理理论和规制理论在我国数字化转型中的重要价值接下来也将继续探索其他理论对数据治理的适用性和指导作用，进一步检验和优化数据治理体系下的问题分析框架。

第9章 国内外与数据相关的法律政策简介

9.1 国内与数据相关的法律政策简介

9.1.1 《民法典》

1. 民法典的宣示性保护

《民法典》第一百二十七条规定："法律对数据、网络虚拟财产的保护有规定的，依照其规定。"其对数据的宣示性保护虽然彰显其时代进步性，但显然无法满足实践中对破解数据相关法律问题的强烈期待。

2. 合同编视角下的保护与规制

在数据采集、存储、分析、服务等活动中，但凡涉及两个以上主体之间的权利义务关系，均可置于合同法框架内进行讨论。数据提供者与收集者之间，基于意思自治、契约自由原则，可自由设定数据收集、使用、披露的行为方式以及权益分配机制。在数据控制者、使用者、服务者之间，数据的存储、交易、共享、分析、服务等活动更离不开合同法的规制，合同法在数据的行为规制方面具有不可或缺的地位。当前，学界对数据合同法规制问题已有研究，只是在数据类合同的性质上存在不同认识。有学者认为，计算机信息的销售或在线服务在不同情形下可能构成买卖合同、承揽合同或租赁合同，标准的计算机信息销售与有形产品买卖在性质上是一致的，定制的计算机信息销售从本质上是一种以计算机信息为客体的承揽，计算机信息在线服务从本质上是一种转让计算机信息使用权的租赁。还有学者认为大数据交易合同本质上不是民法上的买卖合同，而是一种数据服务合同。

根据《民法典》第四百六十九条规定："当事人订立合同可以采取书面形式、口头形式以及其他形式。""书面形式是指合同书、信件、电报、电传、传真等可以有形地表现所载内容的形式。"这是国家首次以法律的形式明确规定了数据电文是有效的书面形式之一。

3. 侵权法视角下保护与规制

《民法典》侵权责任编第一千一百六十四条明确了侵权法的保护对象是"民事权益"，既包含民事权利，也包含民事利益。在这种权利和利益平等保护的框架下，数据的侵权法规制又可分为两种思路。其一，权利保护思路。这一思路从探究数据与数据主体的关系、数据包含的利益类型出发，进而厘定数据的权利属性并将其对应到现有民事权利中的一种，依托传统民事权利体系对其实施保护。代表性的观点主要有：人格权保护、隐私权保护、物权保护、知识产权保护。其二，法益保护思路。民事法益是在价值上应受民法保护，在法律保护层次上处于实体权利之外的利益。[1]法益保护的立论基础在于数据包含人格利益和财产利益，法益保护不需要以明文规定的权利为前提，由此成为一些新兴（新型）利益

[1] 张芳．论民事法益与权利的混同保护［J］．法制与社会，2014（33）：12-13.

诉求寻求保护的常用路径。有学者提出，《民法典》侵权责任编第一千一百九十四至一千一百九十七条对个人信息提供两种保护路径，即网络信息侵权责任条款对网络平台数据侵权进行保护与规范。[1] 还有学者提出，在明确保护范围的前提下，通过在民法之外筛选相关的保护性规范并将其纳入侵权法的保护范围，是目前最为稳妥与有效的保护路径。[2]

9.1.2 《刑法》

《刑法》规定了强令违章冒险作业罪（一百三十四条第二款）、侵犯公民个人信息罪（二百五十三条之一）、非法获取计算机信息系统数据罪（二百八十五条第二款）、破坏计算机信息系统罪（二百八十六条）、拒不履行信息网络安全管理义务罪（二百八十六条之一第一款第（二）项，对数据安全保护作出了规定。

最高人民法院、最高人民检察院、公安部《关于依法惩处侵害公民个人信息犯罪活动的通知》中规定，侵害公民个人信息罪应当综合考虑出售、非法提供或非法获取个人信息的次数、数量、手段和牟利数额、造成的损害后果等因素，依法加大打击力度；公民的个人信息包括公民的姓名、年龄、有效证件号码、婚姻状况、工作单位、学历、履历、家庭住址、电话号码等能够识别公民个人身份或者涉及公民个人隐私的信息、数据资料。

《最高人民法院、最高人民检察院关于办理侵犯公民个人信息刑事案件适用法律若干问题的解释》中明确了侵犯公民个人信息罪

---

[1] 叶名怡．个人信息的侵权法保护［J］．法学研究，2018，40（4）：83-102.

[2] 王镭．电子数据财产利益的侵权法保护——以侵害数据完整性为视角［J］．法律科学（西北政法大学学报），2019，37（1）：38-48.

的构成要件、量刑标准和具体法律适用问题。

最高人民检察院发布的《检察机关办理侵犯公民个人信息案件指引》中明确办理侵犯公民个人信息案件，应当特别注意以下问题：一是对“公民个人信息”的审查认定；二是对“违反国家有关规定”的审查认定；三是对“非法获取”的审查认定；四是对“情节严重”和“情节特别严重”的审查认定；五是对关联犯罪的审查认定。

《最高人民法院、最高人民检察院关于办理非法利用信息网络、帮助网络犯罪等刑事案件适用法律若干问题的解释》第四条列举了 8 项属于《刑法》第二百八十六条之一拒不履行信息网络安全义务罪第一款第二项“致使用户信息泄露，造成严重后果的情形：（一）致使泄露行踪轨迹信息、通信内容、征信信息、财产信息五百条以上的；（二）致使泄露住宿信息、通信记录、健康生理信息、交易信息等其他可能影响人身、财产安全的用户信息五千条以上的；（三）致使泄露第一项、第二项规定以外的用户信息五万条以上的；（四）数量虽未达到第一项至第三项规定标准。但是按相应比例折算合计达到有关数量标准的”。

9.1.3 《网络安全法》

《网络安全法》《数据安全法》《个人信息保护法》共同搭建了网络安全和数据保护的顶层法律框架和体系，并与《民法典》《电子商务法》等共同构筑了数字经济法律制度基本体系框架，这在一定程度上标志着我国数据要素市场建设进入了新的法治化时代。

《网络安全法》分别规定了网络安全和信息安全，信息安全主要包含个人信息保护要求。《数据安全法》于 2021 年 9 月 1 日正式实施，作为中国数据安全领域的一部基础性法律，也是《国家安全法》下总体国家安全观的一个重要方面和环节。《网络安全法》明确了关键信息基础设施的个人信息和重要数据的跨境流动管理要求，其中第三十七条规定，关键信息基础设施的运营者在中华人民共和国境内运营中收集和产生的个人信息和重要数据在跨境流动方面的两方面要求，法律、行政法规另有规定的，依照其规定。一方面，这类数据原则上应当在境内存储；另一方面，这类数据只有在满足三个条件的情况下才能够对外传输，主要包括因业务需要、确需向境外提供的，按照国家网信部门会同国务院有关部门制定的办法进行安全评估。《网络安全法》的第三十七条的要求构成了我国数据跨境流动管理的法律基础，后续出台的《数据安全法》《个人信息保护法》的相关规定均是以此条为前提的，但《网络安全法》中并没有明确什么是"重要数据"。

9.1.4 《数据安全法》

《数据安全法》重点关注数据安全保障制度方面的建设，此类制度建设看似多为自上而下的"顶层设计"与"制度构建"，然而其背后却蕴含着企业数据处理活动中应遵守的法律义务。尤其是《数据安全法》确立了数据分类分级的基本制度，设立了数据安全审查制度，并且较为全面地构建了我国数据跨境流动的监管制度。《数据安全法》主要监管数据处理活动，包括数据分类分级保护制度、重要数据和国家核心数据管理、数据安全风险预警及应急处置机制、数据安全审查制度和数据跨境流动监管等。

需要强调的是，《网络安全法》是围绕计算机网络体系结构，对网络安全与网络空间主权展开的具体制度设计，主要强调网络体系构建与运行中的国家安全与社会安全，涉及关键信息基础设施保护、数据本地化存储等相关内容；而《数据安全法》则是在数据与信息区分前提下，对数据活动中数据的有效保护与合法利用而进行的原则性规定，其核心是数据的国家安全问题，不过其对于数据收集、处理、加工等的严格规定在某种程度上会影响到企业市场势力的形成，《数据安全法》实际上可与《反不正当竞争法》在数据经济领域形成配合，但从既有规定看较难实现。

9.1.5 《个人信息保护法》

《个人信息保护法》于 2021 年 11 月 1 日正式实施，涉及个人信息处理的基本原则、合法性基础、主体权利到处理者系列法律义务等方面，是围绕个人信息保护的体系立法，是对《民法典》个人信息与隐私保护原则规定的具体展开，也是对个人信息法制保障需求的有效回应。该法规定了个人信息的保护，包括个人信息范围的界定、个人信息处理基本原则及具体规则、个人信息跨境流动规则、个人信息主体权利及保护、处理者的安全义务等。我国的《个人信息保护法》确立了与欧盟《一般数据保护条例》基本相当的保护水准。与欧盟《一般数据保护条例》相比，我国《个人信息保护法》的处罚手段更为丰富，除了同样的高额罚款之外，还包括停业整顿、吊销执照等行政处罚措施，也可以对直接责任人员施以罚款及一定期间的职业禁入的处罚。尽管如此，《个人信息保护法》的最终实施水平还取决于未来配套法规对模糊法律条文的明晰、执法和司法裁判的指引，以及企业合规工作中的实践。

9.1.6 《电子商务法》

《电子商务法》中的相关条款更大程度上是配合《民法典》中网络安全责任条款的实施，在数据保护中作用的有限性则毋庸赘言。其中,《电子商务法》第二十三条规定:“电子商务经营者收集、使用其用户的个人信息,应当遵守法律、行政法规有关个人信息保护的规定。”第二十四条规定:“电子商务经营者应当明示用户信息查询、更正、删除以及用户注销的方式、程序,不得对用户信息查询、更正、删除以及用户注销设置不合理条件。”

9.1.7 《网络数据安全管理条例》

国家互联网信息办公室于2021年11月14日对外征求《网络数据安全管理条例(征求意见稿)》(2021年)意见,其内容庞杂、政策性倾向强,试图整合《网络安全法》《数据安全法》《个人信息保护法》的全部规定,立法定位和规则协调性有待澄清或者修改。但由于《网络数据安全管理条例(征求意见稿)》定位为国务院制定的法规,效力层级较高,其通过时间可能较长。

9.1.8 竞争法规制

作为数据集合的大数据以竞争资源的一种形态出现,其重要性迅速获得市场认可。与此同时,作为信息处理技术的大数据技术也被经营者作为竞争工具使用,其对市场的反馈预测功能广受追捧,利用数据干预竞争、垄断资源的现象初现端倪,大数据与竞争可谓相生相伴、交会融合。为此,有学者提出,大数据及其规制应该具有反不正当竞争法属性。从反不正当竞争法角度来规范数据问题时,前提应当是数据作为关键资源被控制,进而形成市场进入障碍,并由此产生的垄断问题。[1]

数据作为技术信息资源的集合,理应归入竞争法规制的范畴。

---

[1] 梅夏英,王剑."数据垄断"命题真伪争议的理论回应[J].法学论坛,2021,36(5):94-103.

并由此前展反不正当竞争法规制的基本逻辑。[1] 关于反不正当竞争法规制的实施路径，有学者提出，对数据信息不享有法定权利并不意味着其无法获得法律的保护，若事实上造成市场竞争秩序损害的后果时，可以考虑适用《反不正当竞争法》一般条款。[2] 还有学者认为，《反不正当竞争法》为数据保护提供了三种路径，即商业秘密条款、兜底条款和一般条款规制路径，需区分不同情形，差别化分析。[3]

9.1.9 《著作权法》

在著作权保护路径下，数据主体常常通过类似数据库的汇编作品寻求著作权保护。我国《著作权法》第十五条规定，如果不构成作品的数据或材料经过加工汇编能够在内容的选择或编排上具备独创性，就构成汇编作品，受著作权保护。因此无论是原生数据还是衍生数据，只要其在“选择或编排”上具备独创性即可受到著作权护，但数据本身一般很难在内容上符合《著作权法》保护的标准，因此那些不具备独创性但具备商业价值的数据却无法得到保护。

9.1.10 《专利法》

《专利法》主要保护形态为大数据运算方案或算法程序等技术方案，且与普通专利相同，也需严格满足新颖性、创造性和实用性条件，正因为如此，实践中使用专利进行数据保护的情况非常谨慎。另外，专利保护虽然也能够在某些情况下起到保护数据利益的作用，但使用

---

[1] 陈兵．大数据的竞争法属性及规制意义［J］．法学．2018（8）：118.

[2] 芮文彪，李国泉，杨馥宇．数据信息的知识产权保护模式探析［J］．电子知识产权，2015（4）：95.

[3] 刘继峰，曾晓梅．论用户数据的竞争法保护路径［J］．价格理论与实践，2018（3）：26.

不当可能造成更为严重的数据垄断，影响市场竞争和消费者利益。

9.1.11 政策性文件

2014年，大数据首次写入政府工作报告，大数据逐渐成为政府关注的热点。2015年8月，国务院发布《促进大数据发展的行动纲要》，大数据正式上升到国家战略层面；2017年党的十九大报告中提出："要推动大数据与实体经济的深度融合。"2020年《关于构建更加完善的要素市场化配置体制机制的意见》中大数据被正式列为新型生产要素。在2021年3月发布的"十四五"规划中，大数据标准体系的完善将成为发展重点。表9-1为部分政策性文件。

表9-1 政策性文件

发布时间	发布部门	文件名称	具体内容
2021.11	工业和信息化部	《"十四五"大数据产业发展规划》	明确大数据产业发展发展目标：产业保持高速增长。到2025年大数据产业测算规模突破3万亿元；价值体系初步形成；产业链稳定高效；产业生态良性发展
2021.08	国家互联网信息办公室等五部门	《汽车数据安全管理若干规定（试行）》	为规范汽车数据处理活动，保护个人、组织的合法权益，维护国家安全和社会公共利益，促进汽车数据合理开发利用，国家互联网信息办公室等五部门联合发布《汽车数据安全管理若干规定（试行）》，对汽车数据安全管理制定了系列规定
2021.07	工业和信息化部	《网络安全产业高质量发展三年行动计划（2021—2023年）》	针对数据防泄露、防篡改、防窃取等传统数据安全保障需求，进一步优化数据安全管理、分类分级安全防护等产品功能和性能，提升数据安全智能防护和管理水平

续表

发布时间	发布部门	文件名称	具体内容
2021.07	工业和信息化部	《新型数据中心发展三年行动计划》	指出加快建设国家枢纽节点、提升新型数据中心网络支撑能力及可靠性、强化产业数字化转型支撑能力、加强核心技术研发等重点任务
2021.06	全国人民代表大会	《中华人民共和国数据安全法》	法案内容共 7 章 55 条，提出国家将对数据实行分级分类保护、开展数据活动必须履行数据安全保护义务承担社会责任等
2021.05	国家发展和改革委员会	《全国一体化大数据中心协同创新体系算力枢纽实施方案》	按照绿色、集约原则，加强对数据中心的统筹规划布局，结合市场需求、能源供给、网络条件等实际，推动各行业领域的数据中心有序发展。原则上，将大型和超大数据中心布局到可再生能源等资源相对丰富的区域，为规模适中、具有极低时延要求的边缘数据中心留出发展空间，确保城市资源高效利用
2021.03	工业和信息化部	《工业数据分类分级指南（试行）》	工业数据分类分级以提升企业数据管理能力为目标、坚持问题导向、目标导向和结果导向结合，企业主体、行业指导和属地监管相结合，分类标识、逐类定级和分级管理相结合
2021.02	工业和信息化部	《关于组织开展 2021 年大数据产业发展试点示范项目申报工作的通知》	本次申报围绕工业大数据应用、行业大数据应用、大数据重点产品、数据管理及服务四个方向，征集并遴选一批大数据产业试点示范项目，通过试点先行、示范引领、总结推广可复制的经验做法，推进大数据产业高质量发展

续表

发布时间	发布部门	文件名称	具体内容
2021.01	商务部	《关于加快数字商务建设服务构建新发展格局的通知》	深入推进商务大数据应用体系建设和部省电商大数据共建共享工作；持续推进部省之间商务领域数据资源互联互通、有序共享，合力完善电子商务统计监测体系，形成定期共享和双向反馈工作机制
2020.12	国家发展和改革委员会	《关于加快构建全国一体化大数据中心协同创新体系的指导意见》	到 2025 年，全国范围内数据中心形成布局合理、绿色集约的基础设施一体化格局，东西部数据中心实现结构性平衡。数据中心集约化、规模化、绿色化水平显著提高，使用率明显提升。公共云服务体系初步形成，全社会算力获取成本显著降低。政府部门间、政企间数据壁垒进一步打破，数据资源流通活力明显增强。大数据协同应用效果凸显，全国范围内形成一批行业数据大脑、城市数据大脑，全社会算力资源、数据资源向智力资源高效转化的态势基本形成，数据安全保障能力稳步提升
2020.09	中国	《全球数据安全倡议》	倡议的主要内容包括：积极维护全球供应链的开放、安全和稳定；反对利用信息技术破坏他国关键基础设施或窃取重要数据；采取措施防范制止利用信息技术侵害个人信息，反对滥用信息技术从事针对他国的大规模监控；要求企业尊重当地法律，不得强制要求本国企业将境外数据存储在境内；未经他国允许不得直接向企业或个人调取境外数据，企业不得在产品和服务中设置后门

续表

发布时间	发布部门	文件名称	具体内容
2020.09	国家自然科学基金委员会	《大数据驱动的管理与决策研究重大研究计划 2021 年度项目指南的通告》	揭示管理与决策范式转变的机制与规律，建立面向大数据的全景式管理与决策理论和方法体系，发展针对管理与决策问题的大数据分析技术与计算方法，使得我国在大数据驱动的管理与决策研究相关领域跻身国际前列；开展在公共管理、商务、金融、医疗健康等应用领域的示范应用与平台构建
2020.08	国有资产监督管理委员会	《关于加快推进国有企业数字化转型工作的通知》	该通知要求国有企业进行数字化转型，建设态势感知平台，加强平台、系统、数据等安全管理，使用安全可靠的设备设施、工具软件、信息系统和服务平台，提升本质安全
2020.05	工业和信息化部	《工业和信息化部关于工业大数据发展的指导意见》	为激发工业数据要素潜力，全面提升工业大数据产业发展水平，该意见提出了 6 个方面 18 项重点任务：一是加快数据汇聚；二是推动数据共享；三是深化数据应用；四是完善数据治理；五是强化数据安全；六是促进产业发展
2020.03	工业和信息化部	《工业数据分类分级指南（试行）》	该指南旨在指导工业企业建立健全工业数据分类分级管理制度，围绕数据全面实施数据分类形成企业工业数据清单，做好对工业数据的差异化防，不断完善数据管理措施，充分挖掘数据作为生产要素的潜在价值。可用于指导企业提升工业数据管理能力，促进工业数据的使用、流动与共享，释放数据潜在价值，赋能制造业高质量发展

续表

发布时间	发布部门	文件名称	具体内容
2020.02	网络安全和信息化委员会办公室	《关于做好个人信息保护利用大数据支撑联防联控工作的通知》	积极利用大数据，分析预测确诊者、疑似者、密切接触者等重点人群的流动情况，为联防联控工作提供大数据支持
2019.11	工业和信息化部	《关于组织开展2020年大数据产业发展试点示范项目申报工作的通知》	支持方向：围绕工业大数据融合应用、民生大数据创新应用、大数据关键技术先导应用、大数据管理能力提升4大类7个细分方向，遴选一批大数据产业发展试点示范项目，通过试点先行、示范引领、总结推广可复制的经验、做法，推进大数据产业健康有序发展
2019.08	中国人民银行	《金融科技（FinTech）发展规划（2019—2021年）》	打通金融业数据融合应用通道，破除不同金融业态的数据壁垒，化解信息孤岛，制定数据融合应用标准规范，发挥金融大数据的集聚和增值作用，推动形成金融业数据融合应用新格局，助推全国一体化大数据中心体系建设
2019.05	国家互联网信息办公室	《数据安全管理办法》	为维护国家安全、社会公共利益，保护公民、法人和其他组织在网络空间的合法权益，保障个人信息和重要数据安全，国信办发布系列数据安全的管理办法
2018.10	工业和信息化部	《关于公布2018年大数据产业发展试点示范项目的通知》	为推进实施国家大数据战略，务实推动大数据技术、产业创新发展，工业和信息化部组织开展2018年大数据产业发展试点示范项目申报工作
2018.09	国家卫生健康委员会	《国家健康医疗大数据标准、安全和服务管理办法（试行）》	为加强健康医疗大数据服务管理，促进“互联网＋医疗健康”发展，充分发挥健康医疗大数据作为国家重要基础性战略资源的作用，国家卫健委制定四十条健康医疗大数据管理办法

续表

发布时间	发布部门	文件名称	具体内容
2018.08	工业和信息化部、国家发展和改革委员会联合印发	《扩大和升级信息消费三年行动计划》	利用物联网、大数据、云计算、人工智能等技术推动电子产品智能化升级；推进新型智慧城市建设、支持云计算、大数据、物联网综合研发应用；持续创新监管方式，加强信息通信行业信用体系建设，利用云计算、大数据等完善监管技术手段
2018.03	交通运输部办公厅、国家旅游局办公室	《关于加快推进交通旅游服务大数据应用试点工作的通知》	试点主体的重点有：(1) 运游一体化服务；(2) 旅游交通市场协同监管；(3) 景区集疏运监测预警；(4) 旅游交通精准信息服务
2017.12	国标委	《信息安全技术个人信息安全规范》	针对个人信息面临的安全问题，规范个人信息控制者在收集、保存、利用、共享、转让、公开披露等信息处理环节中的相关行为，旨在遏制个人信息非法收集、滥用、泄露等乱象，最大程度地保障个人的合法权益和社会公共利益
2017.11	国务院	《关于深化“互联网 + 先进制造业”发展工业互联网的指导意见》	推动互联网、大数据、人工智能和实体经济深度融合，发展先进制造业，支持传统产业优化升级
2017.09	公安部	《关于深入开展“大数据 + 网上督察”工作的意见》	至 2018 年年底，全国各级公安机关要完成网上督察系统优化升级，实现全警种数据对网上督察系统的开放共享，满足“大数据 + 网上督察”需要。至 2022 年年底，建成基于公安云计算平台的全国公安警务督察一体化应用平台，相关运行机制进一步健全完善，警务督察部门的动态监管和预警预测能力进一步提升

续表

发布时间	发布部门	文件名称	具体内容
2017.09	国家测绘地理信息局	《智慧城市时空大数据与云平台建设技术大纲（2017版）》	作为主要建设内容之一的时空大数据，包括历史与现状的基础地理信息数据、公共专题数据、智能感知数据、空间规划数据以及这四类数据的数据引擎和管理分析系统等六部分，强化了对基于时空大数据开展分析、决策服务的技术要求
2017.07	国家自然科学基金委员会	《大数据驱动的管理与决策研究重大研究计划2017年度项目指南》	通过本重大研究计划的执行，使我国在大数据驱动的管理与据测研究相关领域跻身国际前列，培养一批跨学科交叉型骨干人才和创新团队，并为国家在相关领域的管理决策和智库提供支持
2017.06	中国人民银行	《中国金融业信息技术“十三五”发展规划》	引导金融机构大数据技术和应用创新探索金融与政府、医疗、教育、财税等领域的数据共享模式，提升金融公共服务能力
2017.06	国家发展和改革委员会	《大数据产业发展规划（2016—2020年）》	到2020年，技术先进、应用繁荣、保障有力的大数据产业体系基本形成。大数据相关产品和服务业务收入突破1万亿元，年均复合增长率保持30%左右，加快建设数据强国，为实现制造强国和网络强国提供强大的产业支撑
2017.05	水利部	《关于推进水利大数据发展的指导意见》	按照实施国家大数据战略要求，立足水利工作发展需要，健全水利数据资源体系，实现水利数据有序共享、适度开放、深化水利大数据应用、促进新业态发展、支撑水治理体系和治理能力现代化

续表

发布时间	发布部门	文件名称	具体内容
2017.02	国家卫生计生委	《“十三五”全国人口健康信息化发展规划的通知》	到 2020 年基本建成统一权威、互联互通的人口健康信息平台，实现与人口、法人、空间地理等基础数据资源跨部门、跨区域共享、医疗、医保、医药和健康各相关领域数据融合应用取得明显成效
2016.10	农业部	《农业农村大数据试点方案》	力争通过 3 年时间左右，至 2019 年年底，达到以下目标：（1）数据共享取得突破。地方各级农业部门内部及涉农部门的数据共享机制初步形成，省级农业数据中心建设取得显著展、部省联动、数据共享取得突破。（2）单品种大数据建设取得突破。结合优势特色产业，建成干单品种全产业链的大数据，并在引导市场预期和回到农业生中充分发挥作用。（3）大数据应用取得突破。大数据在农业生产经营各环节加以应用，大数据关键共性技术研发、关联分析和挖掘利用取得积极进展，形成一批创新应用成果
2016.11	全国人民代表大会	《中华人民共和国网络安全法》	要求网络运营者采取数据分类、重要数据备份和加密等措施，防止网络数据被窃取或者篡改；加强对公民个人信息的保护，防止公民个人信息被非法获取、泄露或者非法使用；要求关键信息基础设施的运营者在境内存储公民个人信息等重要数据，网络数据确实需要传输时，需要经过安全评估和审批

续表

发布时间	发布部门	文件名称	具体内容
2016.10	农业部办公厅	《农业农村大数据试点方案》	大数据在农业生产经营各环节加强应用，大数据关键共性技术研发、关联分析和挖掘利用取得积极进展，形成一批创新应用成果
2016.08	交通运输部	《关于推进交通运输行业数据资源开放共享的实施意见》	通过3～5年，实现以下目标：①建立健全行业数据资源开放共享体制机制，基本建成协调联动、高效运转的行业数据资源管理体系；②完善行业数据资源开放共享技术体系，建立互联互通的行业数据资源开放共享平台
2016.07	国家林业局	《关于加快中国林业大数据发展的指导意见》	在2020年之前实现林业数据资源整合共享，提高林业精准决策能力，实现生态智慧共治，形成林业信息技术自主创新体系的发展目标
2016.07	国务院办公厅	《关于促进和规范健康医疗大数据应用发展的指导意见》	健康医疗大数据是国家重要的基础性战略资源，健康医疗大数据应用发展将带来健康医疗模式的深刻变化，有利于激发深化医药卫生体制改革的动力和活力，提升健康医疗服务效率和质量，扩大资源供给，不断满足人民群众多层次、多样化的健康需求，有利于培育新的业态和经济增长点

续表

发布时间	发布部门	文件名称	具体内容
2016.07	国土资源部	《关于印发促进国土资源大数据应用发展的实施意见》	到 2018 年年底，在统筹规划和统一标准的基础上，丰富与完善统一的国土资源数据资源体系，初步建成国土资源数据共享平台和开放平台，实现一定范围的数据共享与开放。各级国土资源主管部门在国土资源形势分析、决策支持和信息服务等领域的大数据应用取得初步成效。到 2020 年，国土资源数据资源体系得到较大丰富与完善，国土资源数据实现较为全面的共享和开放。基于数据共享的国土资源治理能力不断提高，基于数据开放的公共服务能力全面提升。国土资源大数据在资源监管和公共服务等领域得到广泛应用。国土资源大数据产业新业态初步形成
2016.03	环境保护部	《生态环境大数据建设总体方案》	通过生态环境大数据建设和应用，在未来五年实现以下目标：（1）将大数据作为支撑生态环境管理科学决策的重要手段，实现“用数据决策”；（2）充分运用大数据提高环境监管能力，助力简政放权，健全事中事后监管机制，实现支持类“用数据管理”；（3）运用大数据创新政府服务理念和服务方式，实现“用数据服务”

续表

发布时间	发布部门	文件名称	具体内容
2016.01	国家发展和改革委员会	《关于组织实施促进大数据发展重大工程的通知》	通过一批重大工程项目实施，有效促进数据要素流通，以数据流引领技术流、物质流、资金流、人才流，推动社会生产要素的网络化共享、集约化整合、协作化开发和高效化利用，创造新的增长点，加快实现经济发展方式转变
2015.09	国务院	《促进大数据发展行动纲要》	立足我国国情和现实需要，推动大数据发展和应用在未来5～10年逐步实现以下目标：(1)将大数据作为提升政府治理能力的重要手段；(2)充分运用大数据，不断提升信用、财政、金融、税收、农业、统计、进出口、资源环境、产品质量、企业登记监管等领域数据资源的获取和利用能力；(3)围绕服务型政府建设，在公用事业、市政管理、乡村环境、农村生活、健康医疗、减灾救灾、社会救助、养老服务、劳动就业、社会保障、文化教育、交通旅游、质量安全、消费维权、社区服务等领域全面推广大数据应用；(4)形成公共数据资源合理适度开放共享的法规制度和政策体系，2018年年底前建成国家政府数据统一开放平台；(5)推动大数据与云计算、物联网、移动互联网等新一代信息技术融合发展

续表

发布时间	发布部门	文件名称	具体内容
2015.07	国务院	《关于运用大数据加强对市场主体服务和监管的若干意见》	该意见提出四项主要目标：一是提高政府运用大数据能力，增强政府服务和监管的有效性；二是推动简政放权和政府职能转变，促进市场主体依法诚信经营；三是提高政府服务水平的监管效率，降低服务和监管成本；四是实现政府监管和社会监督有机结合，构建全方位的市场监管体系

9.2　国外与数据相关的法律政策简介

9.2.1　欧盟

1. 欧盟基本权利宪章

《欧盟基本权利宪章》于 2007 年 12 月 12 日发布，其第 8 条明确了有关“个人数据”保护的规定。

①人人有权保护自己的个人数据。

②此类数据必须出于特定目的并取得数据主体的同意或在法律规定的其他合法依据的基础上公平处理。公民有权了解其个人数据，并有权要求纠正其个人数据。

③遵守这些规则应当由独立的机构监管。

2. 通用数据保护条例

2018 年 5 月 25 日，欧洲联盟出台《一般数据保护条例》。该条例细化了个人信息权，具体包括数据的访问权、纠正权、被遗忘权、限制处理权、反对权、携带权等。

《一般数据保护条例》共包含 11 章，明确了处理个人数据的原则，并在数据主体的权利、数据处理主体的义务、数据跨境转移的规则等方面制定了详细的条款。

（1）明确“个人数据”范围与法案适用范围

①明确“个人数据”的内涵与特征。《一般数据保护条例》明确了“个人数据”的定义：可以用来进行个人身份识别的相关数据，以及整合在一起可以实现对特定个人身份识别的数据集合，属于“个人数据”；相反，经过匿名化处理的数据则不属于“个人数据”的范畴。《一般数据保护条例》强调，“个人数据”是技术中立的，无论数据处理与存储的方式与介质是什么，只要满足上述定义都被视作“个人数据”。

②明确适用范围。《一般数据保护条例》提出：只要是在提供产品或服务的过程中利用和处理了欧盟境内个体的个人数据，都应当遵守该法案。因此，该条例的适用范围是全球性的。

（2）创设新的权利

《一般数据保护条例》新增加两个关于个人数据保护的权利——个人对数据的被遗忘权和个人对数据的可携带权。

①个人对数据的被遗忘权。《一般数据保护条例》第 17 条第 1 款“被遗忘权”：当个人数据不再基于合法目的被需要时，个人有权要求永久删除这些个人数据，数据主体有权要求数据管理员删除个人数据并阻止个人数据被进一步传播。其核心仍然是传统个人信息保护法中已经确立的删除权：当用户依法撤回同意或者数据控制者不再有合法理由继续处理数据时，用户有权要求删除数据。

第 17 条第 2 款：如果数据控制者将符合第 1 款条件的个人数据进行了公开传播，应该采取所有合理的方式予以删除（包括采取可用的技术手段和投入合理成本），数据控制者有责任通知处理此数据的其他数据控制者，删除关于数据主体所主张的个人数据链接、复制件。即数据控制者不仅要删除自己所控制的数据，还要求数据控制者负责对其公开传播的数据，要通知其他第三方停止利用、删除，这是对传统“删除权”的扩张。

②个人对数据的可携带权。《一般数据保护条例》第 20 条设置的可携带权主要有两层含义：一是数据主体有权从数据控制商处获得之前提供的关于个人的结构化的、通用的、机器可读的数据，数据控制商从其他渠道收集的数据不算在内；二是数据主体有权将这些数据从一个数据控制商移植和携带到另一个数据控制商处。

另外，该条例对可携带权的个人数据的适用范围也作出了明确界定，“可携带”数据对象是基于特定基础、以特定方式处理的、本人提供的数据。在数据范围上，可携带的数据仅限于数据主体本人提供的那部分数据，不包括数据控制者从数据主体之外收集的数据，以及数据处理者在提供服务过程中形成的数据。在适用范围上，可携带的数据仅针对在“本人同意”和“履行合同需要”基础上处理的个人数据。

（3）完善问责与监管机制

法案规定了针对数据产品或服务提供商的问责与监管机制，以严格的问责和监管约束，代替了部分烦琐的许可审批等合规程序，促使《一般数据保护条例》能够真正落地实施。

①设立数据保护官。数据保护官是在企业内部设立的，承担数据保护合规相关职责，但并非所有企业都必须设立。

《一般数据保护条例》明确了必须设立数据保护官的机构类型：政府部门及公共机构作为数据控制者的；核心业务涉及日常的以及系统性的监控数据主体；处理特殊类型的个人数据，或者数据处理活动与刑事定罪相关。同时《一般数据保护条例》规定，数据保护官的联系方式必须向公众公开，并且向监管机构报备。

同时，明确了数据保护官的职责：向服务的企业和企业员工提供《一般数据保护条例》数据保护方面的信息和建议；对企业《一般数据保护条例》合规以及数据保护方面所做的工作进行监管；对企业数据保护影响评估方面工作的参与和管理；作为沟通渠道同欧洲《一般数据保护条例》监管部门保持联系，负责数据外泄的紧急汇报；负责同数据主体沟通和联系，协助实现数据主体的数据权利；客观独立地履行自己的职责，不应因雇主行政命令而影响客观事实和结论；有权直接向企业最高管理决策层汇报工作。

②重视文档管理。《一般数据保护条例》第30条中明确规定：数据服务与产品的提供商要准确记录其对于数据的处理过程，做到对于数据的一举一动皆有证据可查。需要以文档形式记录和保存的内容包括数据处理的目的、数据的来源与类型、数据保存的时间、保存数据采用的安全措施等，如涉及数据的跨境流通，还需要记录

数据的接收方信息等。[1]

3.《关于保护自然人在主管当局为预防、调查、侦查或起诉刑事犯罪或执行刑事处罚的目的处理个人数据方面以及此类数据的自由流动的指令》（个人数据保护的指令）

该指令与《一般数据保护条例》一起通过和颁布，规定了有关保护自然人的规则，以保护主管当局为预防、调查、侦查或起诉刑事犯罪或执行刑事处罚的目的处理个人数据，包括防止对公共安全的威胁。

4. 电子隐私条例

2002 年，欧盟委员会发布《电子隐私指令》（*E-Privacy Directive*），并于 2009 年进行了一次修订，但由于部分条款存在制定不明、法律概念模糊以及执行成本过高等问题，且在成员国中并没有得到切实执行。2016 年欧盟委员会提出了新的《电子隐私条例》（*E-Privacy Regulation*），旨在加强对电子通信服务中用户隐私的保护。2021 年 2 月 10 日，欧盟成员国就最新修订的《电子隐私条例》草案达成一致。该条例旨在提升对数字服务的信任和其本身的安全性，对电子通信数据的保护、对存储在用户终端设备中及与设备相关的信息的保护、同意原则、自然人 / 法人对电子通信的控制权以及罚则进行了详细的规定。

5. 开放数据指令

2019 年 6 月，欧洲议会和欧盟理事会通过了《关于开放数据

---

[1] 何玉颜．欧盟《通用数据保护条例》解读及其对我国个人数据保护的启示［J］．图书情报导刊，2018，3（11）：67-72.

和公共部门信息的再利用的指令》(*Directive on open data and the re-use of public sector information*，简称《开放数据指令》)。《开放数据指令》核心内容由总则、再利用要求、再利用条件、非歧视和公平交易、高价值数据集和最终条款6章组成，共21条，确定了公共数据开放利用执行机构，明确了开放数据的收费原则，提出开放数据格式及接口要求，规范了开放数据专有权授予机制，并通过试点推动高价值数据集的开放利用。

6. 关于数据库法律保护的指令

欧洲委员会于1992年向欧盟理事会提交了相关的数据库版权保护条款草案，并于1996年正式发布了欧洲议会与欧盟理事会《关于数据库法律保护的指令》(以下简称《欧盟指令》)。

《欧盟指令》的颁布独立于传统版权法体系之外，建立了对数据库的特殊权利保护体系。《欧盟指令》第7条第4款规定："不论该数据库是否符合著作权或其他权利的保护条件，第1款所规定的权利（指的是特殊保护权利即摘录权和再利用权）均有效；不论该数据库的内容是否符合著作权或其他权利的保护条件也均为有效。"并规定只要在内容选择或编排方式等方面体现了智力创作的数据库，都属于版权保护的范围；明确规定了数据库权利保护的必要条件，即要求数据库的原始制作者在收集、整理或描述数据库的内容上作出相当数量或质量的实质性投入。

限制与例外规定：合法用户对经定性或定量证明的非实质性部分的数据库内容进行摘录或再利用受到保护。其他合理使用的情形包括为公共安全或国家行政、司法程序需要使用、摘录和利用数据库的内容；为了教学、科学研究的需要使用、摘录数据库内容，但必须注明出处且不能有商业目的；为私人目的而复制、摘录电子数据库的内容。[1]

7. 欧盟商业秘密指令

2016年6月8日，欧盟委员会颁布《防止未公开专有技术和商业信息（商业秘密）被非法获取、使用和披露的指令》（以下简称《商业秘密指令》）。

（1）明确商业秘密相关的定义

《商业秘密指令》规定了对防止非法获取、使用或披露商业秘密的规则，其中第2条对“商业秘密”“商业秘密持有人”“侵权人”“侵权货物”作出了定义。沿用了“秘密性”“经济性”“保密性”三个特点，但是对商业秘密的定义作出了进一步的细化：首先，技术信息的秘密性，不是该领域工作人员正常接触的信息，排除员工在工作过程中获得的琐碎信息、经验或者技能；其次，技术秘密必须具有实际或者潜在的商业价值，这种商业价值依赖于商业秘密的“秘密性”，二者之间存在因果关系；最后，商业秘密持有人必须采取合理的步骤保守秘密。

此外，对“侵权货物”作出了明确界定：“侵权货物”是指设计、质量、生产方法或销售主要获益于商业秘密非法获取、使用和披露的货物，“侵权货物”的认定范围包括非法使用商业秘密的“下游产品”或“衍生品”。明确“商业秘密持有人”是指合法控制商业秘密的任何自然人或法人，“侵权人”是指非法获取、使用或

---

[1] 徐艳丽．欧盟数据库版权保护模式的构成及启示——以《欧盟指令》为例［J］．山西档案，2017（3）：94-96.

披露商业秘密的任何自然人或法人。

（2）商业秘密的获取

《商业秘密指令》明确了非法及合法获取商业秘密的情形。

①非法获取。未经商业秘密持有者同意而获取商业秘密应视为非法获取，无论行为人是有意为之或出于重大疏忽。侵权行为包括未经授权查阅、窃取、复制商业秘密合法持有人控制的任何文件、物品、材料、物质或电子档案，以及“任何与诚实商业管理相违背的行为”。

在未经商业秘密持有者同意时，无论故意为之或出于重大疏忽，对商业秘密的使用或披露应当视为违法。侵权行为具体包括：未经商业秘密所有人同意，以非法手段获得商业秘密；违反保密协议中保密义务；违反合同约定或者未履行限制商业秘密使用的其他义务。此外，生产、许诺销售侵权货物及进口、出口或储存侵权货物，都视为对商业秘密的非法使用。

②合法获取、使用和披露商业秘密的情形。获取商业秘密符合下列情况视为合法取得：独立发现或创造；行使工人或工人代表的信息和咨询的权利以及其他与诚实商业管理相一致的情形。

③例外情形。《商业秘密指令》同时也设定了在某些情况下获取、使用和披露商业秘密的例外情况。包括行使《欧盟基本权利宪章》规定的言论和信息自由权；揭露不端行为或违法行为的；工人就合法行为依法向其代表进行披露；为了保护欧盟或其成员国法律确认的合法利益的。

（3）措施、程序和补救措施的一般规定

《商业秘密指令》第 3 章第 6 条第 1 款规定欧盟成员国应将本

指令规定的措施、程序和补救措施纳入本国法律，以确保商业秘密的非法获取、使用和披露通过民事司法程序得到纠正。

《商业秘密指令》的第 6 条、第 7 条、第 8 条分别规定了对非法获取、使用和披露商业秘密提供措施、程序和补救措施的实施原则、实施方式、时效期限。

同时，《商业秘密指令》规定了救济措施与执法程序的一般义务，即这些措施、程序和救济应当是公平合理的，不能过于复杂或成本过高，也没有不合理的时间限制或不当延迟，并且是有效和有说服力的。实施上述措施的方式应当以合理的措施、程序和救济，并且避免对欧洲内部共同市场的合法贸易产生阻碍，同时采取防止诉讼滥用的保障措施。欧盟成员国确保主管司法当局可根据被申请人的请求，在有关获取、使用和披露商业秘密的申请无依据，且申请人恶意提起诉讼的情况下，适用国内法规定的适当措施。欧盟成员国应当对该指令规定的措施、程序和补救措施的申请期限作出规定，最迟不晚于 6 年。

（4）诉讼救济过程中的商业秘密保护

根据《商业秘密指令》要求，欧盟成员国应当确保诉讼程序的当事方、法院公职人员、证人、专家及任何其他参与诉讼程序并在诉讼过程中有机会接触商业秘密的人不得获取、使用和披露涉案商业秘密。在诉讼过程中，除了不公开审理案件之外，成员国选择保护涉案商业秘密的特别措施还包括：限制当事人或第三方查阅任何包含商业秘密的全部或部分文档；限制当事人参加听证会以及接触书面听证记录和文本。为了对潜在的侵权人增加威慑和提高公众意识，应当及时公布商业秘密的判决结果，但对于非法获取、使用和披露商业秘密的案件，应确保判决结果的公布不会导致商业秘密泄露，也不会影响当事人的隐私和声誉。

（5）临时和预防措施

根据《商业秘密指令》，经商业秘密合法持有人的申请，主管机关可以对嫌疑侵权人采取下列临时和预防措施：①视案件情况，停止或禁止使用、披露商业秘密；②禁止生产、销售或使用侵权货物，或进口、出口侵权货物，或为上述目的储存侵权货物；③扣押涉嫌侵权的货物，以防止其进入市场或在市场内流通。

（6）案件裁决的救济与赔偿

《商业秘密指令》规定，欧盟成员国应确保如果就案件作出的司法决定发现存在非法获取、使用或披露商业秘密的情况，主管司法当局可应申请人的请求，下令对侵权人采取下列措施：①视案件情况，停止或禁止使用或披露商业秘密；②禁止生产、销售或使用侵权货物，或进口、出口侵权货物，或为上述目的储存侵权货物；③销毁含有或体现商业秘密的文件、对象、材料、物质或电子文件的全部或部分，或酌情向申请人交付这些文件、对象、材料、物质或电子文件；④对侵权产品采取适当的纠正措施。纠正措施包括责令侵权人从市场召回侵权产品，消除侵权货物的侵权特质，销毁侵权货物或将其撤出市场。在适当时，侵权人应向商业秘密持有人或慈善组织移交上述材料或电子文件。

（7）合作机制与信息分享

《商业秘密指令》规定，为了评审措施是否达到目标，欧盟委员会应检查《商业秘密指令》的实施和成员国措施的有效性。在过渡期结束后的 3 年内，欧盟委员会应提交首次报告，总结根据《商业秘密指令》实施的非法获取、使用和披露商业秘密的诉讼情况。在过渡期结束后的 4 年内，欧盟委员会应当起草《商业秘密指令》实施的中期报告，并提交至欧洲议会和欧盟理事会。在过渡期结束后的 8 年内，欧盟委员会应对《商业秘密指令》实施的效果进行评估，并向欧洲议会和欧盟理事会提交报告。

8.《数字市场法》和《数字服务法》

《数字服务法》（*Digital Service Act*）和《数字市场法》（*Digital Markets Act*）将于 2024 年生效实施。这两项法案旨在根据欧盟的基本权利和价值观，为科技行业在欧盟经营和提供服务制定明确的标准，从而影响科技行业的社会和经济效益。

《数字市场法》要求平台企业的消息服务可互操作，并为业务用户提供对其数据的访问，可能会迫使其公司业务发生变化。其他的企业用户将能够在大型平台上推广竞争产品和服务，并在平台外与客户达成交易，而平台企业将不许禁止采用竞争对手的服务，或阻止用户删除预装的软件或应用程序。这两项规则将对谷歌和苹果造成沉重打击。

《数字服务法》规定：社交媒体或电商平台等数字服务提供商应对非法内容传播、在线虚假信息和其他社会风险的明确义务。这些义务的要求与平台规模及其对社会构成的风险成正比。

新的义务包括：打击在线非法内容的新措施及平台快速反应的义务，同时尊重公民的基本权利，包括言论自由和数据保护；加强对在线市场交易者的可追溯性和检查，以确保产品和服务的安全；对非法内容是否重新出现进行随机检查，提高平台的透明度和问责制，用户能够质疑内容审核的相关决策；禁止误导性做法和某些类型的定向广告，如针对儿童的广告和基于敏感数据的广告。

风险最高的大型在线平台和搜索引擎（每月用户超过4500万），必须遵守委员会规定的更严格的义务，包括预防系统性风险（如传播非法内容、对基本权利、选举进程和基于性别的暴力或心理健康的不利影响），并接受独立审计。这些平台还必须为用户提供不基于分析的选择，以及必须为政府和经过审查的研究人员访问其数据和算法提供便利。

为了防止不公平的商业行为，大型在线平台必须允许第三方与自己的服务互操作，实现企业间能够跨应用程序交换消息、发送语音消息或文件等；允许企业用户访问自己在看门人平台上生成的数据，推广自己的优惠，并在看门人平台之外与客户签订合同；允许用户从第三方应用商店安装应用，确保所有应用都是可卸载的，并允许用户在与订阅类似的条件下，取消订阅核心平台服务；与开发者和竞争对手共享数据和指标，包括营销和广告表现数据等；设立一个独立的“合规职能”小组，由一名独立的高级经理来监督其遵守欧盟法律的情况，并向其赋予足够的权力、资源和管理权限；向欧盟委员会通报合并和收购交易。

此外，大型在线平台禁止对自己的产品、应用或服务给予优惠待遇或排名高于其他开发者开发的产品、应用或服务；或使用第三方应用程序和应用程序商店，预装某些软件应用，并要求用户使用任何重要的默认软件服务，如Web浏览器；通过一项服务收集的私人数据重复用于另一项服务，除非明确同意，否则处理用户的个人数据以推送定向广告。

如果不遵守规则，欧盟可以处以高达全球总营业额10%的罚款；如果一再违规，最高可处以 20% 的罚款。

9.《数据驱动经济战略》

2014 年欧盟委员会发布《数据驱动经济战略》。该文件中提出要完成欧盟数据保护框架、网络和信息安全改革的立法程序，并支持相关执法机构之间的交流与合作（如数据保护、消费者保护和网络安全）。主要内容如下。

（1）关于数据可操作性

提出“支持开放数据政策”。委员会正在就推荐的标准许可、数据集和文件重复使用收费制定指南。委员会和其他欧盟机构正在通过欧盟开放数据平台发布文件作为开放数据。

（2）个人数据保护和消费者保护

个人数据保护的基本权利适用于个人的大数据，数据处理必须遵守所有适用的数据保护规则。委员会的改革方案旨在为欧盟建立一个单一、现代、强大、一致和全面的数据保护框架。通过增强个人对数字环境的信任和信心并增强法律确定性，它将为开发创新和可持续的数据产品及服务提供必不可少的监管环境。委员会将确保中小企业和消费者、供应商和用户获得所有必要的信息不被误导，可以依赖公平的合同。这些措施将建立充分利用数据驱动经济潜力所必需的信任。

（3）数据挖掘

委员会正在研究如何加强基于数据挖掘（包括文本挖掘）的数据驱动创新，包括在相关版权方面。

（4）数据权属和转让

在多个领域，数据本地化的要求限制了信息的跨境流动，形成了云计算和大数据单一市场的障碍。委员会将研究这些障碍，并考虑未来的政策行动，特别是考虑欧洲云合作伙伴提出的可信云报告和建议。此外，委员会将启动一个咨询和专家组，以评估对数据所有权和数据提供责任的具体问题的指导需求，特别是对于通过物联网技术收集的数据。

10.《建立欧洲数据经济》

2017年，欧盟委员会向欧洲议会、欧盟理事会、欧洲经济和社会委员会、欧洲地区委员会发布《建立欧洲数据经济》(*Building a European Data Economy*)。该文件提出，数据经济的特点是由不同类型的市场参与者组成的生态系统，如制造商、研究人员和基础设施提供商合作以确保数据是可访问的和可用的。主要内容如下。

（1）关于数据流动

为了实施数据自由流动的原则，委员会将采取以下两个步骤：

第一，欧盟委员会将与成员国和其他利益相关者就数据本地化措施的理由和相称性进行结构化交流。

第二，根据交流的结果，加强对数据位置限制的范围、性质和其影响证据收集，尤其是对中小企业和初创企业的影响，委员会将在需要时针对不合理或不成比例的数据本地化措施发起侵权处理的程序；如有必要，委员会还可能对数据的自由流动采取进一步举措。

（2）关于数据保护

欧盟委员会提出“数据生产者权”：使用和授权使用非个人数据的权利可以授予“数据生产者”，即设备的所有者或长期用户(即承租人)。

另外，委员会计划与成员国和其他利益相关者交流以探索未来可能的欧盟数据访问框架。委员会认为，这种交流应围绕实现以下目标的最有效方式：第一，改善对匿名机器生成数据的访问。通过共享、重用和聚合的方式，机器生成的数据成为价值创造、创新和商业模式多样性的来源。第二，促进和激励此类数据的共享。任何未来的解决方案都应促进对数据的有效访问，如考虑市场参与者之间可能存在的议价能力差异。第三，保护投资和资产。任何解决方案还应考虑投资于产品开发的市场参与者的合法利益，确保其投资获得公平回报，从而促进创新。同时，任何解决方案都应确保数据持有者之间公平分享利益。第四，避免泄露机密数据。任何解决方案都应降低泄露机密数据的风险。在这方面，它还应该允许在评估是否可以共享某条数据之前执行适当的数据分类。第五，将锁定效应降至最低。应考虑公司和个人之间不平等的议价能力；应避免锁定情况，尤其是对于中小企业、初创公司和个人而言。

11. 欧盟《数据治理法》草案

欧盟《数据治理法》草案是作为欧盟数据治理战略的一部分，由欧盟委员会于 2020 年 11 月提出，是供欧洲议会和欧盟理事会作为条例讨论通过的立法草案。法案建立了以数据保护为前提，最大程度实现数据共享流通，通过对公共机构的数据、数据中介机构、数据利他主义三个主要要素的规制形成了整个立法框架的体系。

欧盟《数据治理法》草案的主体内容是对三个数据共享制度的构架：

一是公共部门数据再利用机制，旨在于一定条件下开放公共部门数据以供经济主体利用。公共部门持有的某些类别的受保护数据的重复使用将以尊重数据持有者权利和利益的方式进行。该草案并没有针对重复使用这类数据设立权利制度，主要提供了一系列允许重复使用这类数据的统一的基本条件（如要满足非排他性的要求）。

二是中介机构及通知制度，旨在增加对共享的个人及非个人数据的信任，降低与 B2B 和 C2B 数据共享相关的交易成本。数据共享服务提供者必须遵守法案规定的相关要求，特别是关于共享数据保持中立性的要求，且数据共享服务提供者不能将这些数据用于其他目的。

三是数据利他主义制度，旨在提高欧盟数据共享度，为从事数据利他主义的组织注册为“欧盟认可的数据利他主义组织”确定了可能性，通过这种形式增加对其业务的信任，从而促进该活动的更进一步发展。

12.《数据法》草案

2022 年 2 月 23 日，欧盟委员会发布了《关于公平获取和使用数据的统一规则条例》草案，简称《数据法》草案。该草案旨在确保数据经济中参与者之间数据价值分配的公平性，并促进数据的访问和使用，是一项关于欧盟数据治理和保护的重要法律草案，具体内容如下：

①允许联网设备的用户访问由其产生的数据（通常仅由制造商采集）并向第三方分享这些数据，以便提供售后或其他数据驱动的创新服务。这将不断激励制造商继续投资高质量数据生成。

《数据法》草案第 2 章第 3 条规定了使用产品或相关服务产生的数据可访问的义务，第 4 条规定“因使用产品或相关服务而产生的数据的权利用户有权访问和使用”。第 5 条规定了用户与第三方共享数据的权利；第 6 条规定了应用户要求接收数据的第三方的义务；第 7 条规定了企业对消费者和企业对企业数据共享义务的范围。

②防止企业滥用数据共享合同，以帮助平衡中小企业的谈判权利。《数据法》草案将保护中小企业，使他们免受强势一方强加的不公平合同条款的影响。欧盟委员会还将制定标准化的合同条款，确保数据共享合同的公平。

第 3 章第 8 条、第 9 条规定了数据持有者提供数据的法律义务以及获得的补偿，数据持有者有义务向数据接收者提供数据的一般访问规则，此类访问应基于公平、合理、非歧视和透明的条件，以确保内部市场（包括跨部门）数据共享实践的一致性，并鼓励和促进公平的数据共享实践，即使在没有此类数据权利的领域也是如此。这些一般访问规则不适用于根据法规（EU）2016/679 提供数据的义务，自愿数据共享不受这些规则的影响。

关于补偿，第 3 章第 9 条规定数据持有者和数据接收者之间就提供数据而达成的任何报酬都应是合理的。第 4 章第 12 条规定了依法有提供数据义务的数据持有者的义务范围。数据共享协议的任何合同条款，如果对一方不利或在适用的情况下对用户不利，排除本章的适用、减损或修改其效力，不对该方具有约束力。

③企业之间的数据访问和使用相关的不公平条款。

第 4 章解决了一方单方面强加给微型、小型或中型企业的企业之间数据共享合同中不公平合同条款问题，保证关于数据访问和使用的合同协议不会利用合同各方之间谈判权力的不平衡。不公平测试的工具包括定义数据共享相关合同条款不公平的一般条款，并辅以一系列条款，这些条款或者一直是不公平的，或者被推定不公平。在谈判能力不平等的情况下，该测试保护较弱的合同方以避免不公平的合同。

第 4 章针对不公平合同条款创设了一个公平有效的数据共享保护体系，这将有助于提高中小微企业开展业务的能力。该规定在一定程度上限制了公司在范围内的合同自由，因为它仅适用于一个合同方单方面对中小微企业施加的与数据访问和使用相关的不公平合同条款。这种限制是合理的，因为中小企业通常处于较弱的讨价还价地位，而且往往别无选择，只能“接受或放弃”合同条款。合同自由在很大程度上没有受到影响，因为只有过度和滥用的条款才会失效，并且如果可能的话，在没有不公平条款的情况下，所签订的合同仍然有效。

④“私营部门在紧急情况下向公共部门提供所持数据，特别是在发生公共紧急事件或在法律授权的情况下”。[1] 主要规定在第 5 章第 14 ~ 22 条“根据特殊需要向公共部门机构和欧盟机构或团体提供数据”，其中第 14 ~ 17 条主要是关于提供数据的要求，根据请求，数据持有人应向公共部门机构或欧盟组织、机构或证明特别需要使用所请求数据的机构提供数据。

第 18 条开始是关于公共部门索取数据的相关要求以及数据持有者的权利，为确保索取数据的权利不被滥用，并确保公共部门对其使用负责，对数据的索取需要明确表明要达到的目的，并尊重提

[1] 中科院网信工作网．欧盟公布《数据法案》草案［EB/OL］.［2022-11-29］. http：//www.ecas.cas.cn/xxkw/kbcd/201115_129085/ml/xxhzlyzc/202203/t20220322_4570243.html.

供数据的企业的利益。主管当局将确保所有请求的透明度和公开可用性。在特殊需要的情况下，公共部门机构或欧盟机构可能有必要使用企业持有的数据来应对公共紧急情况或其他特殊情况。根据相关规定，研究执行组织和研究资助组织也可以被认定为公共部门机构。为限制企业的负担，应免除微型和小型企业在特殊需要的情况下向公共部门机构和联盟机构、机构或机构提供数据的义务。

在突发公共卫生事件、环境退化引起的突发事件，包括气候变化加剧的重大自然灾害以及重大网络安全事件等人为重大灾害的突发事件中，使用数据的公共利益比数据持有人的自由支配更重要。在这种情况下，数据持有者有义务根据公共部门机构或欧盟机构的要求向其提供数据。当公共部门机构能够证明数据对于预防公共紧急情况或协助从公共紧急情况中恢复是必要时，也可能出现特殊需要。公共部门机构或欧盟机构、团体应证明无法及时访问和使用所请求的数据会阻止它从有效履行法律明确规定的公共利益的特定任务。这种特殊需要也可能出现在其他情况下，如在无法获得数据时及时编制官方统计数据或当统计受访者将大大减少。

与此同时，公共部门机构或欧盟机构、团体，除了响应、防止或协助从公共紧急事件中恢复的情况外，证明不存在获取所请求数据的替代方法，并且无法通过新的立法规定必要的数据提供义务及时获取数据。

⑤数据处理服务之间切换。

第 6 章第 23 ~ 26 条是关于“在数据处理服务之间切换”，规定了对云计算、边缘计算和其他数据处理服务提供商施加的合同、商业和技术性质的最低监管要求，以实现这些服务之间的切换。特别是确保客户在切换到另一个服务提供商后保持服务的功能等效性（最低功能级别），包含技术不可行的例外情况，但将这方面的举证责任置于服务提供商身上。不强制要求特定的技术标准或接口，但要求服务与欧洲标准或存在的开放互操作性技术规范兼容。

数据处理服务（包括云服务和边缘服务）的客户能够从一种数据处理服务切换到另一种数据处理服务，同时保持服务的最低功能，这是市场竞争更加激烈、新服务提供商进入门槛较低的关键条件。因此，这一章的规定可以促进数据处理服务的竞争。

⑥互操作性。

第 8 章规定了数据空间运营商和数据处理服务提供商的互操作性以及智能合约的基本要求必须遵守的基本要求。该章还启用了数据处理服务互操作性的开放互操作性规范和欧洲标准，以促进无缝的多供应商云环境。

⑦与数据库权利的关系。

第 10 章包含一项规定，即欧盟《数据库指令》（96/9/EC）中确立的特殊权利不适用于包含从使用产品或相关服务获得或生成的数据的数据库，以阻碍用户有效行使根据本数据法第 4 条访问和使用数据或根据本数据法第 5 条与第三方共享此类数据的权利。可见，为了保证本条例的规定能够实施，在特定情况下排除了数据库特殊权利保护。

9.2.2 美国

1.《联邦、州和本地机构税务信息安全指南》

2016 年美国国家税务局发布《联邦、州和本地机构税务信息安全指南》，要求联邦机构必须将接收、处理、存储、传输联邦税务信息的信息系统的位置限制在美国领土、大使馆或军事设施内的区域。据美国信息技术与创新基金会的报告称，数据国内存储要求在一些联邦机构、州和本地政府的公共采购合同中有时也会存在。

2.《数字平台委员会法案》

2022 年 5 月 23 日，美国对数字平台提出了综合性平台管理法《数字平台委员会法案》，对数字平台在消费者保护、数据可携权、算法决策等问题进行特殊规制。该法案希望创建名为联邦数字平台委员会的监管机构，管理大型科技行业，并确保数字平台上的算法是公平和安全的。该委员会由领域内专家组成，致力于解决大型科技行业内的问题，并有权制定新的规则来保护消费者，以及“颁布规则，调查违规行为，进行研究并实施民事处罚”。[1]

该法案对“大型数据持有者”设置了个人信息保护方面的特殊义务。在身份判定上，从定量方面进行规定，大型数据持有者是年收入在 2.5 亿美元以上，并且收集、处理或转移超过 500 万人的个人数据或者超过 10 万人的敏感个人数据的实体。

3.《澄清境外合法资料使用数据法案》

2018 年 3 月 23 日，美国国会通过《澄清境外合法资料使用数据法案》，明确赋予美国执法机构跨境调取数据的权力，这使得对于境外存储的数据，美国也可以出于公共安全等目的进行调取。可调取的数据范围并不限于美国人的数据，在满足一定条件的情形下也可调取非美国人的数据；可调取数据的企业范围也并不限于美国

---

[1] 全球技术地球．日美两国承诺将加强在网络、航天及新兴技术等领域的合作［EB/OL］.（2022-05-25）［2022-11-29］. https：//baijiahao. baidu. com/s? id=1733802390401886759&wfr=spider&for=pc.

企业或总部在美国的企业，外国企业如果在美国提供业务并且与美国发生了充分的联系，也可能被要求提供境外数据，但是“美国管辖权也不是无限制的”。

4.《数据隐私和保护法》(草案)

2022年6月3日，美国众议院能源与商业委员会和参议院商业、科学和运输委员会联合向公众发布了《美国数据隐私和保护法》。该立法草案是第一个获得两党两院支持的美国联邦全面隐私提案，法案旨在建立强有力的国家框架，保护消费者数据隐私和安全，为公民提供广泛的保护。

《数据隐私和保护法》(草案)提出要求相关实体在特定场景下遵守“忠诚义务”；要求相关实体在前端最小化个人数据的收集、处理和传输从而保障消费者数据的使用仅限于特定产品和服务的合理必要和相称的范围；为儿童和未成年人提供更大力度的数据保护，包括他们经过或未经父母批准可以同意的事项；要求相关实体允许消费者关闭个性化广告；在整个互联网生态系统中建立平等的监管。

(1) 忠诚义务

《数据隐私和保护法》(草案)将忠诚义务的规定细化为：数据最小化原则、具体的忠诚义务、设计的隐私保护、禁止价格歧视四大类。其中，具体的忠诚义务对限制性和禁止性数据处理活动作出详细规定，包括：

第一，与社会保险号码有关的处理活动。除非出于信贷展期、认证或缴纳和征收税款的目的，否则不得收集、处理或转移个人的社会保险号码。

第二，与个人的精确地理位置信息有关的处理活动。除非取得个人的肯定性明确同意，并且通过单独的、明确的通知对转移方式进行解释，否则不得将个人的精确地理位置信息传输给第三方。

第三，与生物特征信息有关的处理活动。除非出于数据安全、认证、遵守法律义务、主张权利、执法等目的或取得个人肯定性明确同意的情况下，并且通过单独的、明确的通知对收集、处理和向第三方传输的方式进行解释，否则不得收集、处理和传输生物特征信息。

第四，与密码有关的处理活动。除非是传输给指定的密码管理人，或者是专门用于查明跨网站或账户重复使用的密码的受管辖实体，否则不得向第三方传输密码。

第五，与非自愿拍摄的私密图像有关的处理活动。除非是出于执法目的，否则不得收集、处理和向第三方传输非自愿拍摄的私密图像。

第六，与遗传信息有关的处理活动。除非是出于诊断、治疗、医学研究或执法调查的目的，在取得个人肯定性明确同意的情况下，并通过单独的、明确的通知对收集、处理和向第三方传输的方式进行解释，否则不得收集、处理和向第三方传输遗传信息。

第七，有关聚合数据的处理活动。除非取得个人肯定性明确同意，并通过单独的、明确的通知对第三方传输的方式进行解释，否则不得将个人互联网搜索或浏览历史的聚合数据向第三方传输。

第八，与个人身体活动信息有关的处理活动。除非取得个人肯定性明确同意，并通过单独的、明确的通知对第三方传输的方式进行解释，否则不得将智能手机或可穿戴设备中的个人身体活动信息向第三方传输，传输至该个人的另一设备或服务的情况除外。

（2）对大型数据持有者的特殊规制

《数据隐私和保护法》（草案）在具体义务方面有以下十点规定。第一，强化告知义务。除了公开隐私政策外，还需要将其数据实践通过简短通知的方式告知个人。第二，快速响应个人的权利请求。对于个人的数据权利请求，大型数据持有者应在核实请求后的 30 日内完成处理，其他主体处理时限则放宽至核实请求后的 60 日。第三，算法影响评估的强制性义务。使用算法处理受保护数据的大型数据持有者应当在每年对相关算法进行影响评估。第四，向联邦贸易委员会的报告义务。法案实施一年后，大型数据持有者的首席执行官（或最高级别管理者）、数据隐私官、数据安全官需要向联邦贸易委员会进行年报，报告内部控制、结构、人员参与和对法案遵守情况等事项。第五，隐私影响评估。法案颁布后一年内或受管辖实体符合大型数据持有者定义的一年内（以较早者为准），大型数据持有者应当进行隐私影响评估，并在此后两年进行一次更新。第六，内部人员报告。大型数据持有者应当指定至少一名作为内部监督者的隐私保护官直接向其最高级别管理者报告。第七，定期全面审计。大型数据持有者应当指定至少一名作为内部监督者的隐私保护官定期对政策、做法和程序的合规性进行审计。第八，员工培训计划。大型数据持有者应当指定至少一名作为内部监督者的隐私保护官制定对员工进行合规要求方面的教育和培训的计划。第九，记录保存义务。大型数据持有者应当指定至少一名作为内部监督者的隐私保护官对其采取的所有隐私和数据安全做法保持更新、准确、清晰和可理解的记录。第十，设置与执法机构的联络官。大型数据持有者应当指定至少一名作为内部监督者的隐私保护官作为其与执法机构之间的联络官。

（3）对儿童和未成年人个人数据保护的特殊关切

《数据隐私和保护法》（草案）对儿童和未成年人的个人数据保护作出了特别规定，主要包括：禁止受管辖实体向明知是未满 17 岁的个人投放定向广告；未经肯定性明确同意，禁止受管辖实体向第三方传输明知是 13 岁至 17 岁个人的个人数据；在联邦贸易委员会内部设青少年隐私和营销司，解决儿童和未成年人的隐私和营销问题，该部门必须向国会提交年度报告，并雇用包括青年发展、数据保护、数字广告和数据分析专家在内的员工；对 1998 年《儿童在线隐私保护法》的评估报告，要求联邦贸易委员会有关负责人每两年向国会提交一份报告，分析该安全港条款的公平性和有效性。

（4）与其他联邦或州法律在适用方面的协调

《数据隐私和保护法》（草案）对于与其他联邦或州法律在适用方面的协调问题作出了明确规定。《数据隐私和保护法》（草案）明确就联邦法律而言，在《数据隐私和保护法》（草案）未作出特别规定的一般情况下，不对其他联邦法律的适用构成限制。就州法律而言，《数据隐私和保护法》（草案）未作出特别规定的一般情况下，《数据隐私和保护法》（草案）优先于为其条款所覆盖的州法律适用，但列出了保留适用的州法律类型和具体的州法律，包括具有一般适用性的消费者保护法［特别规定，违反《数据隐私和保护法》（草案）规定的事实并不当然认定为违反此类法律］；民权法；与隐私权或其他保护雇员、雇员信息、学生或学生信息有关的法律；与数据违规事件通知有关的法律；合同法或侵权法；与欺诈、盗窃、未经授权访问信息或电子设备，或者未经授权使用信息、恶意行为或类似规定有关的刑法或刑事诉讼法；与网络跟踪、网络霸凌、非自愿色情图像或性骚扰有关的刑事或民事法律；与公共安全有关的法律，或者与隐私、安全无关的特定部门法；与公共记录、刑事司法信息系统、逮捕记录、面部照片、定罪记录或非定罪记录有关的法律；与银行记录、财务记录、税务记录、社会保障号码、信用卡、信用报告和调查、信用修复、信用诊所或支票兑付有关的法律；仅涉及面部识别或面部识别技术、电子监控、窃听或电话监控的法律；《生物特征信息隐私法》（如伊利诺伊州《生物特征信息隐私法》）和《基因信息隐私法》（如伊利诺伊州《基因信息隐私法》）；与未经请求的电子邮件、电话征集或来电显示有关的法律；与健康信息、医疗信息、医疗记录、HIV 状态或 HIV 检测有关的法律；与图书馆记录保密性有关的法律。《加州民法典》第 1798.150 节（《加州消费者隐私法》中有关个人诉讼和损害赔偿的部分）。除此之外，《数据隐私和保护法》（草案）与 1934 年《通信法》及联邦通信贸易委员会据此发布的法规作了区分。

9.2.3 日本

日本《反不正当竞争法》对“限定提供数据”的保护。[1] 日本 2018 年修改了《反不正当竞争法》，增加了“限定提供数据”保护的内容。该法第 2 条第 7 款对“限定提供数据”的含义作了规定，第 2 条第 1 款第 11 ~ 16 项将“有限提供数据”的非法获取、使用

---

[1] 以下内容根据日本 2018 年修订的《反不正当竞争法》、日本经济产业省 2022 年 5 月修订的《限定提供数据相关指南》的内容整理而成，同时参考了李扬教授的《日本保护数据的不正当竞争法模式及其检视》一文（载《政法论坛》2021 年第 4 期）。

和披露界定为不正当竞争。为了安全使用数据，还考虑了对用户方的寒蝉效应，该法第 19 条第 1 款第 8 项还规定了不正当竞争的除外情形。日本经济产业省于 2019 年 1 月 31 日制定了《限定提供数据相关指南》，最新修订版为 2022 年 5 月修订。

根据日本《反不正当竞争法》第 2 条第 7 款的规定，“限定提供数据”是指“以营业为目的向特定人提供的采用电磁方法（电子方法、磁气方法以及人的知觉所不能感知的其他方法）积累了相当数量以及进行了电磁管理的技术信息或者经营信息（作为商业秘密管理的除外）”。

1. 以营业为目的向特定人提供

指企业通过交易向特定人员提供的信息，如作为产品广泛提供的数据和在联合体内部共享的数据，这一要件的目的是将保护对象限定在一定条件下针对特定方提供的数据，未指定或限制对方而广泛免费提供的数据不包括在内。

（1）以营业为目的

指一个人的行为按照社会惯例作为经营行为或经营行为的一个环节进行的。作为重复和持续业务的一部分提供数据，或者即使他们尚未提供数据，但具有作为此类业务的一部分向数据持有者提供数据的意思，也符合这一要求。如果作为经营行为提供，则认为符合此要求，但不要求重复连续提供特定数据才能满足此要求。即使是免费提供或由个人提供，如果重复和连续执行的行为达到按照社会惯例作为经营行为或经营行为的一个环节，也符合“以营业为目的”的要求。

（2）向特定人提供

“特定人”是指在特定条件下接收数据的人。如果是特定的，则无论实际接收数据的人数如何，都可以满足此要求。例如，向缴纳会费的人提供、向符合规定条件的人提供等。“提供”是指将数据置于特定人可以使用的状态，不仅包括实际提供数据，也包括有提供数据的意图。

2. 采用电磁方法积累了相当数量

要求积累了相当数量的目的是保护已经积累从而有用的电子数据，同时考虑到大数据。“电磁方法”的要求是根据目标电子数据的特性来定义的。

“有限提供数据”是作为企业提供的数据。“相当数量”的标准根据各数据的性质而定，指的是按社会惯例通过电磁方法累积，从而积累到产生价值的数量。在认定时，可以考虑投资于通过电磁方法积累数据所创造的附加价值、利用可能性、交易价格以及数据的创建、收集、分析和管理等。

当持有者只提供了一部分数据时，对于这部分数据，通过积累创造的附加价值、利用可能性、交易价格以及考虑到劳动力、时间、成本等方面进行考虑；如果投入到数据的创造、收集、分析和管理上，部分积累并产生价值，则认定积累了相当数量。例如，持有者拥有手机位置的数据，但只提供了某一街道的数据；持有者有大量的气象数据，只提供了某地的台风数据等。

3. 用电磁方法或进行电磁管理（电磁管理性）

这一要件要求数据持有者提供数据时，具有作为提供给特定人员的管理意图并且向外部明确，从而可以提高特定人员以外的第三方的可预测性和稳定性。

为了满足电磁管理性，在提供数据时需要采取管理措施，通过该措施可以看出数据持有者的意思是仅提供给特定的人，是否满足这一要件取决于提供数据时采取的控制措施，因此即使在公司内部处理数据时不进行电磁控制，也不能直接认定不满足这一要件。即使实际上并未提供数据，但如果识别出提供数据的意图，则可以考虑实际提供时的状况，认定有可能满足“提供”要求。

管理措施的具体管理内容和管理程度将根据公司的规模和业务类型、数据的性质等情况而有所不同，但管理必须是普遍且易于被第三方识别的。

电磁管理性要件的目的是确保第三方的可预测性。为了认定为具有电磁管理性，数据是专门管理的，管理的意图是提供给特定的人，且能够被第三方识别到这些数据只是提供给特定人的。例如，采取措施防止数据持有者和持有者提供的人员（特殊人员）以外的任何人访问数据，即采取限制访问的技术是电磁管理的措施之一，但如果只是采取了限制复制的措施，而没有采取限制访问措施，则不能认为满足电磁管理性要求。如果不是专门针对数据管理数据，也认为不满足电磁管理性要求。例如，房间内在存储数据的电脑以及其他工作设备，虽然进入房间有限制措施，但对数据本身没有管理措施，就不能仅以此认为数据符合电磁管理性要求。

4. 技术信息或者经营信息

技术信息或者经营信息指大量存在的正在使用（或预计将使用）的信息。具体而言，“技术信息”包括地图数据、机器操作数据、用于使用人工智能技术的软件开发（学习）的数据等。“商业信息”，包括消费趋势数据和市场调查数据等。但不包括违反公序良俗的有害信息。

5. 商业秘密

商业秘密保护与限定提供数据保护的目的和规则不同，但有时限定提供的数据也符合商业秘密的条件。为了与商业秘密区分开，日本《反不正当竞争法》第2条专门规定了“商业秘密除外”。这一规定仅仅意味着两种制度所提供的保护在法律适用的范围内不存在重叠，而在实践中，不可否认的是在进行管理时应着眼于两种制度提供保护的可能性。

6. 例外：免费提供给公众使公众可以使用的信息

根据日本《反不正当竞争法》第19条第1款第8项的规定，与免费提供给公众使公众可以使用的信息相同的数据，不得作为限定提供的数据保护。

不指定或限制对方而广泛免费提供的数据。任何人都可以使用，因此与此类数据相同的数据，即使采用“有限提供”的方式，也不属于受保护的“限定提供的数据”。以下属于免费提供数据的情形：免费提供数据时，但许可条款规定“引用提供的数据时，注明出处”；免费提供数据，但要求支付存储数据的CD等存储设备的实际成本和运费等实际成本；任何人都可以免费访问，运营商可以通过广告获得收入。

“使公众可以使用的信息”意味着不特定数量的人可以访问数据。例如，任何人都可以自由访问主页上发布的数据。“相同”指的是实质相同。如果公开的数据的顺序被简单机械地改变，则认为其实质相同。 如果“有限数据”的一部分与“免费向公众提供的信息”实质相同，则该部分将不受保护。

7. 不正当竞争行为

（1）概述

根据日本《反不正当竞争法》第 2 条第 1 款第 11 项至第 16 项的规定，针对限定提供的数据的不正当竞争行为，包括“获取”“使用”或“披露”的行为。“获取”是指将数据置于自己的控制之下，并通过记录数据的介质或显示数据的显示器获取数据本身的行为。“使用”是指利用数据的行为，如对数据进行加工、分析等行为。“披露”是指将数据置于第三方可以知悉的状态。现实中，不要求第三方实际知悉，也不要求第三方获取了“披露”的信息。

（2）不正当获取、使用或者披露限定提供的数据的行为

日本《反不正当竞争法》第 2 条第 1 款第 11 项规定的行为是：使用盗窃、欺诈、胁迫或其他不正当手段获取限定提供数据的行为（以下简称限定提供数据的不正当获取行为）以及将通过上述手段获得的数据进行使用和公开的行为。

这里除了列举的“盗窃、欺诈、胁迫”手段外，使用“其他不正当手段”包括除了违反刑法的手段外，还包括违反公序良俗的行为；但其他法律规定具有目的正当性的行为则不包括在内，如游戏机等维修公司在维修、更换游戏机和终端时，在必要的范围内以及维修后等情况下，对存储在设备中的受保护的有限数据进行备份；为研究与其他公司产品的技术兼容性，在未连网的状态下在必要的范围内解除对产品的保护并获取数据的行为等。

（3）显著违反诚信原则使用或者披露限定提供的数据的行为

日本《反不正当竞争法》第 2 条第 1 款第 14 项规定的行为是

合法获得限定提供的数据的行为人，出于获取不正当利益目的，或者加害限定提供的数据持有者的目的，使用该限定提供的数据的行为（限于违反与该限定提供的数据管理相关的任务而使用的行为），或者披露该限定提供的数据的行为，是不正当竞争行为。

“合法获得限定提供的数据的行为人”指限定提供数据是从持有人处以正当手段获取的，如按照合同接收限定提供的数据。这类不正当竞争行为有两个要件：一是出于获取不正当利益目的，或者加害限定提供的数据持有者的目的，简称为具有图利加害目的。如果当事人清楚持有人不允许使用或披露，并且尽管知道这一点，但自己或第一次获得时为谋取三方利益或损害数据持有人的目的而使用或披露数据的，视为有图利加害目的；但合同中允许的行为，不视为具有图利加害目的。当对合同中是否允许存在争议时，即使最后法院判决不允许这样做，但合同中并没有明示，也不能认为具有图利加害目的。过失行为以及为限定提供的数据持有者利益的行为，都不能认为具有图利加害目的。另外，具有正当目的，如为了保护数据安全或根据法律要求从事的行为，也不能认为具有图利加害目的。二是限于违反与该限定提供的数据管理相关的任务而使用的行为。“与管理相关的任务”是指当事人之间存在委托关系，为持有人工作，这种任务需要根据实际情况判断。例如，为限定提供数据持有者进行数据处理时存在委托关系，而以新产品开发等为目的专门为数据获取者购买数据时不存在委托关系。

（4）转得者的不正当获取、使用或者披露行为

①获取时恶意的转得行为。根据日本《反不正当竞争法》第 2 条第 1 款第 12 项、第 15 项的规定，知道限定提供的数据存在不正

当获取的事实，或限定提供的数据系不正当披露的，或存在不正当披露的事实，而获取该限定提供的数据或获取后使用或披露该限定提供的数据，构成不正当竞争行为。不仅从不正当获取或者披露者处直接获取限定提供的数据的行为，以及获取后的使用或者披露行为，而且从不正当获取或者披露行为人以外的任何第三人那里间接获取限定提供的数据的行为，以及获取后的使用或者披露行为，在满足主观恶意的前提下，均构成获取时恶意的侵害数据行为。

②取得时善意但事后恶意的转得行为。日本《反不正当竞争法》第 2 条第 1 款第 13 项和第 16 项规定，善意获取后知道该限定提供的数据存在不正当获取的事实，披露该限定提供的数据的行为，或者善意获取后知道该限定提供的数据存在不正当披露的事实（比如，违反合同限制披露义务而披露的事实，或者超过合同约定使用期限而披露的事实），披露该限定提供的数据的行为，构成不正当竞争行为。

（5）例外情形

日本《反不正当竞争法》第 19 条第 1 款第 8 项规定了两种例外情形：

①获取、使用或者披露和公众可以无偿利用的信息相同的限定提供的数据的行为。获取、使用或者披露的限定提供的数据，如果与公众可以无偿利用的信息相同，则不属于不正当竞争行为。此种适用除外行为确保了一般公众获取和使用数据的行为自由。

②在原权限范围内披露限定提供的数据的行为。通过交易获取限定提供的数据的行为人，如果获取时不知道该数据存在不正当获取或者披露的事实，即善意获取该数据，即使事后知道该数据存在

不正当获取或者披露的事实，即善意转得后变为恶意，依旧可以在变为恶意之前通过交易取得的原权限范围内披露该数据。

8. 请求权人

日本《反不正当竞争法》第3条和第4条规定了商业利益受他人不正当竞争行损害的当事人，享有禁令请求权和损害赔偿请求权。

对限定提供数据的不正当竞争行为，受损害的请求权人是限定提供数据的持有人。开发数据分发平台服务的平台开发者，如果平台上分发的限定提供数据从平台泄露，在某些情况下其商业利益也会受到侵犯，可以提出禁令请求和损害赔偿请求。限定提供数据持有者将数据的管理外包给承包商，数据通过承包商进行电磁存储和管理，承包商也具有商业利益，也可以依据日本《反不正当竞争法》第3条和第4条提出禁令请求和损害赔偿请求。

9.2.4 巴西

2018年8月14日，巴西《通用个人数据保护法》(*LEG Geralde Proteçãode Dados*)(以下简称为LGPD)通过，于2020年2月15日正式生效。该法共有65条，阐述了巴西对个人数据的定义，并为授权使用个人数据提供了法律依据。LGPD是一项综合性法律，就个人数据的收集、使用、处理和存储制定了详细的规则，具体内容如下：

1. 保护范围

LGPD将适用于经济的所有公共部门和私营部门，并使所有大小的企业都遵循相同的标准和法规，这可能被认为对小型企业不公平。

2. 区域

跨境管辖，LGPD 具有全球适用性。不仅适用于总部位于巴西的机构和在巴西处理个人数据的公司，也适用于跨境处理巴西居民的个人数据。LGPD 第 3 条规定的管辖范围适用于任何处理：①处理操作是在巴西境内进行；②以提供货物或服务为目的的处理活动，或者处理位于巴西境内的个人数据；③所处理的个人数据在巴西境内收集。

3. 相关定义

个人数据与已识别或可识别的自然人有关的信息。

个人敏感数据：关于种族或族裔、宗教信仰、政治观点，工会或宗教、哲学或政治组织成员身份的个人数据，与自然人有关的健康或性生活数据、基因或生物数据。

匿名数据：在数据处理中使用合理技术手段无法识别数据主体的数据。

数据库：在一个或多个地方建立的、电子或物质支持的、结构化的个人数据集合。

4. 数据主体的权利

LGPD 第 7 条规定的个人数据处理依据主要包括数据主体同意、控制者为遵守法律或监管义务、公共行政部门处理和共享使用为履行法律法规所要求，或者基于合同、协议或者类似文件所必需的数据等方面的数据处理依据，强调了研究机构为开展研究、医疗机构为保护健康以及有关部门为保护信用等合法处理个人资料法律基础。

5. 规定了数据处理的原则

LGPD 第 6 条阐述了个人数据处理的核心原则，包括合法、公平、问责、不歧视、目的限制和使用个人数据的透明度，也提出需要数据最小化、准确性，存储限制和安全，包括完整性和保密性。

6. 规定了政府对个人数据处理的细则，并设置数据保护官

第 41 条第 1 款规定数据保护官的身份和联系信息应当公开、明确、客观地披露，最好在控制者的网站上公开披露。第 2 款规定数据保护官的职责包括：接受数据主体的投诉并沟通，提供澄清和采取措施；与国家机构沟通并采取措施；指导组织的员工和承包商在保护个人数据方面采取措施；执行控制者决定的或补充规则中规定的其他职责。第 3 款规定国家机构可以根据企业的性质和规模或处理数据的数量，制定有关数据保护官角色和职责的补充规则，包括数据保护官的豁免任命情况。

7. 数据的跨境传输

第 33 条符合下列条件的，才允许数据进行跨境传输：

①第三国或国际组织提供的个人数据保护水平达到了本法规定的充分性程度；

②当控制者提供和证明符合本法规定的原则、数据主体权利和数据保护制度的保证文件时，其形式为用以传输的具体合同条款，标准合同条款，全球性的公司规则，定期发布的印章、证书和行为准则；

③根据国际法律文书，政府情报，调查和警察机构之间的国际法律合作需要转移；

④传输是为了保护数据主体或第三方的生命或身体安全之必

要的；

⑤通过国际合作协议承诺传输的；

⑥传输是执行本法第23条第1项提到的公共政策或法定公共服务职责之必要的；

⑦在数据主体事先获知有关跨境传输的信息，可清楚地区别于其他目的的前提下，明确同意传输的；

⑧在必要的情况下，需满足本法第7条第2、3、4项的规定。

8. 行政处罚

数据处理代理人如果不遵守LGPD的要求，会被处以巨额罚款。依据LGPD第52条规定，行政处罚可达上一财政年度巴西境内私法人主体、集团或大型企业集团收入的最高百分之二的总计罚款，单次罚款最高可达5000万雷亚尔，约合1290万美元。

9.2.5　新加坡

2012年10月15日，新加坡颁布了《个人数据保护法》，该法是一部规范个人数据的收集、使用和披露的综合性立法。为了更好地执行《个人数据保护法》，新加坡还配套出台了针对特定领域（如电信业、房地产行业、教育行业、医疗行业、社会公益服务行业）的各项个人数据保护指南，指导企业更好地对个人数据进行保护。

2020年5月14日，新加坡通信信息部（MCI）和个人数据保护委员会（PDPC）联合发布了《个人数据保护法（修订）》草案。

1. 进一步明确相关定义

第2条（a）在“数据中介”的定义之后，增加“衍生的个人数据”：指某机构在业务过程中从有关该人或该机构所管有或控制的，另一人的其他个人数据所衍生的有关该人的个人数据，但不包括该组织使用任何规定的手段或方法得出的个人数据。

2. 加强机构的问责制

问责制将作为《个人数据保护法》中的一项关键原则，同时会引入实现问责制的最佳实践，作为补充收集、使用和披露个人数据的新途径。此外，《个人数据保护法》还将纳入公共部门数据安全审查委员会（PSDSRC）的相关建议，确保处理政府个人数据的第三方承担责任，并明确个人数据处理的违法行为。

3. 完善框架，以助于在必要时达成有效同意

在一些情况下，机构将能够出于合法利益和业务改善的目的而收集、使用或披露个人数据，尤其是出于公共利益的目的。

4. 强化个人对其数据享有的权利

新的“数据可携带义务”将为赋予个人对其数据更强的选择和控制力，防止个人被锁定到一种服务中，确保个人可以切换到新服务中。同时，还将修改“请勿拨打电话条款”，为消费者在营销信息方面提供更多保护。

5. 增加处罚力度

《个人数据保护法》将增加罚款数额，以及提高个人数据保护委员会（PDPC）的执行力。例如，要求个人出庭作陈述和开展调解，来提高个人数据保护委员会（PDPC）的执法效率。

在机构设置方面：新加坡于 2013 年 1 月 2 日成立了个人数据保护委员会（PDPC），负责管理和执行《个人数据保护法》的相关事项，在企业和用户之间建立可信环境，设立于新加坡信息媒体发展局（IMDA）之下，IMDA 是新加坡通信信息部（MCI）的主要分

支机构，MCI 主要负责监督个人信息保护领域的事项，并负责起草相关政策。

9.2.6　印度

2019 年，印度电子和信息技术部针对非个人数据的治理成立的专家委员会，发布了《印度非个人数据治理框架》。

1. 定义：数据类型分为公共、社区和私人三类

（1）公共非个人数据

指由政府或任何政府机构收集或生成的非个人数据，包括在执行所有公共资助工程过程中收集或生成的数据。例如，土地记录、公共卫生信息、车辆的匿名数据、登记资料、一所大学根据公共资金收集城市的污染水平项目等。

（2）社区非个人数据

指非个人数据，包括匿名数据、个人资料以及关于无生命和有生命的东西的非个人资料或现象——无论是自然的、社会的还是人工的，其来源或主题属于自然人社区，但该等资料不得包括私人非个人数据。例如，除了市政公司和公用电力公司收集的数据集外，包括电信、电子商务、代驾公司等私营公司收集的用户信息的数据集也应视为社区数据。

（3）私人非个人数据

指由政府以外的个人或实体，其来源或主体涉及此类个人或实体私有的资产和流程，包括私人努力产生的衍生和观察数据的各个方面。它包括涉及算法应用、专有知识的推断或衍生数据、见解。在生成对抗性网络的情况下，两个人工智能引擎相互竞争，并创建类似于人工智能引擎训练数据的新数据实例，这个衍生数据就是私

有非个人数据的一个例子。

2. 非个人数据管理机构

委员会建议创建一个单独的非个人数据管理机构。该权限将独立于印度《个人数据保护法案》提议的数据保护权限。委员会认为，这是一个新兴的监管领域。监管机构需要专业知识（数据治理、技术等），以及必须跟上快速发展的技术环境。非个人数据管理机构要求实现单一的数据共享请求和要求；监管涉及数据业务、数据受托人和数据信托的相应数据共享安排；解决市场失灵问题并监管非个人数据市场。在强制共享的情况下，如果组织拒绝共享请求的数据，则非个人数据管理机构将裁定数据共享争议。同时委员会提出，应注重协调拟议的个人数据管理局、印度竞争委员会和拟议的非个人数据管理机构的作用。

3. 设置新的数据业务类别

为了确保以系统化的方式更多地访问非个人数据，委员会建议创建一个满足某些数据阈值标准的新业务类别——“数据业务”。此类企业将必须正式注册并声明其所做的工作以及收集、处理和使用的数据，以何种方式以及出于何种目的使用这些数据。这些企业收集的有关数据的元数据将在印度境内开放访问，其他公司和政府也可能会要求提供详细的基础数据。例如，医院不仅从提供医疗服务中获得经济价值，还可以通过利用医疗数据和提供增值服务（如个性化治疗计划、药品等）获得附加价值。

第 10 章 国内外与数据相关的案例选编

10.1 国内典型案例

10.1.1 数据爬取不正当竞争典型案例

1. 北京微梦创科网络技术有限公司诉北京字节跳动科技有限公司不正当竞争纠纷案

——北京市高级人民法院〔2021〕京民终 281 号

【案情摘要】北京微梦创科网络技术有限公司（以下简称微梦创科公司）是微博网（www.weibo.com）及 iOS 版、安卓版“微博”App（以下合称新浪微博）的运营者。经微梦创科公司多年运营，新浪微博具有了较高的知名度，并通过“免费服务 + 广告 / 增值业务”模式获取了相关竞争优势和合法权益。通过大量明星艺人等用户入驻并发布内容，在新浪微博上形成了信息流广告及其他增值业务的展位，同时也吸引了大量粉丝用户入驻并成为广告 / 增值业务的受众。字节跳动科技有限公司（以下简称字节跳动公司）是今日头条的运营者，其业务领域与微梦创科公司多有重合。2016 年

10 月起，字节跳动公司利用技术手段抓取或由其公司员工以人工复制的方式大规模获取原发自新浪微博的内容，并紧随其后发布，展示在今日头条中，向用户进行传播，字节跳动公司的涉案不正当竞争行为，会导致公众误认为今日头条为涉案内容的首发平台、原发平台，从而大大增加今日头条对用户的吸引力，不正当地增加其竞争优势。微梦创科公司在 m.weibo.com 网站 robots 协议中以文字宣示方式单方限制字节跳动公司抓取对公众和其他所有网络机器人完全公开的相关网页内容，本质上按照经营主体来区分网络信息是否可以被抓取，而并非按照信息内容本身区分是否可被抓取，此种针对性的限制措施显然与行业公认的 robots 协议公平、开放和促进信息自由流动原则不符，与互联网行业普遍遵从的开放、平等、分享、协作的互联网精神相悖，不利于维护公平参与、理性竞争的互联网市场竞争环境。

【法院判决】一审法院认为，微梦创科公司在 m.weibo.com 网站 robots 协议中以文字宣示方式单方限制字节跳动公司的网络机器人抓取对公众和其他所有网络机器人完全公开的相关网页内容，导致字节跳动公司的网络机器人无法正常抓取相关网络信息，直接降低了字节跳动公司今日头条平台的用户体验，影响了网络用户对字节跳动公司相关网络平台的市场评价，也一定程度上降低了字节跳动公司今日头条网络平台的竞争优势，损害了字节跳动公司的合法权益。同时，微梦创科公司在 m.weibo.com 网站 robots 协议中以文字宣示方式单方限制字节跳动公司今日头条网络机器人抓取相关网页信息，影响了网络用户对其所选择的今日头条客户端的正常使用，且在一定程度上迫使存在相关信息检索需求的网络用户只能通过其他平台获取相关信息，增加了网络用户的选择成本，损害了网络用户的选择权，从而损害了相关网络用户的合法权益。

二审法院认为，在认定不正当竞争行为时，不仅要考虑其他经营者的合法权益，还要同时考虑市场竞争秩序和消费者的合法权益。robots 协议作为一种技术规范，其作用只在于标示该网站是否准许网络机器人访问、准许哪些网络机器人访问，但网络机器人识别该 robots 协议后，无论是否遵守，robots 协议都不会起到强制禁止访问的结果。微梦创科公司限制的“ToutiaoSpider”网络机器人的应用场景并非搜索引擎服务，而是“微头条”等非搜索引擎应用场景。因此，一审判决将《互联网搜索引擎服务自律公约》作为本案中商业道德的参考显有不妥。在判断 robots 协议对于网络机器人限制行为的正当性时，其核心在于保护网站经营者的自主经营权与维护其他经营者利益、维护消费者利益、维护竞争秩序之间的平衡。尽管 robots 协议客观上可能造成对某个或某些经营者的“歧视”，但在不损害消费者利益、不损害公共利益、不损害竞争秩序的情况下，应当允许网站经营者通过 robots 协议对其他网络机器人的抓取进行限制，这是网站经营者经营自主权的一种体现。

由于微梦创科公司仅对字节跳动公司的“toutiaospider”网络机器人设置了 robots 协议限制，即其他网络机器人仍然可对微博内容进行抓取，故不会导致出现所谓的信息孤岛现象，进而违背互联网互联、互通、共享、开放的精神，损害到公共利益或竞争秩序。至于微梦创科公司将 robots 协议的链接放置在微博用户协议中的行为，虽然该行为使该协议内容处于被消费者阅读的可能性中，但作为一般消费者通常不会仔细阅读用户协议，即使点开其中的链接去读取 robots 协议，作为一般消费者而言，大多也不会理解 robots 协议中语句的具体内涵。因此，该行为也不足以给字节跳动公司带来损害。综上，被诉行为应属于微梦创科公司企业自主经营权范畴内的正当行为，并不构成不正当竞争行为。一审判决有关被诉行为违反反不正当竞争法一般条款的认定有误，二审撤销北京知识产权法院〔2017〕京 73 民初 2020 号民事判决，驳回北京字节跳动科技有限公司的诉讼请求。

2. 北京微梦创科网络技术有限公司诉云智联网络科技（北京）有限公司不正当竞争纠纷案

——北京市海淀区人民法院〔2017〕京 0108 民初 24512 号

【案情摘要】原告微梦创科公司是新浪微博平台（以下简称新浪微博）的运营者及服务提供者，被告云智联网络科技（北京）有限公司（以下简称云智联公司），是涉案 App 的运营者和服务提供者，其未经许可擅自抓取，并在涉案 App 中向其用户推送和展示来源于新浪微博明星微博的十五类动态数据，且持续并扩大抓取、展示范围，使用户无须登录新浪微博即可全面查看明星微博动态。云智联公司通过该行为获得较大收益的同时，造成微梦创科公司用户注册和访问流量损失，原告微梦创科公司遂向北京市海淀区人民法院提起诉讼。

【法院判决】本案中，微梦创科公司主张涉案数据属于新浪微博后端数据，云智联公司则辩称其所抓取的部分涉案数据均系新浪微博前端公开数据。因双方对涉案数据的类型和性质存在不同认识，微梦创科公司系从前端和后端之角度对新浪微博数据进行区分，云智联公司则从公开和非公开数据之角度进行区分；法院认为，在论述云智联公司被诉行为性质前，有必要对新浪微博数据的类型进行一定区分和界定。从技术角度看，使用前端和后端概念区分平台数据可能存在范围重叠之情形，或出现分类不严谨之问题，故从规范层面看，将新浪微博数据做公开和非公开数据的区分更能体现法律意义。

微梦创科公司主张的涉案数据中既有新浪微博公开数据，也有非公开数据，而法院认定云智联公司抓取的涉案数据包括微梦创科公司已设置了访问权限的非公开数据，云智联公司要获取该些非公开数据，仅能利用技术手段破坏或绕开微梦创科公司所设定的访问权限，此种行为显然具有不当性。在抓取公开数据时，云智联公司应并未使用表明其身份的网络爬虫或其他正常访问行为抓取涉案数据，结合涉案数据涉及的数据量较大的事实，云智联公司要获取涉案数据应系通过伪装成用户登录或模拟用户行为向新浪微博后台服务器发送请求，并按照浏览器规则进行解析等技术手段才可实现。根据微梦创科公司提交的新浪微博 Robots 协议，以及双方均认可 Robots 协议可以约束包括网络爬虫在内的机器人之事实，云智联公司在明知微梦创科公司限制除白名单以外的机器人抓取涉案数据的情况下仍然实施抓取涉案数据中的公开数据，显然也具有明显的主观恶意，故云智联公司抓取公开数据的行为不具备正当性。判决被告云智联网络科技（北京）有限公司立即停止涉案不正当竞争行为；被告云智联网络科技（北京）有限公司赔偿原告北京微梦创科网络技术有限公司经济损失 1000 万元及合理开支 228 554 元。

3. 深圳市谷米科技有限公司诉武汉元光科技有限公司等不正当竞争纠纷案

——广东省深圳市中级人民法院〔2017〕粤 03 民初 822 号

【案情摘要】原告深圳市谷米科技有限公司（以下简称谷米公司）与被告武汉元光科技有限公司（以下简称元光公司）分别为实时公交信息查询 App“酷米客”和“车来了”的运营者。自 2013 年 6 月起，原告发布并运营一款名称为“酷米客”的实时公交 App，该实时公交 App 的运行需要后台大量汽车实时公交位置数据的支持。为此，原告通过与公交公司合作在公交车上安装定位器以获得海量数据。由于原告的“酷米客”App 后台拥有强大的数据服务支持，因而具有定位精度高、实时误差小等明显优势，使得原告的“酷米客”App 在短时间内即在实时公交领域异军突起。“酷米客”App 现拥有超过 5000 万用户，每日活跃用户超过 400 万，被用户及媒体誉为“公交神器”和“上班族必备神器”。2015 年 11 月左右，被告元光公司为了提高其开发的智能公交“车来了”App 在中国市场的用户量和信息查询的准确度，公司法定代表人被告邵某某授意被告陈某指使被告刘某甲、刘某乙、张某等人利用网络爬虫软件获取原告公司服务器内的公交车行驶信息、到站时间等实时数据。其中，张某负责编写爬虫软件程序；刘某乙负责不断更换爬虫软件程序内的 IP 地址，使用变化的 IP 地址获取数据以防原告察觉；刘某甲负责编写程序，利用刘某乙设置的不同 IP 地址及张某编写的爬虫程序向原告发出数据请求，大量获取原告开发的智能公交 App“酷米客”的实时数据，日均 300 万 ~ 400 万条。在被告开始非法获取原告数据之际，张某破解“酷米客”客户端的加密算法没有成功，陈某便出面聘请其他公司的技术人员帮忙将原告 App 的加密系统攻破，使刘某甲、刘某乙、张某得以顺利非法获取原告服务器中的大量公交车行驶实时数据。

【法院判决】法院认定被诉行为是否构成不正当竞争，关键在于该行为是否违反了诚实信用原则和公认的商业道德，并损害了原告的合法权益。实时公交数据经过人工收集、分析、编辑、整合并配合 GPS 精确定位，作为公交信息查询软件的后台数据后，其准确度和精确性就可以使“酷米客”在同类软件取得竞争优势，数据越准确及时，则软件用户越多、市场占有份额也越大。亦即，“酷米客”后台存储的实时公交数据具有实用性并能够为权利人带来现实或潜在、当下或将来的经济利益，已经具备无形财产的属性。原告谷米公司作为“酷米客”的软件著作权人，对该软件所包含的信息数据的占有、使用、收益及处分享有合法权益。虽然“酷米客”的实时公交数据免费提供公众查询，但该查询必须以不违背谷米科技的意志为前提。被告元光公司未经谷米公司许可，利用网络爬虫技术进入“酷米客”后台非法获取数据的方式，显然违背了谷米公司的意志，不具有合法性。被告元光公司利用网络爬虫技术大量获取并且无偿使用原告谷米公司“酷米客”软件的实时公交信息数据的行为，实为一种“不劳而获”“食人而肥”的行为，具有非法占用他人无形财产权益，破坏他人市场竞争优势，并为自己谋取竞争优势的主观故意，违反了诚实信用原则，扰乱了竞争秩序，构成不正当竞争行为。裁判武汉元光科技有限公司向深圳市谷米科技有限公司赔偿经济损失及合理维权费用 50 万元。

4. 北京微播视界科技有限公司与上海六界信息技术有限公司、厦门市扒块腹肌网络科技有限公司、浙江淘宝网络有限公司不正当竞争纠纷案

——浙江省杭州市余杭区人民法院〔2021〕浙0110民初2914号

【案情摘要】抖音App（以下简称抖音）系由原告北京微播视界科技有限公司（以下简称微播公司）运营的短视频分享平台。近期原告发现，上海六界信息技术有限公司（以下简称六界公司）开发运营的小葫芦产品（官方网站：www.xiaohulu.com）未经原告许可，长期采取不正当技术手段，非法抓取抖音直播平台的用户直播打赏记录（具体到每位用户每一笔打赏的时间、打赏对象及金额）、主播打赏收益相关数据（包括主播单场收入、日收入、月收入、年收入等），并以付费方式向其网站用户提供。

六界公司抓取的抖音用户直播打赏记录及主播打赏收益相关数据，系抖音用户和主播在使用抖音平台直播服务过程中产生的重要个人数据及经营数据。本案中，六界公司采取破解、伪装、欺骗等不正当技术手段，突破原告数据防护措施，绕过原告反扒系统，非法从抖音平台抓取并售卖抖音用户打赏及收益数据，该行为破坏了抖音产品的数据展示规则、抖音直播产品运营逻辑和运行秩序，导致涉案数据丧失管控，严重违背了抖音平台及其用户、主播的主观意愿和隐私期待，导致抖音产品及其用户、主播数据控制权益的丧失，引发了大量抖音用户及主播的不安与投诉，严重损害抖音产品用户体验及数据安全，直接导致抖音产品主播及用户流失、流量受损、打赏行为减少，增值收益降低。

【法院判决】本案中，就行为方式而言，利用技术手段获取数据具有隐蔽性，数据运营方难以掌握数据获取方通过何种手段获取数据的直接证据，应当由数据获取方就此给出合理解释并提供相应证据证明。六界公司均无法给出合理解释，并且六界公司将抖音平台上非公开的数据通过自行整理计算后予以公开展示，使得本来无法通过自然人为方式获得的数据能够通过公开途径获取，破坏了抖音产品的数据展示规则及其运营逻辑和秩序，进而破坏该种平衡，容易引发主播与普通用户的不满，破坏用户黏性，进而损害微播公司该种竞争优势。六界公司获取相应基础数据并未征得打赏用户及主播同意，其行为本就丧失合法性基础，其对该些数据进行分析、对外展示的行为，侵犯了包括打赏用户和主播在内的抖音用户的个人信息权利，进而影响用户对微播公司数据安全保护的期待和信任，最终造成微播公司用户流失，损害微播公司利益。综上，六界公司的行为具有不正当性，侵害了微播公司、抖音主播及打赏用户的合法权益，扰乱了市场竞争秩序，构成不正当竞争。判决被告上海六界信息技术有限公司立即停止涉案不正当竞争行为，即停止获取、使用抖音平台用户打赏及主播收益数据，并删除存储于服务器中的上述涉案数据；被告上海六界信息技术有限公司赔偿原告北京微播视界科技有限公司经济损失（含合理费用）1 000 000 元。

5. 腾讯计算机系统有限公司、腾讯科技（深圳）有限公司与斯氏（杭州）新媒体不正当竞争纠纷案

——杭州铁路运输法院〔2021〕浙 8601 民初 309 号

【案情摘要】原告腾讯科技（深圳）有限公司（以下简称腾讯

公司）认为被告斯氏（杭州）新媒体（以下简称斯氏公司）利用爬虫技术抓取微信公众平台信息内容及数据，并进行对外提供公众号相关数据服务，原告认为被告的数据抓取行为突破微信公众平台的防护措施，妨碍平台正常运行，构成不正当竞争。法院认为原告对微信公众号数据资源整体具有竞争性利益，被告行为突破微信 IP 访问限制和封禁措施，给原告服务器造成额外负担，加大原告运营成本，破坏了微信产品的正常运行机制，违反 robots 协议及诚实信用原则，未尊重信息发布主体的意愿，并不属于技术创新，构成不正当竞争。

【法院判决】第一，斯氏公司通过技术手段操控 75 个微信账号登录微信公众号并爬取数据，已经不同于正常微信用户登录，同时被告使用特定技术手段使微信返回的“uin、key”被“极致了”平台的程序获取，此行为不同于自然人用户登录，其行为属于使用“拟人程序”爬虫工具进行数据爬取；第二，斯氏公司通过技术手段将“极致了”网站网络请求操作分布到多台服务器之上，通过把账号的身份验证信息分发到不同云服务器之上，获取“用户登录”权限后进行数据抓取，因此“极致了”网站以云服务器登录实现数据抓取；第三，使用自动化脚本不间断爬虫，通过多个代理 IP（云服务）操作低成本获取更多的账户和代理 IP，绕过原告的反爬措施。被告使用技术手段绕开微信客户端，从而获得了等同于“登录用户”的权限，同时使用自动化脚本不间断爬虫爬取数据，异化了微信公众号去中心化的产品展示规则，会对微信公众号平台服务器造成远超正常用户访问的负担，已经妨碍、破坏了原告合法提供的网络产品与服务的正常运行。“极致了”网站违背诚实信用原则，擅自使用其他经营者征得用户同意、依法汇集且具有商业价值的数据，并足以实质性替代其他经营者提供的部分产品或服务，损害公平竞争的市场秩序的，属于《反不正当竞争法》第十二条第二款第四项所规定的妨碍、破坏其他经营者合法提供的网络产品或者服务正常运行的行为，构成不正当竞争。裁判被告斯氏（杭州）新媒体科技有限公司立即停止涉案不正当竞争行为，即立即停止非法抓取微信公众号（http://mp.weixin.qq.com）信息内容，向数据原告深圳市腾讯计算机系统有限公司、腾讯科技（深圳）有限公司经济损失及为制止不正当竞争行为所支付的合理费用共计 60 万元。

6. 上海汉涛信息咨询有限公司及爱帮聚信（北京）科技有限公司与爱帮聚信（北京）信息技术有限公司不正当竞争纠纷一案

——北京市第一中级人民法院〔2011〕一中民终字第 7512 号

【案情摘要】爱帮网与大众点评是直接竞争对手关系，大众点评的商业模式是提供商户的信息，公开用户对商户的评价数据，来供用户选择相应的商户。爱帮网则通过爬虫手段抓取大众点评上的信息，并展示在爱帮网上面，在爱帮网展示页面上标注“信息来自于大众点评网”，且设置相关链接导回大众点评。大众点评主张被告通过大量复制原告通过大量时间精力和巨大投入积累的网站内容，获取不当的浏览量和竞争优势，要求停止侵权、道歉、赔偿经济损失 900 万元。爱帮网认为，原告对网站内容不享有排他性的独占使用权，被告作为搜索引擎提供商使用搜索结果中的摘要内容，不构成不正当竞争。

【法院判决】一审法院认定爱帮网与大众点评网提供服务具有

同质性，存在直接竞争关系。大众点评网的商户简介和用户点评系上海汉涛信息咨询有限公司（以下简称汉涛公司）搜集、整理和运用商业方法吸引用户注册而来，汉涛公司为此付出了人力、物力和时间等经营成本，由此产生的利益应受法律保护。爱帮网在未付出劳动、未支出成本、未作出贡献的情况下，直接利用技术手段展示大众点评网搜集和整理的商户简介和用户点评，并以此获得商业利益，属于反不正当竞争法理论中典型的“不劳而获”和“搭便车”行为，违反了诚实信用原则和公认的商业道德，构成不正当竞争。用户通过爱帮网可直接获取商户简介的全部内容和用户点评的绝大部分内容，其已对全部商户简介内容和绝大部分点评内容进行了充分展示，不可能属于摘录，已经构成对大众点评网相应内容的实质性替代，必将不合理地损害汉涛公司的商业利益。

二审法院支持了一审判决，认为汉涛公司通过商业运作吸引用户在大众点评网上注册、点击、评论，并有效地收集和整理信息，进而获得更大的商业利润，该合法权益应受法律保护。爱帮网对大众点评网信息的使用已超出合理范围，已经达到了网络用户无须进入大众点评网站即可获得原网站足够信息的程度，其引用造成了对大众点评相应市场内容的实质替代，对汉涛公司的合法利益造成损害，构成不正当竞争。裁判驳回上诉，维持原判。

7. 北京淘友天下技术有限公司、北京淘友天下科技发展有限公司与北京微梦创科网络技术有限公司不正当竞争纠纷一案

——北京知识产权法院〔2016〕京73民终588号

【案情摘要】微梦创科公司经营的新浪微博为社交媒体平台，

北京淘友天下科技发展有限公司（以下简称淘友公司）经营的脉脉软件和网站是一款基于移动端的人脉社交应用，双方曾在 2013—2014 年通过新浪 Open API 进行过合作。2014 年 8 月，微博方面发现在脉脉产品内，大量非脉脉用户直接显示有新浪微博用户头像、名称、职业和教育等信息，即可能在从未通过微博登录脉脉的情况下，脉脉上仍能够直接搜索到用户的个人信息。微梦创科公司因而停止了淘友公司的合作。但在合作终止后，淘友公司并未及时删除双方合作期间获取的新浪微博用户信息，微梦创科公司遂以不正当竞争为由将淘友技术公司与淘友科技公司诉至法院。

【法院判决】一审法院认为原被告同为网络社交服务提供者，存在竞争关系；被告获取并使用涉案新浪微博用户信息的行为，以及获取、使用脉脉用户手机通讯录联系人与新浪微博用户对应关系的行为，没有合同依据，也缺乏正当理由，主观恶意明显，构成不正当竞争。

二审法院肯定了数据信息的价值和 Open API 运行规则的合理性，同时认为新浪微博有权就第三方应用使用其用户数据的不正当行为主张权益。对于涉案数据获取行为，法院认为上诉人淘友技术公司、淘友科技公司获取新浪微博信息的行为存在主观过错，违背了在 Open API 开发合作模式中第三方通过 Open API 获取用户信息时应坚持“用户授权 + 平台授权 + 用户授权”的三重授权原则，违反了诚实信用原则和互联网中的商业道德，不具有正当性。对于涉案地获取并展示对应关系的行为，上诉人淘友技术公司、淘友科技公司未经用户同意且未经被上诉人微梦创科公司授权，获取、使用脉脉用户手机通讯录中非脉脉用户联系人与新浪微博用户对应关系，并将新浪微博用户的相关信息并展示在脉脉应用的人脉详情中，侵害了被上诉人微梦公司的商业资源，不正当地获取竞争优势，这种竞争行为已经超出了法律所保护的正当竞争行为。二审驳回上诉，维持原判。

8. 淘宝（中国）软件有限公司与安徽美景信息科技有限公司不正当竞争纠纷案

——杭州铁路运输法院〔2017〕浙8601民初4034号

【案情摘要】淘宝（中国）软件有限公司（以下简称淘宝公司）开发、运营的涉案数据产品，是在收集网络用户浏览、搜索、收藏、交易等行为痕迹所产生的巨量原始数据基础上，以特定的算法深度分析过滤、提炼整合并经匿名化脱敏处理后形成的预测型、指数型、统计型等衍生数据，其呈现方式是趋势图、排行榜、占比图等，主要功能是为淘宝、天猫商家的网店运营提供系统的数据化参考服务，帮助商家提高经营水平。淘宝公司发现，被告安徽美景信息科技有限公司（以下简称美景公司）运营的咕咕互助平台及咕咕生意参谋众筹网站，以提供远程登录已订购涉案数据产品用户电脑技术服务的方式，招揽、组织、帮助他人获取涉案数据产品中的数据内容，并从中获取利益。淘宝公司认为，美景公司的行为构成不正当竞争，遂将其起诉至杭州互联网法院。

【法院判决】单个网上行为痕迹信息属于网络用户非个人信息，其经济价值十分有限，在无法律规定或合同特别约定的情况下，网络用户对此尚无独立的财产权或财产性权益可言。网络原始数据的内容未脱离原网络用户信息范围，故网络运营者对于此类数据应受制于网络用户对其所提供的用户信息的控制，不能享有独立的权利，网络运营者只能依其与网络用户的约定享有对网络原始数据的使用权，但网络数据产品不同于网络原始数据，数据内容经过网络运营者大量的智力劳动成果投入，通过深度开发与系统整合，最终呈现给消费者的是与网络用户信息、网络原始数据无直接对应关系的独立的衍生数据，可以为运营者所实际控制和使用，并带来经济利益。网络运营者对于其开发的数据产品享有独立的财产性权益。

美景公司未经授权，也未付出新的劳动创造，直接将涉案数据产品作为自己获取商业利益的工具，明显有悖公认的商业道德，如不加禁止将挫伤数据产品开发者的创造积极性，阻碍数据产业的发展，进而影响到广大消费者福祉的改善。被诉行为实质性替代了涉案数据产品，破坏了淘宝公司的商业模式与竞争优势，已构成不正当竞争。根据美景公司公布的相关统计数据估算，其在本案中的侵权获利已超过 200 万元。判决美景公司的涉案行为构成不正当竞争，应停止侵权行为，并向淘宝公司赔偿经济损失和合理开支 200 万元。

9. 杭州阿里巴巴广告有限公司、阿里巴巴（中国）网络技术有限公司等与南京码注网络科技有限公司等不正当竞争纠纷案

——浙江省杭州市滨江区人民法院〔2019〕浙 0108 民初 5049 号

【案情摘要】“诚信通”是原告、阿里巴巴（中国）网络技术有限公司（以下简称阿里巴巴）针对内贸企业量身打造的，以企业诚信体系为内核的电子商务会员服务。阿里巴巴的企业诚信体系建立

在用户授权搜集各类信息，并通过阿里巴巴设计的模型、逻辑、方法、流程，对收集到的各类信息进行加工、整理或分析处理结果的基础之上，该等信息数据库成为阿里巴巴核心资源。基于用户授权及阿里巴巴的数据加工和分析，阿里巴巴向公众公开企业信息，吸引了更多的企业和消费者到阿里巴巴平台寻求商业机会。基于该等信息数据库，阿里巴巴开发了各类服务产品，给阿里巴巴企业带来巨大的商业利益。南京码注网络科技有限公司（以下简称码注公司）未经阿里巴巴同意，擅自获取阿里巴巴平台数据并用于商业开发，侵犯阿里巴巴权益。被告码注公司系“企业名搜索”网站经营者，被告梁某为码注公司股东及执行董事，系码注公司实际控制人。二被告未经阿里巴巴同意，擅自获取阿里巴巴平台数据，包括1688店铺、主营产品、商品数量等数据，并据此建立自身数据库。被告“企业名搜索”网站通过直接查询和API接口两种方式向用户提供数据查询服务，查询信息包括从阿里巴巴平台获取的信息以及基于该等信息计算的活性值等。同时，被告利用非法获取的上述数据进行商业开发。被告梁某通过其微博大肆宣传其爬取1688数据，宣称其集合了1688平台多家企业数据，并对“企业名搜索”服务产品进行宣传推广，寻求商业合作。

【法院判决】法院认为原告主张被告码注公司未经其许可擅自获取阿里巴巴平台数据并用于商业开发的行为及被告梁斌对上述商业开发产品进行宣传的行为，不属于《反不正当竞争法》第二章所规定的具体行为类型，数据的充分流通是互联网经济得以快速发展的原因，随着技术的发展，数据的价值急剧增加并成为市场竞争重要的资源，以数据为核心的市场竞争越发激烈。数据同时具有公共性特征，信息的流动和共享有利于提高社会利益，所以在对数据的控制与分享之间，还需要考虑私人利益与公共利益的平衡。在判断本案被告是否违反诚实信用原则及公认的商业道德时，需要通过竞争行为对市场效率、社会利益、行业竞争秩序的影响等因素进行综合判断。原告为收集数据投入了大量资源且为原告经营活动的重要资源。原告通过网站作出了法律声明，禁止未经许可使用爬虫软件获取、使用涉案数据，故涉案数据虽已经公开，但并非可以任意获取、使用的开放数据，码注公司不可以毫无节制地抓取、使用涉案数据，应当本着善良、诚信的原则，在必要限度内使用涉案数据。码注公司计算企业活性值可以参考 1688 平台公开的数据，但其将 1688 平台所公布的商家数据直接用于其网站，甚至可以直接替代 1688 平台的部分功能，显然超过合理限度。综上，被告码注公司的行为损害了阿里巴巴广告公司、阿里巴巴网络技术公司的利益，且其行为违反公认的商业道德，构成不正当竞争。判决被告南京码注网络科技有限公司、梁某连带赔偿原告杭州阿里巴巴广告有限公司、阿里巴巴（中国）网络技术有限公司经济损失及合理费用共 5 万元。

10. 北京百度网讯科技有限公司与上海汉涛信息咨询有限公司不正当竞争纠纷案

——上海知识产权法院〔2016〕沪 73 民终 242 号

【案情摘要】汉涛公司是大众点评网的经营者。大众点评网为网络用户提供商户信息、消费评价、优惠信息、团购等服务，积累大量消费者对商户的评价信息。大众点评网的“用户使用协议”载有：任何用户接受本协议，即表明该用户主动将其在任何时间段在本站发表的任何形式的信息的著作财产权，以及应当由著作权人享有的其他可转让权利无偿独家转让给大众点评网运营商所有，同时表明该用户许可大众点评网有权利就任何主体侵权单独提起诉讼，并获得赔偿。北京百度网讯科技有限公司（以下简称百度公司）在其经营的百度地图和百度知道中大量使用了大众点评网的点评信息。汉涛公司认为百度公司的行为替代了大众点评网向用户提供内容，百度公司由此迅速获得用户和流量，攫取汉涛公司的市场份额，削减汉涛公司的竞争优势及交易机会，给汉涛公司造成了巨额损失。百度公司认为双方不存在竞争关系，且百度公司对信息的使用方式合理，不构成不正当竞争。

【法院判决】一审上海市浦东新区人民法院经审理认为，汉涛公司与百度公司存在竞争关系，百度公司未经许可在百度地图和百度知道中大量使用了来自大众点评网的信息，实质替代大众点评网向用户提供信息，对汉涛公司造成损害，具有不正当性，构成不正当竞争。

二审上海知识产权法院认为，大众点评网的点评信息均由网络用户提供，属于用户生成的内容（User Generated Content）。汉涛公司在本案中主张百度公司的行为违反《反不正当竞争法》一般条款的规定，需要满足其是否具有可获得法律保护的权益。本案中，汉涛公司的大众点评网站通过长期经营，其网站上积累了大量的用户点评信息，这些点评信息可以为其网站带来流量，同时这些信息对于消费者的交易决定有着一定的影响，本身具有较高的经济价值。汉涛公司依据其网站上的用户点评信息获取利益并不违反《反不正当竞争法》的原则精神和禁止性规定，其以此谋求商业利益的行为应受保护，他人不得以不正当的方式侵害其正当权益。虽然百度公司在百度地图和百度知道产品中使用涉案信息时，提供了跳转链接，但基于日常消费经验，消费者逐一阅读所有用户评论信息的概率极低，对于相当数量的消费者而言，在百度地图和百度知道中阅读用户评论信息后，已经无须再跳转至大众点评网阅看更多的信息。就提供用户评论信息而言，百度公司在百度地图和百度知道产品中大量使用来自大众点评网用户的评论信息，已对大众点评网构成实质性替代，这种替代必然会使汉涛公司的利益受到损害。判决驳回上诉，维持原判。

11. 灯塔财经信息有限公司与浙江核新同花顺网络信息股份有限公司不正当竞争纠纷案

——浙江省高级人民法院〔2018〕浙民终 1072 号

【案情摘要】浙江核新同花顺网络信息股份有限公司（以下简称同花顺公司）成立于 2002 年，其公司“i 问财”产品相关研发项目为基于人工智能的金融财经垂直搜索服务平台研发、基于大数据的互联网金融服务智能平台研发、跨界大数据智能分析与跨界服务平台研发及应用的研发、金融大数据基础支撑平台开发与应用的研发项目。灯塔财经信息有限公司（以下简称灯塔公司）于 2015 年 7 月 10 日登记成立，经营范围为接受金融机构委托从事金融业务流程外包，商务信息咨询等内容。灯塔公司在其网站 www.

wedengta.com 及 Android 版、iOS 版灯塔股票软件中设置的"灯塔表哥"板块中输入查询内容后，灯塔公司利用技术手段将查询结果直接跳转链接至同花顺公司"i 问财"网页（以下简称跳链行为），并且复制同花顺公司炒股软件的部分用户评论数据，保留或变更用户名后，将评论内容作为灯塔股票软件的用户评论内容。灯塔公司通过数据掠夺的方式获得该些商业数据信息，侵害了同花顺公司的合法权益，违背了公认的商业道德，构成不正当竞争。

【法院判决】首先，同花顺公司和灯塔公司的网站和计算机软件均从事股票资讯和行情分析，双方主营业务相同，存在商业利益上此消彼长的竞争关系。其次，经营者不违反法律和行政法规的合法经营行为及其带来的合法权益受到《反不正当竞争法》保护。经营行为随着技术领域、行业及经营策略的变化而具有不同形式，其所蕴含的权益也不限于确定的、与经营收入的直接关联。本院认为只要经营者对经营行为投入资源，且该经营行为构成经营者预期收入的基础，有助于直接或间接获取经济利益，即应视为经营者对此具有可诉利益。本案中，同花顺公司为"i 问财"产品的研发运营投入大量资金人力，并将该智能检索运用作为自己软件的主要功能之一，显然符合上述对于合法经营利益的限定。

灯塔公司使用同花顺公司"i 问财"智能搜索引擎产品及用户评论的行为，可以认定为不当使用了同花顺公司的独有经营资源，而该经营资源是同花顺公司投入巨额资金研发、维护的，灯塔公司未经许可和支付费用，也未在经营中声明前述资源来源于同花顺公司，而是作为自己的资源向用户提供，其行为显然不具有正当性。灯塔公司的前述行为，对于同花顺的经营行为一方面构成挤出效应，即利用同花顺公司的经营资源为灯塔公司吸引用户，导致同花顺公司潜在用户的减少；另一方面造成同花顺公司产品特有性的丧失和价值的下降，故对同花顺公司的涉案经营利益构成了严重损害。综上，该院认为灯塔公司的前述行为违反了诚实信用原则和公认的商业道德，分别属于修订前和修订后的《反不正当竞争法》第二条规定的不正当竞争行为。裁判驳回上诉，维持原判。二审案件受理费 22 800 元，由灯塔财经信息有限公司负担。

12. 深圳市腾讯计算机系统有限公司、腾讯科技（深圳）有限公司与浙江搜道网络技术有限公司、杭州聚客通科技有限公司不正当竞争纠纷案

——杭州铁路运输法院〔2019〕浙 8601 民初 1987 号

【案情摘要】深圳市腾讯计算机系统有限公司、腾讯科技（深圳）有限公司（以下统称腾讯公司）开发运营个人微信产品，为消费者提供即时社交通信服务。个人微信产品中的数据内容主要为个人微信用户的账号数据、好友关系链数据、用户操作数据等个人身份数据和行为数据。浙江搜道网络技术有限公司、杭州聚客通科技有限公司（以下统称两被告）开发运营的“聚客通群控软件”，利用 Xposed 外挂技术将该软件中的“个人号”功能模块嵌套于个人微信产品中运行，为购买该软件服务的微信用户在个人微信平台中开展商业营销、商业管理活动提供帮助。腾讯公司向浙江省杭州铁路运输法院提起诉讼，主张其享有微信平台的数据权益，两被告擅自获取、使用涉案数据，构成不正当竞争。

【法院判决】一审法院认为，网络平台方对于数据资源整体与单一原始数据个体享有不同的数据权益。两被告通过被控侵权软件擅自收集微信用户数据，存储于自己所控制的服务器内的行为，不仅危及微信用户的数据安全，且对腾讯公司基于数据资源整体获得的竞争权益构成了实质性损害。两被告的行为有违商业道德，且违反了《网络安全法》的相关规定，构成不正当竞争。一审法院遂判决两被告停止涉案不正当竞争行为，共同赔偿腾讯公司经济损失及为制止不正当竞争行为所支付的合理费用共计 260 万元。

一审判决后，两被告不服，向杭州市中级人民法院提起上诉，后申请撤回上诉。根据浙江搜道网络技术有限公司、杭州聚客通科技有限公司不正当竞争纠纷二审民事裁定书——杭州市中级人民法院〔2020〕浙 01 民终 5889 号，上诉人浙江搜道网络技术有限公司、杭州聚客通科技有限公司在本案审理期间提出的撤回上诉的请求，不违反法律法规规定，未侵害他人合法权益，裁定准许两被告撤回上诉，一审判决生效。

13. 湖南蚁坊软件股份有限公司与北京微梦创科网络技术有限公司不正当竞争纠纷案

——北京知识产权法院〔2019〕京 73 民终 3789 号

【案情摘要】新浪公司系新浪微博网站（网址为 http://www.weibo.com）的运营者及服务提供者。湖南蚁坊软件股份有限公司（以下简称蚁坊公司）系蚁坊软件网及鹰击系统网的运营者及服务提供者。蚁坊公司未经新浪公司及相关用户许可，擅自抓取大量的新浪微博内容和数据并进行加工、包装，然后通过蚁坊软件网及鹰击系统网售卖给网络用户。微梦创科公司认为蚁坊公司的上述行为，攫取了微梦创科公司的用户流量和交易机会，由此获得了大量的商业利益，构成典型的"不劳而获"和"搭便车"情形，违反了诚实信用原则和商业道德，构成不正当竞争行为。

【法院判决】一审法院认为被告在与原告不存在合作关系的情形下，利用技术手段破坏或绕开其他公司所设定的访问权限，获取其他公司的非公开数据，此种获取非公开数据的行为显然具有不当性。抓取、存储平台数据的行为存在不正当性，其将这部分数据展示和进行分析的后续使用行为，因数据来源不合法而不具有正当性之基础。故一审判决赔偿原告微梦创科公司经济损失500 万元及合理开支 28 万元。二审法院维持了一审判决，驳回被告的上诉请求。

14. 上海复娱文化传播股份有限公司与北京微梦创科网络技术有限公司不正当竞争纠纷案

——北京知识产权法院〔2019〕京 73 民终 2799 号

【案情摘要】微梦创科公司是新浪微博平台的运营者及服务提供者。经数年经营，新浪微博已拥有巨大用户群体，是娱乐明星分享动态的重要平台以及娱乐媒体和追星用户的主要关注和交流平台。上海复娱文化传播股份有限公司（以下简称复娱公司）是饭友App 的运营者和服务提供者，其未经许可在饭友 App 中的明星账号中设置微博专题，并嵌套该明星的新浪微博界面，完整地展示了该明星微博包括界面和内容在内的全部数据。复娱公司在使用新浪微博数据时还恶意屏蔽了新浪微博中的部分功能且添加了自有功能。微梦创科公司认为，复娱公司上述行为侵害了其合法权益，违反了诚实信用原则和公认的商业道德，构成不正当竞争。

【法院判决】一审法院认为，微梦创科公司在本案中主张复娱公司实施的如下两项不正当竞争行为违反了《反不正当竞争法》第十二条第二款第四项、第二条：一是复娱公司非法抓取新浪微博明星账号数据并在饭友 App 的微博专题中进行展示；二是复娱公司在饭友 App 的微博中恶意屏蔽新浪微博的超级话题、票务、推荐、点赞、链接外部网站、可能感兴趣的人等多项功能，并嵌入送花等其自有功能。复娱公司在否认与微梦创科公司存在竞争关系的基础上，否认其行为对微梦创科公司构成不正当竞争。

二审法院同样认为微梦创科公司和复娱公司具有竞争关系，构成反不正当竞争法规范的经营者。微梦创科公司对新浪微博数据享有合法权，在案证据可以认定复娱公司系通过绕开或破坏微梦创科公司技术保护措施的手段，实施了抓取和展示新浪微博数据的行为，使得饭友 App 用户无须注册或登录新浪微博账号即可查看新浪微博全部内容，复娱公司的行为必然会影响微梦创科公司与用户间协议的履行，导致微梦创科公司的独家权益无法得到保障，对数据维护等的投入无法获得相应回报，或将减损用户数据安全程度，妨碍、破坏了新浪微博的正常运营。综上，复娱公司提供的网络服务对微梦创科公司构成侵权，驳回上诉，维持原判。

15. 腾讯科技（深圳）有限公司等诉广州合聚教育咨询有限公司等不正当竞争纠纷案

——广州市越秀区人民法院〔2020〕粤 0104 民初 46873 号

【案情摘要】原告腾讯科技（深圳）有限公司、深圳市腾讯计算机系统有限公司、广州腾讯科技有限公司认为被告广州合聚教育咨询有限公司（以下简称广州合聚公司）未经许可，非法获取微信公众号平台信息内容，聚合展示于其经营的 http://todayfocus.cn 网站及今日看点 App 上，导致相关公众无需关注微信公众号，即可在涉案网站和 App 上通过搜索特定词汇、公众号名称等方式获得与特定词汇相关的文章或同一公众号归集的文章。该行为破坏了原告提供微信公众平台服务的正常经营秩序，严重违反诚实信用原则及公认的商业道德并损害了原告的合法权益。

【法院判决】法院认定原告对微信公众平台有竞争利益。依据前述权益保护路径，涉案不正当竞争行为之认定，需要依次考虑原告是否存在值得保护的竞争利益、原被告之间有无竞争关系、被告的竞争行为是否使原告竞争利益受损，即"竞争利益—竞争关系—竞争损失"。被告广州合聚公司"移植"微信公众号文章的行为，已在涉案文章范围内对原告经营的服务产生替代效果，这必然会减少原告微信公众平台的网络流量，进而影响原告的商业广告收益，对原告造成损失。判决被告停止侵权并赔偿原告经济损失 200 万元及合理开支 20 万元。

16. 北京百度网讯科技有限公司与苏州梦西游网络科技有限公司不正当竞争纠纷案

——北京市海淀区人民法院〔2019〕京0108民初51116号

【案情摘要】原告是百度文库的经营者，被告是天猫网店铺"梦西游网络科技"的经营者。被告通过上述店铺向用户提供百度文库需用下载券下载的文档（以下简称用券文档）和付费文档的下载服务，即用户通过使用被告提供的插件，可以下载并浏览百度文库中的用券文档和付费文档。原告认为，被告未经许可，以营利为目的，通过技术手段违法提供百度文库相关文档的下载服务，直接导致百度文库用户数量的减少和浏览量的降低，妨碍并破坏了原告合法提供的网络产品的正常运行，给原告及其产品造成了恶劣影响和重大经济损失，构成不正当竞争。请求法院判令被告消除影响、赔偿经济损失及合理开支共计300万元。

【法院判决】在百度文库产品中，非VIP用户可以通过上传文档或完成特定任务的方式获得积分，并使用积分兑换下载券后浏览完整文档或下载文档；VIP用户可以通过支付会员费获得浏览和下载文档的相应特权。原告通过上述文档共享机制，正当、合法经营积累起文档和用户等经营资源，并据此获得经营收益、市场份额及竞争优势，上述合法权益应受到《反不正当竞争法》的保护。被告利用"文库下载神器"插件，提供了百度文库用券文档和付费文档的下载服务。上述被诉行为影响了百度文库文档的重要来源渠道，破坏了原告对文档下载设置的权限，妨碍并破坏了百度文库产品和服务的正常运行。被告通过极低的价格售卖百度文库相关文档的下载服务，使购买者无须成为百度文库用户，无须上传文档，也无须支付较高价格的会员费，即可获得相关文档，不仅破坏了百度文库的文档共享机制，也直接造成了百度文库用户和文档资源的流失，进而影响到百度文库的用户流量，主观恶意明显，损害了百度公司的合法权益，构成不正当竞争。本案在综合考虑已调取的淘宝交易记录数额以及被告举证妨碍情形等因素下，酌情确定被告赔偿原告经济损失 200 万元及合理开支 3 万元。本案宣判后被告提起上诉，二审维持原判。

17. 深圳市腾讯计算机系统有限公司、腾讯科技（深圳）有限公司与浙江搜道网络技术有限公司、杭州聚客通科技有限公司不正当竞争纠纷案

——杭州市中级人民法院〔2020〕浙 01 民终 5889 号

【案情摘要】原告深圳市腾讯计算机系统有限公司、腾讯科技（深圳）有限公司（以下简称两原告），共同开发运营的个人微信产品，为消费者提供即时社交通信服务。个人微信产品中的数据内容主要为个人微信用户的用户账号数据、好友关系链数据、用户操作数据等个人身份数据和个人行为数据。被告浙江搜道网络技术有限公司、杭州聚客通科技有限公司（以下简称两被告）开发运营的“聚客通群控软件”，利用 Xposed 外挂技术将该软件中的“个人号”功能模块嵌套于个人微信产品中运行，为购买该软件服务的微信用户在个人微信平台中开展商业营销、商业管理活动提供帮助。两原告诉称，其对于自己所控制的微信平台数据享有数据权益，被告方

擅自获取、使用涉案数据，已构成不正当竞争。

【法院判决】法院认为，两原告的个人微信产品作为社交平台，其主要功能是帮助用户便利地进行社会交际。由于社交活动具有较多私密性的特点，且微信用户数据具有用户社交信息与用户身份信息一并记录的特点，微信用户对其个人微信数据具有很高的敏感性及安全性要求。微信产品使用过程中社交信息安全性的用户体验获得，直接关系到用户使用微信产品的意愿，构成了微信产品经营生态的底线要求。两被告擅自收集、存储或使用微信用户数据，危及微信产品用户信息安全，势必导致微信用户对微信产品丧失应有的安全感及基本信任，减损微信产品对于用户关注度及用户数据流量的吸引力，进而会恶化两原告既有数据资源的经营生态，实质性损害两原告对于微信产品数据资源享有的竞争权益。因此，该院认为，两被告的被诉行为不仅危及微信用户的数据安全，且对两原告享有的数据资源竞争权益构成了实质性损害，属于违反《反不正当竞争法》第二条规定的不正当竞争行为。

18. 北京四维图新科技股份有限公司与立得空间信息技术股份有限公司等著作权权属、侵权纠纷案

——北京知识产权法院〔2019〕京73民终1270号

【案情摘要】北京四维图新科技股份有限公司（以下简称四维图新公司）经营范围包括第二类增值电信业务中的信息服务业务，开发、生产导航电子地图等。四维图新公司主张，四维图新公司与秀友公司签署了共同打造位置服务及相关产品的《合作协议》，约定四

维图新公司提供秀友公司所需的地图及相关数据，秀友公司可用于自有网站、App 在线及离线地图应用，并约定未经四维图新公司书面同意，秀友公司不得以任何形式擅自转发或转卖四维图新公司的数据产品。然而，合同履行过程中，秀友公司超出《合作协议》约定，向奇虎公司提供涉案导航电子地图；奇虎公司未经许可，擅自将从秀友公司处获得的上述电子地图提供到其经营的 360 网站及 App 中，供用户使用涉案导航电子地图的相关服务；立得空间信息技术股份有限公司（以下简称立得公司）从秀友公司处获得了涉案电子地图，未经许可将相关网站地图送审测绘局，前述三公司构成侵权。

【法院判决】首先，四维图新公司主张的涉案导航电子地图构成地图作品。导航电子地图系科学领域内具有独创性并能以某种有形形式复制、反映地理现象的地图作品。导航电子地图的“独创性”主要表现在对客观地理信息的选择、取舍，即在把具体地物、地貌、信息点等测量到地图上的过程中。因此，涉案导航电子地图构成地图作品，受著作权保护。

其次，涉案行为侵害了四维图新公司对涉案导航电子地图的著作权。秀友公司与奇虎公司的合作使用方式，超出了秀友公司与四维图新公司约定的使用方式和使用范围，侵害了四维图新公司对涉案导航电子地图的署名权、复制权、改编权和信息网络传播权。立得公司未经四维图新公司许可，将《我秀中国地图网站》地图送国家测绘部门审查并获得 GS（2014）6071 审图号的行为，侵害了四维图新公司对涉案导航电子地图的复制权。

最后，涉案行为违反了《反不正当竞争法》第二条的规定。奇虎公司、秀友公司、立得公司未经许可擅自使用涉案导航电子地图数据的行为，严重违反诚实信用原则，损害了四维图新公司的竞争优势，构成违反《反不正当竞争法》第二条规定的不正当竞争行为。鉴于四维图新公司主张的被诉不正当竞争行为与前述著作权侵权行为实质上属于同一行为，并且法院已经适用该专门法进行保护的，不宜再以《反不正当竞争法》第二条进行重复保护。

综上，北京知识产权法院判决撤销一审判决书，改判奇虎公司、秀友公司向四维图新公司公开赔礼道歉、消除影响；奇虎公司、秀友公司、立得公司连带赔偿四维图新公司经济损失1000万元及合理支出50万元。

10.1.2 数据库保护相关典型案例

1. 上海梅斯医药科技有限公司与科睿唯安信息服务（北京）有限公司侵害作品信息网络传播权纠纷案

——上海知识产权法院〔2020〕沪73民终531号

【案情摘要】CAMELOTUKBIDCOLIMITED（英国卡米洛要约公司，以下简称卡米洛公司）是Web of Science（包括Science Citation Index科学引文索引）、InCites（包括JCR期刊引证报告）以及IF影响因子数据等所有子数据库的著作权人。科睿唯安信息服务（北京）有限公司（以下简称“科睿唯安公司”）经授权在中国使用上述数据库的一切知识产权并有权以自己的名义就侵害上述数据库知识产权的行为采取法律措施。上海梅斯医药科技有限公司（以下简称梅斯公司）未经许可在涉案网站中提供IF影响因子数据的链接以及发布含有 IF 影响因子数据的文章、视频，在涉案 App 发布 IF 影响因子数据以及 IF 影响因子数据的链接，涉及的期刊包含 JCR 期刊引证报告数据库中的全部期刊。科睿唯安公司认为，梅斯公司的行为侵害了 JCR 期刊引证报告数据库的信息网络传播权，且构成不正当竞争，向法院提起诉讼。

【法院判决】根据《著作权法》第十四条规定，“汇编若干作品、作品的片段或者不构成作品的数据或者其他材料，对其内容的选择或者编排体现独创性的作品，为汇编作品”。一方面，每份期刊引证报告是每本期刊引文数据各项统计信息的集合，JCR 期刊引证报告的制作者通过对论文参考文献的标引和统计，根据特定的公式计算出 IF 影响因子数据，并在 IF 影响因子数据的基础上，衍生计算出总引用次数、五年影响因子、立即指数、可引用论文量等其他诸多的数据，通过上述一系列的期刊引用数据反映期刊的重要程度。每本期刊的引用数据系按特定公式计算而出，其本身虽不构成作品，但对于数据进行统计评价才能更完整、全面、有效地反映该期刊的影响力，不同制作者会有其个性化的选择、编排。因此，JCR 期刊引证报告制作者基于其分析判断就每份期刊所选择、编排的引用数据评价指标体系具有独创性。

另一方面，JCR 期刊引证报告数据库系 1.1 万余册期刊引证报告的集合，该数据库中的期刊覆盖多学科、多国家和地区的期刊，显然该数据库并非对于特定学科、国家和地区所有期刊的照单全收，而是经过专业的学术团队进行调研与学术价值分析后从大量期刊中选择而得，因此该数据库对于期刊的选择也体现了制作者的智力创造。

综上，JCR期刊引证报告数据库无论从JCR期刊引证报告中各项评价指标的选择、编排，还是数据库中期刊的选择均具有独创性，构成汇编作品，应受著作权法的保护。

2. 北京北大方正电子有限公司与广州宝洁有限公司等著作权侵权纠纷案

——北京市第一中级人民法院〔2011〕一中民终字第5969号

【案情摘要】设计师齐某在现有汉字的基础上设计了810个倩体字，这一字体包容了过去排版文字里所忽略的亲切、幽雅、柔美和华丽的特点。1998年9月，北京北大方正电子有限公司（以下简称方正公司）与齐某签订字稿购买合同，约定方正公司向齐某支付费用，购买齐立设计的粗倩字体，总字数为9270字，方正公司拥有字稿的所有权。2004年，齐某成为方正公司的员工。2008年4月22日，方正公司以演绎作品著作权人的身份针对方正倩体系列（粗倩、中倩、细倩）在中国版权保护中心申请著作权登记，登记作品为美术作品。美国NICE公司从方正公司购买了此字库，并受广州宝洁有限公司（以下简称宝洁公司）委托，为其设计了倩体字“飘柔”作为文字商标。宝洁公司将倩体字“飘柔”用在自己的洗发液等产品上，北京家乐福商业有限公司（以下简称家乐福公司）销售了上述产品。2008年5月，方正公司向北京市海淀区人民法院提起诉讼，认为宝洁公司使用倩体字“飘柔”的行为侵害了其对倩体字库和单字的著作权，家乐福公司销售侵权产品，也应承担侵权责任。

【法院判决】方正公司自行研制的倩体计算机字体及对应的字库软件是具有一定独创性的文字数字化表现形式的集合，这种字库综合了具有独创性的汉字风格和笔形特点等因素，通过设计字稿、扫描、数字化拟合、人工修字、整合成库、对设计的字稿设定坐标数据和指令程序等处理方式和步骤，形成了由统一风格和笔形规范构成的具有一定独创性的整体内容。方正公司对此投入了智力创作，使具有审美意义的字体集合具有一定的独创性，属于我国著作权法规定的美术作品的特征，受著作权法保护。但对于字库中的单字，北京市海淀区人民法院认为，其具有工业产品的属性，是执行既定设计规则的结果。对于字库字体而言，受到约束的使用方式应当是整体性的使用和相同的数据描述，其中的单字无法上升到美术作品的高度。因此，判决宝洁公司使用“飘柔”倩体字的行为没有侵害方正公司的著作权。

3. 北京代代读图书有限公司诉北京方正阿帕比技术有限公司、国家图书馆著作权侵权案

——北京市海淀区人民法院〔2015〕海民（知）初字第 26904 号

【案情摘要】2009 年 5 月 8 日，河北天鹿教育音像图书有限公司（甲方，以下简称河北天鹿公司）与北京方正阿帕比技术有限公司（以下简称阿帕比公司）（乙方）签订《方正阿帕比（apabi ）数字出版合作协议》（以下简称《合作协议》），授权阿帕比公司使用其享有著作权的数字图书资源开发数字数据库，并约定数字资源购买者对其购买的数字资源将享有永久合法使用权，协议有效期为

10年，授权清单包含《一分钟读懂幸福书》。2011年12月31日，阿帕比公司（甲方）、北京代代读图书有限公司（以下简称代代读公司）（乙方）及河北天鹿公司（丙方）签署《变更协议》。《变更协议》约定：河北天鹿公司的人员、资产及知识产权等转入代代读公司，此后业务的开展以代代读公司作为业务主体。河北天鹿公司与阿帕比公司2009年5月8日签订的《合作协议》继续履行。

2012年10月24日，阿帕比公司向国家图书馆销售图书数据库，数据库使用阿帕比数字资源平台，为阿帕比公司开发的软件系统平台，由国家图书馆建立本地数据库镜像，通过自有服务器提供在线服务，由读者通过国家图书馆内部局域网进行浏览阅读，认证持卡读者也可远程访问使用数据库资源，该数据库资源包括《一分钟读懂幸福书》。

2014年5月，代代读公司与阿帕比公司协商解除《合作协议》。2015年7月，代代读公司起诉阿帕比公司，称阿帕比公司未经许可将涉案电子图书销售给国家图书馆，并提供互联网在线阅读服务，损害了其公司依法对该书享有的信息网络传播权，故要求阿帕比公司和国家图书馆停止侵权、赔偿损失11 200元。

【法院判决】对于已售出的数据库资源能否适用权利用尽原则，法院认为从《合作协议》与《变更协议》的前后承继关系及权利义务约定内容来看，在合作期间，阿帕比公司自代代读公司处获得了涉案图书的合法使用授权。鉴此，自协议签署开始，截至2014年5月协议解除期间，阿帕比公司在数字资源平台软件销售项目中，对涉案图书的销售行为应视为合法使用。阿帕比公司向国家图书馆销售包含涉案图书的数字资源平台软件的时间为2012年10月，该时间位于协议有效期间之内，未侵犯代代读公司的著作权。

国家图书馆通过合法途径获得包含涉案图书的阿帕比数字资源平台软件，属于《合作协议》所约定的“数字资源购买者”，其在内部局域网内使用合同产品，并供认证持卡读者远程访问使用合同产品，符合合同约定内容及社会公共利益，属于合法使用，未侵犯代代读公司的著作权权利。

4. 佛山鼎容软件科技有限公司与济南白兔信息有限公司著作权权属、侵权纠纷案

——广东省佛山市中级人民法院〔2016〕粤 06 民终 9055 号

【案情摘要】原告济南白兔信息有限公司（以下简称白兔公司）利用国家知识产权商标局的商标公告资料汇编了一个商标信息数据库，开发了查询软件。白兔公司对每一期商标总局的《商标公告》进行汇编，《商标公告》只是一张图片，无法进行编辑，白兔公司通过数据库分拆项的独特设计，通过人工识别判断出商标公告中有哪些项目，然后转换成字符形式，进行人工录入，录入后能通过查询软件进行检索、编辑、统计。被告佛山鼎容软件科技有限公司（以下简称鼎容公司）开发的商标查询微信公众号中包含商标查询功能，在商标查询数据库中含有白兔公司设置的相同的隐藏标记，证明鼎容公司复制了白兔公司的商标数据库用于经营获利。

【法院判决】白兔公司对国家知识产权商标局商标公告中的商标信息内容进行提取、分类和整理，并对商标标志中所含的文字、数字等进行进一步提取和整理，同时还对商标信息后续的变更情况

进行汇总，加入自定义的字段信息等。白兔公司对商标数据的编排和整理体现出独创性，白兔公司的涉案数据库构成汇编作品，可受著作权法保护，白兔公司对涉案数据库享有著作权。

10.1.3 个人信息保护相关典型案例

1. 余某诉北京酷车易美网络科技有限公司隐私权纠纷案

——广州互联网法院〔2021〕粤0192民初928号

【案情摘要】原告余某认为北京酷车易美网络科技公司（以下简称酷车公司）的查博士 App 中未经余某同意而披露余某汽车的基本行驶数据、维保数据等信息。涉案车辆的行驶数据、维保数据等信息是基于涉案车辆使用情况而形成的信息列表，上述信息记录了涉案车辆的行驶里程、维保时间、维保项目等，综合反映了余某的驾驶习惯、驾驶特征、维保行踪、消费能力、消费习惯等，可间接识别余某身份，属于余某的个人信息及个人隐私。酷车公司获取余某汽车数据的行为严重侵犯了余某的个人信息权益及隐私权。

【法院判决】涉案历史车况报告中的信息包括了车架号、车辆基本行驶数据、维保数据、碰撞数据、评分项目及具体评分等，未出现自然人身份信息、行踪信息、通信联系方式等能直接识别特定自然人的信息，无法与特定自然人关联。在车辆交易场景下，余某作为车辆所有人，其对于自有车辆车况数据的敏感度更高，但从社会公众的一般认知来看，涉案历史车况信息仅能反映所查车辆的使用情况，其内容既不涉及具体个人，也不用于评价具体个人的行为或状态，无法关联到车辆所有人等特定自然人。对原告余某的全部诉讼请求缺乏事实与法律依据，法院不予支持。

2. 四川省自贡市人民检察院与周某某人格权纠纷民事公益诉讼纠纷案

——四川省自贡市中级人民法院〔2020〕川 03 民初 16 号

【案情摘要】2019 年 4 月以来，周某某通过手机微信从岑某处非法获取含有自然人个人信息的文档。2019 年 5 月 30 日，公安机关将周某某抓获并扣押其存有自然人个人信息的 U 盘一个，U 盘中去除重复项共有自然人个人信息 103 791 条。周某某将非法获取的自然人个人信息用于微信实名认证等方式后出售给他人，获得违法所得 20 000 元。周某某非法获取自然人个人信息并利用其获利的行为侵害了众多自然人合法权益，损害了社会公共利益。

【法院判决】在个人信息保护领域，民事私益诉讼往往存在个人信息主体之间不平等的地位以及极低的违法成本等局限性，检察机关在办理刑事案件过程中，更容易发现侵害自然人个人信息行为的线索，相比自然人个人更具有公权力优势。检察机关提起民事公益诉讼，既能解决民事私益诉讼维权面临的举证难、成本高等共性难题，还能通过赔礼道歉、赔偿损失等民事责任承担方式，提高侵权人的违法成本。周某某非法获取含有自然人身份证件号码等个人信息的文档，通过将非法获取的部分自然人个人信息用于微信实名认证或者直接出售给他人等方式获利，侵害了众多自然人的合法权益，损害了社会公共利益，周某某侵害众多自然人个人信息的行为已经构成民事侵权。判决周某某对其侵害众多自然人个人信息的行为在国家级媒体上向社会公众发布赔礼道歉声明，赔礼道歉声明的内容应由法院审定，逾期未主动履行的，由法院代为发布，产生的费用由被告周光前负担；被告周某某向公益诉讼起诉人四川省自贡市人民检察院指定的财政专账交纳社会公共利益损害赔偿款 20 000 元，专门用于公益事项支出。

3. 庞某某、山东鼎越电力工程有限公司等个人信息保护纠纷案
——山东省济宁市任城区人民法院〔2022〕鲁 0811 民初 1961 号

【案情摘要】原告庞某某自 2016 年 9 月至 2020 年 7 月在山东华宇工学院就读，在此期间，山东鼎越电力工程有限公司、济宁国基建筑劳务有限公司、山东嘉纳电力技术有限公司三被告违法获取原告个人信息。2019 年 8 月，被告山东鼎越电力工程有限公司伪造劳动合同，为原告缴纳社会保险一个月。2020 年 4 月，济宁国基建筑劳务有限公司伪造劳动合同，为原告缴纳社会保险一个月。2020 年 8 月，山东嘉纳电力技术有限公司伪造劳动合同，为原告缴纳社保一个月。被告违法获取原告信息并擅自使用原告个人信息、伪造劳动合同的侵权行为，严重影响了原告的学习和生活，尤其对原告以后的就业造成巨大的影响。

【法院判决】被告在未与原告签订劳动合同、未征得原告同意的情况下，将原告作为本单位员工为其缴纳一个月社会保险，侵害了原告的个人信息，应承担相应的侵权责任；三被告现已停止侵权行为，原告要求三被告消除因此造成的影响，理由正当，应予支持。原告目前研究生在读，三被告为原告缴纳社会保险的行为，有

可能导致原告无法以应届毕业生身份择业，该侵权行为可能导致的后果尚未发生，但仍会给原告带来一定的精神困扰和担心。因此，酌情判令三被告分别向原告赔偿 5000 元。

4. 广州唯品会电子商务有限公司、周某某个人信息保护纠纷案
——广东省广州市中级人民法院〔2022〕粤 01 民终 3937 号

【案情摘要】 原告周某某是广州唯品会电子商务有限公司（以下简称唯品会）平台的注册用户，并在该平台数次购物。原告在注册唯品会账号的过程中，按唯品会平台要求填写了邮箱账号、手机号码等个人信息；在购物的过程中，按唯品会平台要求填写了收货人、收货地址、手机号码等个人信息；此外，原告还在唯品会平台填写或使用了其他个人信息。同时，根据《唯品会服务条款》《唯品会隐私政策》《唯品支付用户服务协议》等文件的内容，唯品会平台还会在各种情形下主动获取、收集、使用用户的信息。因担心个人信息泄露或唯品会平台获取并记载的原告个人信息有误，或将原告个人信息用于其他用途损害原告利益，原告于 2021 年 3 月 1 日向《唯品会隐私政策》中载明的客户服务电话致电，要求唯品会平台向原告披露其获取的原告相关信息，但客服回复称平台仅会收集用户主动填报的信息，不会收集其他信息，并告知原告可自行通过 App 客户端查看相关信息，平台无法披露。原告因焦虑个人信息被过多收集，请求唯品会公司披露相关内容，请求披露的内容同案涉起诉附件清单。唯品会公司未回复该邮件，故原告向人民法院提起诉讼。

【法院判决】个人信息查阅权、复制权的客体“个人信息”，不仅包括个人信息本身，还应该包括个人信息处理的相关情况。唯品会公司确认收集到的个人信息属于唯品会公司正在处理的个人信息，应当依法提供给个人信息主体进行查阅和复制。个人的查阅复制权被个人信息处理者无理由拒绝后，个人有权寻求司法救济，通过向法院提起诉讼而请求排除妨碍。唯品会公司存在无正当理由拒绝周某某行使查阅、复制权的行为，应三十日内提供自周某某注册唯品会 App 之日起至本判决发生法律效力之日止的已收集到的相关个人信息以及个人信息处理的相关情况供周某某查阅、复制。

10.1.4 商业秘密保护相关典型案例

1. 周某某与浙江省衢州万联网络技术有限公司侵害商业秘密纠纷案

——上海市高级人民法院〔2011〕沪高民三（知）终字第 100 号

【案情摘要】原告浙江省衢州万联网络技术有限公司成立于 2001 年 5 月，法定代表人邱奇。2001 年 6 月，原告与被告周某某签订为期两年的书面聘用合同，由周某某为原告进行网站制作和软件程序的开发，并约定合同期内或合同期满后，周某某无权未经原告同意将属于公司所有权的软件程序泄密、转让和用于他人。该合同期满后未续签，截至 2004 年 6 月周某某离职前，其一直担任万联公司的核心技术人员。2002 年 3 月，原告注册了域名为 www.boxbbs.com 的网站，运营网络游戏。被告周某某利用其掌握的涉案网站密码，登录并下载该网站的数据库用于开通被控侵权网站，同时又对原告涉案网站的程序配置文件中的字符串进行修改。被告的上述行为侵害了原告的商业秘密，导致涉案网站无法运行，给原告造成了巨大的经济损失。

【法院裁判】原告以公司名义注册了涉案网站，且该网站在对外商业运营过程中均以原告作为实际经营者。被告参与涉案网站的技术开发、维护及商业运营等事务的行为属于公司员工履行工作职责的行为，不代表被告对该网站及其数据库享有所有权。因此，原告作为涉案网站的域名所有者和实际经营者对该网站在运营过程中形成的数据库享有所有权，而涉案网站数据库中的用户信息是涉案网站在长期的经营活动中形成的经营信息，且不容易为相关领域的人员普遍知悉和容易获得；该用户信息能够反映涉案网站具有较大的用户群和访问量，与网站的广告收入等经济利益密切相关；原告同时对上述用户信息采取了保密措施，故涉案网站数据库中的用户信息属于商业秘密，受法律保护。被告未经原告许可，利用自己掌握的数据库密码从原告的涉案网站复制下载包含用户信息的数据库，并将该数据库用于被控侵权网站的经营活动，该行为侵犯了原告的商业秘密。

2. 北京卓路体育文化发展有限公司等与姚某等侵害商业秘密纠纷案

——北京市高级人民法院〔2021〕京民申 1505 号民事裁定书

【案情简介】三原告北京卓路体育文化发展有限公司（以下简称卓路体育公司）、卓路文化公司和禧乐峰公司为关联公司，由同一组织机构运营管理，主营业务都系为高尔夫球场地预订提供中介服务。被告姚某、金某某、徐某某、孙某、王某 5 人原系原告的员工，分别担任球场部经理、大客户部经理等职务，于 2012 年至 2013 年先后离职并入职被告新赛点公司。原告认为，其球场资源（指建立合作关系的球场名称、地址、电话等信息）及与高尔夫球场的合作信息（包括球场底价、订单量、球场负责人、联系人等信息）均构成商业秘密，被告未经许可将上述信息披露给新赛点公司公司使用。新赛点公司明知姚某等 5 人非法披露上述信息，仍在经营中积极利用并谋取利益，侵犯了原告的商业秘密，故诉至法院，要求被告停止侵犯原审原告的商业秘密，并赔偿经济损失。

【法院判决】商业秘密，是指不为公众所知悉、能为权利人带来经济利益、具有实用性并经权利人采取保密措施的技术信息和经营信息。三原告在持续多年的经营活动中积累的与众多高尔夫球场和多家银行关于合作价格、合作模式等经营信息，不为相关领域内从业人员普遍知悉，具有商业价值，且采取了保密措施，构成商业秘密。被告姚某、徐某某、金某某在职期间有机会接触涉案商业秘密，在入职某体育投资公司后，违反保密合同约定，将涉案商业秘密向某体育投资公司披露；被告新赛点公司明知姚某、徐某某、金某某非法披露涉案商业秘密，并在经营中积极利用，上述行为侵犯了原告的商业秘密。三原告主张孙某、王某承担侵犯商业秘密的法律责任，缺乏证据证明，不予支持。

上诉人卓路体育公司、卓路文化公司、禧乐峰公司因与上诉人新赛点公司、金某某、徐某某、姚某、被上诉人孙某、被上诉人王某侵害商业秘密纠纷一案，不服一审判决，提起上诉。北京知识产权法院受理后，作出了〔2018〕京 73 民终 686 号二审民事判决书，判决驳回上诉，维持原判。

卓路体育公司、卓路文化公司、禧乐峰公司不服二审判决，遂向北京市高级人民法院申请再审。北京市高级人民法院作出了〔2021〕京民申 1505 号再审审查与审判监督民事裁定书，裁定驳回卓路体育公司、卓路文化公司、禧乐峰公司的再审申请。

3. 大连倍通数据平台管理中心、崔某某侵害技术秘密纠纷案
——中华人民共和国最高人民法院〔2021〕最高法知民终 1687 号

【案情摘要】大连倍通数据平台管理中心（以下简称倍通数据）成立于 2017 年 7 月 26 日，经营范围为数据处理、数据调研、商业项目服务等。2019 年 7 月 1 日，倍通数据与崔某某签订《劳动合同书》，约定倍通数据根据工作需要安排崔某某在管理岗位从事管理工作，并于同日倍通数据、崔某某签订《保密协议书》，约定崔某某承诺永久保守倍通数据的商业秘密。崔某某于 2019 年 12 月 4 日至 16 日期间违反倍通数据信息安全规章制度，未经授权将涉及倍通数据业务信息等内容对外发送，造成信息泄露。崔某某认为涉案的爬虫技术已被教材书等广泛公开，其不属于不为公众所知悉的商业秘密，倍通数据也无权独占，倍通数据在本案中主张的爬虫技术及相关的信息数据资料不受法律保护。

【法院判决】崔某某对其外发电子数据包括“爬虫平台”部分数据库文件、部分系统运行程序文件、部分源代码和配置文件予以确认；同时抗辩，其外发文件仅为程序片段，没有独立运行的程

序。鉴于崔某某确认了其外发电子邮件中存有倍通数据所主张的三个密点，至于是否涵盖倍通数据所开发“爬虫平台”的全部数据，不影响对崔某某涉案行为性质的认定。由于崔某某提供的证据虽能证明爬虫技术的概念、分类、功能、策略等文字叙述材料可以通过互联网等公开渠道获得，但崔某某未能证明倍通数据主张的涉案技术信息在该行业领域内为相关人员普遍知悉且能够容易获得。因此，倍通数据主张的涉案技术信息应当认定为“不为公众知悉”。崔某某作为倍通数据聘用的工作人员，应当遵守劳动合同中约定的保密义务和公司的保密管理规定，同时妥善管理、使用倍通数据的技术信息，禁止将倍通数据的技术成果转移至倍通数据控制范围之外，也是崔某某应有的职业道德，但崔某某未经倍通数据许可，将含有涉案技术秘密的信息转移至非倍通数据所有和控制的电子邮箱，使得涉案技术秘密面临被披露和使用的风险，且崔某某对该转移信息的行为也未能作出合理解释。因此，崔某某的行为构成“以其他不正当手段获取权利人的商业秘密”的侵犯商业秘密行为。

4. 厦门市杰惠祎电子商务有限公司与厦门快先森科技有限公司侵害经营秘密纠纷案

——福建省高级人民法院〔2019〕闽民终 516 号

【案情摘要】2016 年 4 月 20 日，原告厦门市杰惠祎电子商务有限公司（以下简称杰惠祎公司）与被告拉扎斯公司签订《蜂鸟配送代理合作协议》，约定拉扎斯公司授权杰惠祎公司使用“蜂鸟配送”系列产品在福建省厦门市思明区内经营“蜂鸟配送”业务。杰惠祎公司负责即时配送服务，拉扎斯公司提供产品支持、管理协助、账目结算。合同约定，杰惠祎公司必须使用拉扎斯公司提供的蜂鸟团队版配送产品，在蜂鸟团队版配送平台产生的有效数据作为双方结算依据。合同签订后，杰惠祎公司通过在拉扎斯公司的饿了么的蜂鸟团队版 App 配送平台注册账号、设置密码，并通过该账号进行员工管理、订单管理以及订单配送等操作。2016 年 8 月 3 日，该平台上原先绑定在杰惠祎公司名下二百余名配送员信息（包括配送员姓名、身份证号码、配送手机号码）被删除，其中大部分配送员信息被陆续绑定至被告厦门快先森科技有限公司（以下简称快先森公司）在该配送平台的账号。上述信息绑定至快先森公司后，配送员进行订单配送所产生的配送相关数据相应变为快先森公司名下。原告认为快先森公司以非法手段获取杰惠祎公司的信息，侵犯了原告的商业秘密。拉扎斯公司协助迁移杰惠祎公司的配送人员信息，并在杰惠祎公司告知出现侵权行为后，没有及时阻止，仍允许快先森公司继续使用杰惠祎公司的商业秘密，拉扎斯公司的行为也构成侵犯商业秘密。

【法院判决】本案中，杰惠祎公司主张的商业秘密是杰惠祎公司持有并通过账户密码及手机验证进行管理的公司配送人员名单等存于饿了么的蜂鸟团队版 App 配送平台上的信息，并称该信息包括配送人员的姓名、身份证号码、手机号码等。本院认为，该信息实际上是杰惠祎公司的员工名单，员工名单本身仅包含员工个人简单的基本信息，是在企业人力资源管理中自然形成的，并非杰惠祎公司通过创造性劳动所获得或积累，且员工基本信息也是比较容易获得，不属于“不为公众所知悉”的经营信息。杰惠祎公司有关快先森公司和拉扎斯公司的相关行为构成侵权及要求赔偿各项损失的上诉请求没有保护基础，法院不予支持。

10.2 国外典型案例

10.2.1 美国相关案例

1. HIQ 诉 LinkedIn（领英）案

——HiQ Labs, Inc. v. LinkedIn Corporation

[938 F.3d 985（9th Cir. 2019）]

【案情摘要】领英成立于 2002 年，是一个拥有超过 5 亿会员的专业网络网站。会员可以发布简历和工作清单，并与其他会员建立专业的“联系”。领英明确否认用户发布给其个人资料的信息：根据领英的用户协议，会员拥有提交或发布给领英的内容和信息，并只授予领英“使用、复制、修改、分发、发布和处理”这些信息的非排他性许可。领英允许其会员在各种隐私设置中进行选择。会员可以指定他们的个人资料的哪些部分对公众可见（即对领英会员和非会员）。领英的“robots.txt”文件（网站所有者用来与搜索引擎爬虫和其他网络机器人通信的文本文件）禁止通过自动机器人访问领英服务器。HiQ 是一家成立于 2012 年的数据分析公司，它使用自动机器人收集领英用户在领英公共个人资料中包含的信息，包括姓名、工作头衔、工作历史和技能。然后它使用这些信息，连同一种专有的预测算法，产生“个人分析”，将它卖给商业客户。2017 年 5 月，领英向 HiQ 发送了一封终止信，声称 HiQ 违反了领英的用户协议，并要求 HiQ 停止访问和从领英的服务器上复制数据。

【法院判决】第九巡回上诉法院确认了地区法院对 HiQ 有利的初步禁令裁决，即“HiQ 确定了无法弥补的损害的可能性，因为其业务的生存受到威胁”。第九巡回上诉法院认为，地方法院没有滥用自由裁量权，即使某些领英用户保留了他们的隐私，他们的公共身份没有被删除，但这种隐私利益并没有超过 HiQ 维持其业务的利益。第九巡回上诉法院确认了地方法院的调查结果，即为了公共利益应予以授予初步禁令，禁止领英拒绝 HiQ 访问公共用户的公开数据。

领英请求最高法院审查第九巡回法院的决定，最高法院在审查后撤销了第九巡回法院的裁决，发回重审。第九巡回法院最终坚持原判决，认定发现并抓取在互联网上公开访问的数据并不违反《计算机欺诈与滥用法案》（*Computer Fraud and Abuse Act*）。

2. CRAIGSLIST 诉 3TAPS 案

——Craigslist Inc. v. 3Taps Inc.

［942 F.Supp.2d 962（ E.D. Cal .2013）］

【案情摘要】原告 Craigslist 是一家知名的大型互联网分类广告网站，为用户提供免费的互联网广告发布和浏览服务。据称“他们每年共发布数亿个分类广告，每个月有超过 6000 万美国人访问 Craigslist”。Craigslist 按照地域提供分类服务，且在每个区域内又按照产品和服务的类型进一步搭建细分市场。Craigslist 同时也提供其他配套服务，如为支持分类广告服务而发送匿名电子邮件等。

被告 3Taps 从原告 Craigslist 处聚合广告信息并进行二次展示。Craigslist 指控 3Taps 直接从 Craigslist 网站上实时复制（或“爬取”）其上面分布的全部内容。3Taps 运营“Craigslist API”来允许第三方网站直接从 Craigslist 上获取信息，同时还运营网站“craiggers.com”，上面基本上复制了整个 craigslist 网站的内容。

在获悉 3Taps 的爬取行为后，Craigslist 采取了以下两步措施：首先，它向 3Taps 发送了一封制止函（cease and desist letter），告知后者及其代理人、员工、关联公司等不再有权访问 Craigslist 网站，并且禁止他们再以任何理由访问 craigslist 的网站或服务。其次，Craigslist 更改了其网站的设置，对与 3Taps 相关的网址设置了 IP 壁垒（即不允许 3Taps 的相关 IP 网段访问 Craigslist），但 3Taps 通过使用不同的 IP 地址和代理服务器来隐藏其身份绕过 IP 壁垒并继续爬取 Craigslist 数据。

3Taps 无视 Craigslist 的制止函，并绕过后者设置的 IP 壁垒进行数据爬取的活动，违反了《计算机欺诈与滥用法案》及相关州法律，原告据此提起诉讼。

【法院裁判】原被告双方都认可 3Taps 是在访问 Craigslist 并有意从“受保护的计算机系统”中获取信息，唯一的争议是 3Taps 的获取行为是否属于“未经授权”。3Taps 坚持认为：“Craigslist 提供分类广告公开网站的行为，就是在对全世界的访问行为进行授权，这里面当然也包括对 3Taps 访问的授权。”（公开信息被推定为有权访问，属于“不受保护的网站”）法院对此予以认可，但这里仍未解决的问题是，Craigslist 是否有权根据具体情况撤销其授予公众访问其网站信息的一般授权。事实上，根据体系解释和第九巡回上诉法庭对“未经授权”这一概念的解释来看，3Taps 主张的禁止计算机系统所有者撤销其公共网站的访问“授权”是一种可行性方案，就是限制《计算机欺诈与滥用法案》所保护的信息的类型。同时，第九巡回上诉法院对于《计算机欺诈与滥用法案》“未经授权”概念的解释进一步证实：计算机系统所有者有权撤销他们的访问授权。本案中，Craigslist 已经明确表达了它对于访问限制的立场和态度。告诉 3Taps 不得“出于任何原因”访问其网站，并设置了技术壁垒以切断相关访问。 此类包含明确通知和具体措施在内的真正的“访问限制”，并不会导致泛刑事化问题的出现。3Taps 希望法院认可“公共网站的所有者无权撤销特定用户访问该网站的授权”，但无论从文义解释还是先例来看，3Taps 都没有提供有力的证据支持，因此法院无法支持其观点。

3. FACEBOOK 诉 BRANDTOTAL 案

——Facebook，Inc. v. BrandTotal Ltd.

[3：20-cv-07182，(N. D. Cal. 2021)]

【案情摘要】原告 Facebook 是一家社交网络公司，在多个产品上拥有数十亿个人用户，包括 Facebook 网络和 Instagram 社交网络。Facebook 网络的所有用户同意合同条款，包括未经 Facebook 许可，“使用自动手段”访问或收集 Facebook 产品的数据的条款，并且不会尝试访问特定用户没有访问权限的数据。与此同时，Facebook 采用各种措施来防止产品中内容的“爬取”包括监控使用模式，使用“CAPTCHA”(验证码)测试来确定用户是人还是机器人。被告

BrandTotal 提供了名为 UpVoice 和 Ads Feed 的程序，用户可以将其安装为 Google Chrome 互联网浏览器的扩展，该程序使用用户的浏览器作为代理访问 Facebook 计算机，无须 Facebook 授权，同时假装是合法的 Facebook 或 Instagram 用户。BrandTotal 对爬取来的数据进行分析并将从用户获得的数据出售给企业客户。BrandTotal 为其浏览器扩展（收集数据）及其营销情报产品（包含该数据）使用不同的贸易名称，并在 Facebook 网络上向潜在的个人用户（可能安装浏览器扩展并提供数据）和潜在的企业客户（可能购买数据）宣传其产品。2020 年 9 月，脸书禁用了 BrandTotal 在 Instagram 和脸书网络上的账户，并实施了其他技术措施，阻止 BrandTotal 访问脸书的产品。2020 年 10 月，脸书在加利福尼亚州法院对 BrandTotal 提起民事诉讼，指控其浏览器扩展违反了脸书的服务条款。BrandTotal 在本案中则提出了反诉，认为 Facebook 限制数据抓取构成不正当竞争，并申请了 TRO 临时禁令。

【法院判决】法院在 2020 年 11 月否认该临时禁令，认为 BrandTotal 无视 Facebook 禁止未经许可自动访问的规定，建立自己的业务，并用 Facebook 隐私设置以外的方式单独收集用户的 Facebook 数据。且美国联邦贸易委员会（FTC）的执法行动命令要求 Facebook 采取措施防止第三方违反隐私设置抓取数据，故 BrandTotal 无权要求立即下令阻止 Facebook 限制其访问。

BrandTotal 确实“自动”访问了脸书的社交网络，其违反了 Facebook 的服务条款。当 BrandTotal 在未经 Facebook 许可的情况下，采取禁止使用此类手段时，任何用户都不能合理地依赖关于数据所有权的广泛声明，允许使用自动手段收集该数据。对于

Facebook 限制 BrandTotal 抓取数据是否构成不正当竞争，法院认为 Facebook 有义务遵守联邦贸易委员会的命令，BrandTotal 这一反诉也被驳回。

4. COUPONCABIN 诉 SAVINGS.COM, Cox Target Media, Linfield Media, Internet Brands, Sazze, DealsPlus, and Does 1 through 10 案

——CouponCabin LLC v. Savings.com, Inc. Not Reported in Fed, Supp.（2017)

【案情摘要】原告 CouponCabin LLC 认为被告通过电子复制、检索或者从他人网站上获取数据信息的方式，抓取原告网站的内容，这一抓取行为显然违反了《计算机欺诈与滥用法案》和《数字千年版权法》(*Digital Miclennium Copyright Act*)，同时违反了合同、非法干扰了潜在的商业利益。除了 Linfield Media，CouponCabin 在过去与每个被告沟通过，要求他们停止抓取数据。

【法院裁判】首先，有关适用《计算机欺诈与滥用法案》的请求。如果他人未经许可故意访问计算机或超过许可权限访问任何受保护的计算机并获得的信息，那么这一行为将违反《计算机欺诈和滥用法案》的规定。法院认为，被告之所以违反了《计算机欺诈和滥用法案》的规定是由于其未经许可访问了该计算机而非未经许可使用了数据，毕竟 CFAA 的法定目的是惩罚非法侵入者和黑客。被告 Linfield Media 辩称它没有收到原告的通知，因此没有注意到 CouponCabin 所指称的活动是未经授权的，法院认为 CouponCabin

撤销访问网站的权限已经足以告知被告没有权限访问，其认为没有违反 CFAA 是不具备说服力的。其次，原告 CouponCabin 一实施阻止被告访问抓取数据的活动，被告就躲避了原告设置的安全屏障，这与原告是否直接与 Linfield Media 沟通并不相关，因此被告的行为是属于非法行为，构成侵权。

5. Christian W. SANDVIG 诉 Jefferson B. SESSIONS 案

——Sandvig v. Sessions，315 F. Supp. 3d 1（D.D.C. 2018）

【案情摘要】本案的原告是四位教授和一家媒体机构，即密歇根大学的 Christian W. Sandvig、伊利诺伊大学的 Kyratso Karrie Karahalios、东北大学的 Alan Mislove、东北大学的 Christopher Christo Wilson 和 Media Works。原告正在进行研究，以应对房地产、金融和就业交易等在互联网上发展的新趋势。数据中介从各种来源收集消费者的信息，并将消费者信息置于种族、民族、社会经济、性别、宗教等多个模型中。在数字中介创建消费者的信息档案后，这些信息档案会通过跟踪 cookie 等技术在线跟踪消费者。Sandvig 和 Karahalios 将使用一种自动数据记录技术，来记录每个机器人在房地产网站上看到的属性。同样，Mislove 和 Wilson 计划进行一项研究，探讨招聘网站的算法最终是否会基于种族或性别等来歧视求职者。他们将首先使用机器人来搜索随机抽取的求职者的档案，以获得人口统计数据，然后创建雇主档案，这样他们就可以搜索候选人，并记录算法如何对这些候选人进行排名。Media Works 及其记者们试图调查在线公司、网站和平台，包括检查他们使用算法有无任何歧视性的影响。Mislove 和 Wilson 计划在学术论文上发表他们的发现，并将他们的研究成果带给公众，Media Works 倾向利用其新闻调查的结果，向公众普及网上商业行为。Sandvig 和 Karahalios 没有明确声称将发表他们的研究结果，但指出他们的研究将产生重要的科学知识。原告也意识到，他们的研究活动可能会违反某些网站的规定，他们都计划抓取记录数据，而这已被许多原告试图研究的网站所禁止。Sandvig 和 Karahalios 研究的许多住房网站都禁止使用机器人，Mislove 和 Wilson 研究的所有招聘网站都禁止爬取数据。

【法院裁判】首先，政府认为原告没有提出违反宪法第一修正案的地位，这一论点在最高法院的判例法中得到了一些支持，该法曾驳回了第一修正案中关于“个人希望在购物中心分发传单或宣传罢工的主张”。法院认为，私人财产并不会因为公众经常将其用于特定的目的而失去私有性。由于现在企业的机密文件通常被储存在云端，因此窃取一家企业的机密文件并不仅是非法侵入。虽然现在很多数据信息拥有者都设置了安全屏障以阻止窃取信息，但这并不会将一个网站从第一修正案对公共互联网的保护中删除。相反，只有基于代码的限制，即“在网站中开辟一个虚拟的私人空间，需要适当的认证才能获得访问权限”，才会从公共论坛中删除网站的那些受保护部分。因此，窃取他人的凭证，或违反网站的安全，以逃避基于代码的限制，仍然不受第一修正案的保护。

其次，原告声称，他们的行为属于受宪法第一修正案保护的三类活动。具体来说，就是从目标网站上收集数据，符合第一修正案记录或保存信息的权利。法院认为，第一修正案禁止政府限制公众可能获取的信息储备。此外，为了传播思想，根据第一修正案个人有权记录至少一些涉及公共利益的事情。原告希望从网站上获取数据，而不是手动记录信息，并不会改变一些分析。原告这种抓取公开数据的行为仅仅是一种使收集信息变得更容易的技术进步，而且原告抓取的是位于公共论坛上的信息，因此会受到第一修正案的保护。

最后，总的来说，该案提出了一个重要的问题——政府将互联网上的一些日常活动定义为犯罪的权限有多大。法院得出的结论是，CFAA 禁止的内容远远低于当事人所称的那样。原告声称他们有资格起诉，而访问条款违反了宪法第一修正案中适用的言论自由和新闻自由条款，政府认为他们没有资格起诉这一请求被驳回，但政府提出的驳回这些索赔的动议将被批准。

6. Facebook 诉 Power 公司案

——Facebook，Inc. v. Power Ventures，Inc.

[08-cv-05780-JF（N.D. Cal. Oct. 22，2009）]

【案情摘要】社交聚合网站 Power.com 允许用户在 Power.com 上同时登录多个社交网站（LinkedIn、Twitter、Facebook 和 MySpace 等）的用户名和密码，并与好友互动，还可以获得这些社交网站上的联系人和照片等。通过 Power.com，用户可同时查看自己在所有社交网站的活动情况。当时，Power.com 发起了名为"Power 100"的活动，鼓励用户去邀请好友也来使用该网站的服务，成功邀请到 100 名好友的用户可获得 100 美元奖励。为此，Power.com 允许用户通过域名为 @facebookmail.com 的邮箱向好友发送邀请邮件，但由于邮件中包含“Facebook 团队”的字眼，看起来就像是 Facebook

官方发送的邮件。

2008 年 12 月 1 日，Facebook 给 Power 公司发出书面停止和终止信，但 Power 公司的活动并没有停止。Facebook 的起诉指控 Power 公司未经 Facebook 许可闯入 Facebook 的计算机系统，擅自收集 Facebook 用户的数据，违反了《计算机欺诈与滥用法案》和《加州刑法典》(*California Penal Code section* 502)。2012 年，联邦法官再次判决 Power 公司违反《计算机欺诈与滥用法案》，裁定 Power 公司赔偿 300 多万美元给 Facebook，Power 公司随之宣告破产，但创始人 Vachani 依旧上诉至第九巡回上诉法院。

【法院判决】法院认为 Facebook 在《计算机欺诈与滥用法案》的意义上遭受了损失。当一方在一年期间损失至少 5000 美元时，该法案允许私人诉讼权利。法案将“损失”定义为“对任何受害者的任何合理成本，包括应对违法行为的成本，进行损害评估的成本，以及在犯罪发生前将数据、程序、系统或信息进行恢复的成本，以及由于服务中断而导致的任何收入损失，包括已发生的费用或其他间接损失。”无可争议，Facebook 员工花了很多时间来分析、调查和回应 Power 公司的行动，总计超过 5000 美元的成本。因此，Facebook 在《计算机欺诈与滥用法案》下遭受了损失。Power 公司未经 Facebook 允许继续侵入其计算机并访问其用户数据，尤其是在 Facebook 明确发出书面停止和终止信后，Power 公司的行为已经很明显地表现出其已经了解到 Facebook 的禁令，却还继续访问 Facebook 的计算机。这明显违反了《计算机欺诈与滥用法案》。

7. UAB “PLANNER5D” 诉 FACEBOOK 案

——UAB “Planner 5D” v. Facebook，Inc.

[19-CV-03132-WHO（N.D. Cal. Nov. 21，2019）]

【案情摘要】原告 Planner5D 运营家庭设计网站，允许用户使用虚拟资源库去创建虚拟室内设计场景。Planner5D 声称，它目前在全球拥有超过 4000 万用户，并拥有“超过 100 万手工制作、数字化和现实的三维物体和场景，描绘了各种各样的家庭和办公室设计”。原告声称拥有这些三维物体和场景的版权和使用权，也包括底层数据文件中的商业秘密。原告认为，Facebook 在斯坦福大学和普林斯顿大学等的帮助下，复制了自己的 SUNCG 数据集。Planner 5D 数据在其不知情或不允许的情况下被收集、复制和使用，侵犯了原告的版权，盗用了商业秘密。

【法院裁判】对于版权索赔的诉讼请求，法院不予支持。被告认为对象汇编中的版权主张应当被驳回，没有达到“原始选择和安排”的要求。主张版权保护必须对汇编元素的选择和安排作出创造性的选择，“由编译器独立完成并有最低程度的创作性”。原告声称其委托员工创建的对象运用了作者的创造力，从可能创建的各种对象中选择了某些类型，并依据汇编注册将保护范围扩大到组成元素的案例。这不足以证明创造性，在汇编中选择自己的创作（或委托为出租作品）的全部作品不会自动使汇编作品成为原创作品。本案讨论的是对象汇编中的选择和安排的独创性，而原告在对象汇编选择安排中未达到创造性要求。

但法院支持对于商业秘密索赔的诉讼请求。原告阐述了其保护数据文件的结构和法律措施，即其采取合理措施保护商业秘密。首先从结构上来说其每个对象和场景文件位于原告服务器上唯一且机密的互联网地址，且从未向其用户显示。原告使用专有软件保护其底层数据文件，被告获取底层文件内容必须绕开这些软件，而此行为是为网站服务条款所禁止的。同时，原告举证被告使用软件开发工具监视或拦截原告与其欧洲服务器间的通信活动，并提取关键信息，违反了服务条款中禁止使用任何页面抓取、访问、获取、复制原告项目的部分规定。原告还举证证明两名被告联系密切，表明被告之一 Facebook 的研究人员参与并受益于被告普林斯顿的场景识别研究，并对原告数据抓取利用。原告根据联邦《保护商业秘密法》和《加利福尼亚州统一商业秘密法》的规定证明其拥有商业秘密，被告挪用商业秘密，以及被告行为损害了原告此三点。

8. Cvent 公司诉 Eventbrite 公司案

——Cvent，Inc. v. Eventbrite，Inc.

［739 F.Supp.2d 927（E.D. Va. 2010）］

【案情摘要】Eventbrite 和一个名叫 Foley 的人通过数据抓取窃取了原告 Cvent 网站上的数据。Cvent 是一家特拉华州的软件公司，其主要营业地点在弗吉尼亚州的麦克莱恩。Cvent 是 www.cvent.com 网站的所有者和运营商，该网站主要帮助客户定位场地并组织大型活动。作为业务的一部分，Cvent 创建了一个基于网络的全球会议场所数据库，称为 Cvent 供应商网络，其中包括每个场所的详细信息，如会议室的可用性和容量，以及场地的设施和服务。Cvent

投资了大量资金开发其网站，包括 Cvent 供应商网络和目的地指南页面，并获得、注册了其网站的版权，这些版权显示在其网站页面上。

被告 Eventbrite 是一家特拉华州的公司，其主要营业地点在加利福尼亚州的旧金山市，并在其网站 www.eventbrite.com 上提供在线活动策划、销售和注册服务。Cvent 公司声称，在 2008 年 9 月和 10 月，Eventbrite 开始在其网站上创建一个页面（Venue Directory），其中包含了关于不同城市的酒店、餐馆、酒吧和会议场所的公开信息。Eventbrite 的 Venue Directory 中的大部分信息可以从每个酒店和餐厅的网站上公开获得。Cvent 声称，Eventbrite 并没有自己收集这些信息，而是雇用了计算机工程师 Foley 直接从 Cvent 的网站上收集（即复制）这些信息。Cvent 进一步声称，Eventbrite 随后将材料重新格式化为自己的布局，并在 Eventbrite 的网站上提供。2008 年 11 月，Foley 从 Cvent 网站上获取了场地信息。

2010 年 7 月 28 日，Cvent 向弗吉尼亚地方法院提起诉讼要求取得永久禁令，禁止被告未经授权访问其网站和禁止被告复制、使用或创作任何发泄网站内容的衍生作品。原告还要求下令扣押和销毁 Cvent 版权作品的所有侵权副本，并指示公司从事纠正性广告，要求赔偿超过 300 万美元的损失、利息和律师费，所要求的损害赔偿包括补偿性损害赔偿、利润损失、被告利润的剥夺、根据《版权法》规定的法定损害赔偿、根据《兰汉姆法案》和《弗吉尼亚州宪法》规定的 3 倍损害赔偿，以及因被告的故意和恶意行为而造成的不超过 35 万美元的惩戒性损害赔偿。

【法院判决】在本案中，原告声称公司雇用 Foley 从 Cvent 的网站上挖掘数据。这些“被抓取”的数据仅仅是为了 Eventbrite 的利益，而且确实很难想象被告 Foley 在获得这些数据时可能会有任何独立的利益。由于诉状中的指控不能合理地指控被告 Eventbrite 和 Foley 之间的商业违法行为，因此驳回原告两项指控。

9. Facebook 诉 BrandTotal 案

——Facebook，Inc. v. BrandTotal Ltd. [499 F. Supp. 3d 720 （N.D. Cal. 2020）]

【案情摘要】原告 Facebook 是一家社交网络公司，在多个产品上拥有数十亿个人用户，包括 Facebook 网络和 Instagram 社交网络。Facebook 网络的所有用户同意合同条款，包括未经 Facebook 许可，“使用自动手段”访问或收集 Facebook 产品的数据的条款，并且不会尝试访问特定用户没有访问权限的数据。与此同时，Facebook 采用各种措施来防止产品中内容的“爬取”包括监控使用模式，使用“CAPTCHA”（验证码）测试来确定用户是人还是机器人。被告 BrandTotal 提供了名为 UpVoice 和 Ads Feed 的程序，用户可以将其安装为 Google Chrome 互联网浏览器的扩展，该程序使用用户的浏览器作为代理访问 Facebook 计算机，无须 Facebook 授权，同时假装是合法的 Facebook 或 Instagram 用户。BrandTotal 对爬取来的数据进行分析并将从用户获得的数据出售给企业客户。BrandTotal 为其浏览器扩展（收集数据）及其营销情报产品（包含该数据）使用不同的贸易名称，并在 Facebook 网络上向潜在的个人用户（可能安装浏览器扩展并提供数据）和潜在的企业客户（可能购买数据）

宣传其产品。BrandTotal 在本案中还提出了反诉。

【法院判决】BrandTotal 完全依赖 Facebook 所谓的“向用户承诺用户拥有其内容，控制其隐私设置，并且 Facebook 仅持有该内容的非排他性许可。更重要的是，正如法院先前拒绝 TRO 的命令所讨论的那样，当 BrandTotal 在未经 Facebook 许可的情况下，采取禁止使用此类手段时，任何用户都不能合理地依赖关于数据所有权的广泛声明，允许使用自动手段收集该数据。由于上述原因，BrandTotal 所有反索赔均被驳回。

10. ebay 诉 Bidder's Edge 公司案

——eBay v. Bidder's Edge, [100 F. Supp. 2d 1058 (N.D. Cal. 2000)]

【案情摘要】原告 eBay 是一个基于互联网的个人对个人的交易网站。eBay 为卖家提供了列出待售物品的平台，而潜在买家则可以搜索这些列表并对物品进行竞价，卖方可以设定拍卖的条款和条件，最终拍卖品卖给出价最高的人。交易是在买家和卖家之间直接完成的，没有 eBay 的参与，寻找特定物品的潜在买家可以访问 eBay 网站，并对相关拍卖和竞价状态执行关键字搜索。eBay 还创建了分类清单，可以识别超过 2500 个类别的物品，如古董、电脑和玩偶。用户可以浏览这些类别列表页面来识别感兴趣的项目。Bidder's Edge 公司（以下简称 BE 公司）成立于 1997 年，拥有 22 名员工。BE 公司是一个拍卖聚合网站，旨在提供在线拍卖买家的能力，在众多的在线拍卖中搜索项目，而不必单独搜索每个主机网站。截至 2000 年 3 月，BE 公司网站包含了 100 多个拍卖网站拍卖的 500 多万件物品的信息。

1998 年 4 月，eBay 口头批准 BE 公司在 eBay 网站上抓取 90 天的信息。eBay 希望 BE 公司只在被一个 BE 公司用户查询时才对 eBay 系统进行搜索，这样减少 eBay 系统上的负载，并提高了 BE 公司数据的准确性，但 BE 公司希望常规地抓取 eBay 系统中的数据来编译自己的拍卖数据库。1999 年 8 月底或 9 月初，eBay 通过电话要求 BE 公司停止在其网站上发布 eBay 拍卖清单。1999 年 10 月，BE 公司得知其他拍卖聚合网站也包括了有关 eBay 拍卖的信息。1999 年 11 月 2 日，BE 公司发布了一份新闻稿，表明它已经恢复在其网站上包括 eBay 拍卖清单。1999 年 11 月 9 日，eBay 给 BE 公司寄了一封信，重申 BE 公司的活动是未经授权的，坚持要求 BE 公司停止访问 eBay 网站，声称 BE 公司的活动构成民事侵权，并提供许可 BE 公司的活动。到 1999 年 11 月底，eBay 总共屏蔽了 169 个它认为是 BE 公司用来查询 eBay 系统的 IP 地址。基于此，原告 eBay 向法院提起诉讼，理由包括：该爬虫协议违反了 robot 协议，具有非法侵入（trepass）、计算机欺诈和滥用、不公平竞争等违法行为。

【法院判决】法院认为，eBay 公司的服务器是私人财产，一般不允许爬虫机器人进行访问。BE 公司的活动如果不受限制地继续下去，这将鼓励其他拍卖聚合器对 eBay 系统进行类似的递归搜索，这样 eBay 就会因系统性能下降、系统不可用性或数据丢失而遭受不可挽回的伤害。eBay 已经证明了至少有遭受无法弥补的系统损害的可能性，而 BE 公司并没有提出对其有利的足够的抗辩。法院认为 BE 公司对 eBay 排除他人进入其计算机系统的基本财产权的持续侵犯可能会造成足够的无法弥补的损害，BE公司的行为属于非法侵入动产，授予了eBay禁止BE公司通过技术手段获取其数据的禁令。

10.2.2 欧洲相关案例

1. Internet Corporation for Assigned Names and Numbers（ICANN）诉EPAG案

——Internet Corporation for Assigned Names and Numbers vs. EPAG Domainservices GmbH（LG Bonn，10 O 171/18）

【案情摘要】原告ICANN是负责管理域名系统、分配IP地址的非营利性国际组织。被告EPAG是经过原告ICANN认证的域名注册商，主要提供域名注册等服务。2014年1月22日，双方签订了《注册服务机构认证协议》（*Registrar Accreditation Agreement*，RAA）。根据该协议，被告EPAG有权向用户提供域名注册服务，负责分配特定的域名，在用户注册域名时，被告EPAG不但要收集域名所有人的数据，还要收集管理联系信息（Admin-C）和技术联系信息（Tech-C）。他们分别指管理和维护某域名网站的管理人员和技术人员的联系信息，包括姓名、地址、邮箱、电话号码及传真信息等。在随后一段时间内，被告EPAG都是按照RAA协议做的，但是随着《一般数据保护条例》的出台，被告EPAG担心继续收集Admin-C和Tech-C将会违反《一般数据保护条例》。于是，被告EPAG通知原告ICANN，其新的域名注册系统将不再收集Admin-C和Tech-C。被告EPAG此举引起了原告ICANN的不满，原告 ICANN 要求被告 EPAG 继续收集上述两类数据。经讨论，双方对于“数据最小化”等原则的理解存在分歧，在采集 Admin-C 和 Tech-C 的问题上未达成一致。2018 年 5 月 25 日，即《一般数据保护条例》生效当日，双方在沟通未果后，原告 ICANN 向德国波恩州法院申请初步禁令，要求法院强制被告 EPAG 履行 RAA，继续收集 Admin-C 和 Tech-C 等数据。

【法院裁判】原告 ICANN 并没有充分说明 Admin-C 和 Tech-C 是其营运的必要数据。原告 ICANN 和被告 EPAG 都承认，网络域名所有人、Admin-C 和 Tech-C 的数据都为实现同样的目的（即鉴别身份的目的）而被收集，而为实现此目的，收集和存贮网络域名所有人的数据就已足够；并且注册人过去只提供域名所有人的数据也不会导致域名注册失败。从责任上看，只有域名所有人需要对该域名下网站的经营负责，其他主体并非当然责任人，并不需要在收集信息中明确区分 Admin-C 和 Tech-C；仅收集域名所有人信息足以满足原告 ICANN 保障的刑事、侵权和安全等一般利益。原告 ICANN 认为收集这些数据是为了管理刑事、其他违法和安全问题的目的，也承认收集技术联络的数据是为了解决（纯）技术问题的目的，而后者与安全问题的目的没有直接关系，即为实现安全目的不需要收集技术联络的数据。从过去的注册行为上看，域名所有人信息、Admin-C 和 Tech-C 可以填写同样的内容。网络域名的所有人很可能也是该网络的技术联络和行政联络人员，此时，收集域名所有人的数据与还收集技术联络和行政联络的数据相比，两者没有区别。这就说明 Admin-C 和 Tech-C 并非完成注册的必要信息。

因此，根据《一般数据保护条例》第 5 条第 1 款项的规定，原告认为收集存贮域名所有人以外的其他个人数据对实现原告的目的来讲是绝对必要的，此种观点缺乏说服力。对于 Admin-C 和 Tech-C 信息的采集，不符合“目的限制原则”和“数据最小化原则”。此外，法庭还简要引用了数据处理的自愿原则，即为一定目的的数据处理应当取得数据拥有者的事先同意。同时，法庭认为，在未来收集技术联络和行政联络的数据也应取得域名注册人的事先同意。基于以上理由，法院裁定驳回原告 ICANN 的颁布临时禁令的申请。

2. Ryan air 公司诉 PR Aviation 案

——Ryanair Ltd v. PR Aviation BV（C-30/14）

【案情摘要】原告瑞安航空（Ryan air）是欧洲最大的廉价航空公司，拥有 830 条廉价航线，总部位于爱尔兰。被告 PR Aviation 是一家荷兰的在线旅行社，其服务之一就是提供欧洲机票的比价服务，为此，PR Aviation 使用一种自动系统直接从瑞安航空网站和可公开访问数据库来截取航班信息，然后由收费用户支付佣金从其网站上进行预定。不过，瑞安航空网站任何的访问者都必须通过勾选一个框来接受瑞安航空的一般条款和条件的应用。据此，除非第三方直接与瑞安航空签署了书面许可协议，否则网站信息均只能用于私人和非商业目的，且禁止使用自动化系统或软件从网站提取数据用于商业目的。

【法院判决】就瑞安航空是否享有数据库权，欧盟法院认为数据库权应当以对数据的获取、核实或输出进行实质性的投入为前提，且根据“副产品原则”，数据库和数据内容、获得数据库而进行投入和为生成数据内容而进行的投入均被严格区分。显然，倘若获得数据的行为与该数据的生成过程无法分离，那么制作者就难以证明其为数据库进行了实质投入，从而不能享有数据库权的保护。欧盟法院也指出，如果数据内容的创造未经事前计划，且其收集、核实、编排、呈现需要额外的实质性支出，那么制作者同样可以取得数据库权。基于上述理解，法院认为瑞安航空的数据库不过是其经营的副产品，且未就相关数据的收集进行额外投入，因此构成典型的“单一数据源数据库”，并非《欧盟指令》的保护对象。

在 Ryan air 案中，PR Aviation 根据《欧盟数据库指令》第 8.1 条和第 15 条“违反第 8 条的合同条款无效”的规定，提出数据库合法使用（lawful use）的抗辩。但是，正如法院在判决中所言，既然《欧盟数据库指令》并不能涵盖 Ryan air 的数据，那么瑞安航空自然能通过合同条款对他人的使用自由地设定限制。因此，欧盟法院认为，瑞安航空公司网站提供的航班数据，尚不能受到著作权法或数据库权的保护，并进一步肯定当网站经营者就其本身数据内容无法透过著作权排除他人未经授权使用时，仍需以服务条款限制其他企业以撷取方式自动抓取、收取网站资料的行为。2015 年 1 月，法院最终裁定瑞安航空公司有权禁止 PR Aviation 以自动化系统抓取网站数据后转为商业使用。

3. Lloyd 诉 Google LLC 案

——Lloyd v. Google LLC［ UKSC 50（10 November 2021）］

【案情摘要】Lloyd 先生指控 Google LLC 其违反了 1998 年《数据保护法》第 4（4）条规定的数据控制者职责（DPA 1998）。在

2011年年底和2012年年初的几个月里，谷歌秘密跟踪了数百万iPhone用户的互联网动态，并在用户不知情或未同意的情况下将以此方式收集的数据进行商业利用。本案中，Google有一个称为“Double Click Ad cookie”的cookie，它可以作为第三方cookie运行。如果用户访问包含Double Click广告内容的网站，它将被放置在设备上。Double Click Ad cookie使Google能够识别设备对任何显示来自其庞大广告网络的广告的网站的访问，并收集大量信息。它可以告诉任何访问给定网站的日期和时间，用户在那里停留了多长时间，访问了哪些页面多长时间，以及查看了哪些广告多长时间。在某些情况下，通过浏览器的IP地址，可以识别出用户的大概地理位置。

【法院判决】地方法院法官认为，即使在该诉讼中提出的索赔的法律基础是健全的，也应拒绝该索赔作为代表诉讼继续进行，不应允许代表索赔人在代表他人提起诉讼时消耗大量资源，而这些人没有从中获得好处，也没有授权进行诉讼，也没有对此事表示任何担忧。上诉法院对代表索赔的案情形成了截然不同的看法。他们认为，被代表的集体成员没有授权索赔是一个不相关的因素，法官错误地考虑了这一点，并认为他们可以重新行使自由裁量权。他们认为该诉讼是获得民事补偿性补救的唯一途径，如果证明是“未经同意批发和故意滥用个人数据，以谋取商业利益”，在这些情况下，上诉法院认为，属于法官自由裁量权的范畴应允许索赔。法院允许上诉并恢复法官拒绝原告申请，允许在英格兰和威尔士法院管辖范围之外向Google送达诉讼程序的命令。

4. Johnson 诉 Eastlight 案

——Johnson v. Eastlight Community Homes Ltd [EWHC 3069 (QB)(16 November 2021)]

【案情摘要】被告 Eastlight 是低成本社会住房的提供者，而原告 Johnson 是其租户之一。2020 年 9 月 1 日，被告的另一名客户要求提供租金报表。被告的一名员工通过电子邮件回复了该信息，但无意中还附上了被告其他客户的租金报表汇编，附件包括索赔人的姓名、电子邮件地址和最近支付给被告的租金。第三方作为电子邮件的唯一收件人，立即通过电话将错误通知被告，并要求被告删除该电子邮件。因此，无意中泄露给了一个人，他显然对此没有任何意见，并且持续了不到 3 小时。被告承认发送附件是一个错误，并且这纯粹是由于人为错误造成的。被告于 2020 年 9 月 20 日向原告发送电子邮件，承认这一错误以及收件人已删除信息的事实，并声明此事已向信息专员办公室报告。信息专员办公室仅在几周后证实，由于无意的数据泄露，不需要或不会采取任何行动。

【法院判决】本案的真正意义在于索赔人的权利是纯粹名义上的损害赔偿还是极低的损害赔偿。本案的所有内容都具有小额索赔跟踪索赔的所有特征，该索赔本应在基层法院签发并进行。这是一个发展中的法律领域，或者即使确立了原则，也需要详尽而复杂的法律论据的建议是不现实的。因此，应将本案转移至基层法院进行审理。

参考文献

一、中文文献

[1] 赫伯特 · A. 西蒙 . 管理行为 [M] .4 版 . 詹正茂，译 . 北京：机械工业出版社，2004.

[2] 埃莉诺 · 奥斯特罗姆 . 公共事务的治理之道——集体行动制度的演进 [M] . 上海：上海三联书店，2000.

[3] 孔繁斌 . 公共性的再生产：多中心治理的合作机制建构 [M] . 南京：江苏人民出版社，2012.

[4] 罗伯特 · 鲍德温，马丁 · 凯夫，马丁 · 洛奇 . 牛津规制手册 [M] . 宋华琳，李鸻，安永康，卢超，译 . 上海：上海三联书店，2019.

[5] 洛克 . 政府论（下篇）[M] . 叶启芳，瞿菊农，译 . 北京：商务印书馆，1997.

[6] 迈克尔 · 博兰尼 . 自由的逻辑 [M] . 冯银江，李雪茹，译 . 长春：吉林人民出版，2002.

[7] 宁立志 . 创新思维法学教材：知识产权法 [M] .2 版 . 武汉：武汉大学出版社，2013.

[8] 谢铭洋 . 智慧财产权法 [M] .8 版 . 台北：元照出版有限公司，

2018.
[9] 俞可平. 治理与善治［M］. 北京：社会科学文献出版社，2000：9-10.
[10] 郑成思. 知识产权论［M］. 北京：法律出版社，2003.
[11] 植草益. 微观规制经济学［M］. 朱绍文，胡欣欣，等译. 北京：清华大学出版社，1992.
[12] 周林军. 公用事业管制要论［M］. 北京：人民法院出版社，2004.
[13] 董博. 中国人才发展治理及其体系构建研究［D］. 长春：吉林大学，2019.
[14] 高筱培. 知识产权政策研究中的大数据方法应用研究［D］. 合肥：中国科学技术大学，2016.
[15] 郭亚菲.《反不正当竞争法》一般条款在新型网络不正当竞争行为中的适用［D］. 青岛：山东科技大学，2020.
[16] 胡雅瑜. 互联网企业数据获取和利用不正当竞争行为的规制研究［D］. 武汉：湖北大学，2020.
[17] 李巍. 数据财产的法律保护研究［D］. 太原：山西大学，2019.
[18] 刘新宇. 数据权利构建及其交易规则研究［D］. 上海：上海交通大学，2019.
[19] 刘玉拴. 网络文化安全治理体系研究［D］. 北京：中共中央党校，2019.
[20] 吕雪坤. 企业数据权益法律保护问题研究［D］. 兰州：兰州大学，2021.

[21] 田敬莹．我国高校学术问责制完善研究［D］．太原：山西大学，2021.

[22] 朱安迪．大数据背景下商业数据的法律属性及法律保护［D］．杭州：浙江大学，2018.

[23] 朱世定．企业数据利用行为规制路径研究［D］．上海：华东政法大学，2021.

[24] 白云朴．应用移动通信大数据 提升社会公共治理［J］．中国电信业，2020（2）：62-65.

[25] 鲍勃·杰索普，漆蕪．治理的兴起及其失败的风险：以经济发展为例的论述［J］．国际社会科学杂志（中文版），1999（1）：31-48.

[26] 包晓丽．数据产权保护的法律路径［J］．中国政法大学学报，2021（3）：117-127.

[27] 蔡川子．数据抓取行为的竞争法规制［J］．比较法研究，2021（4）：174-186.

[28] 蔡莉，黄振弘，梁宇，朱扬勇．数据定价研究综述［J］．计算机科学与探索，2021，15（9）：1595-1606.

[29] 蔡玉卿．大数据驱动式社会监督：内涵、机制与路径［J］．河南社会学，2019，27（8）：52-58.

[30] 曹晶晶．数字贸易发展面临的问题及我国的应对之策［J］．对外经贸实务，2018（8）：29-32.

[31] 曾彩霞，朱雪忠．欧盟数据可携权在规制数据垄断中的作用、局限及其启示——以数据准入为研究进路［J］．德国研究，2020（1）：133-147+164.

[32] 曾雄．数据垄断相关问题的反垄断法分析思路［J］．竞争政策研究，2017（6）：40-52.

[33] 陈兵，顾丹丹．数字经济下数据共享理路的反思与再造——以数据类型化考察为视角［J］．上海财经大学学报，2020，22（2）：122-137.

[34] 陈兵．重大突发公共事件中数据治理的法治面向［J］．人民论坛，2020（Z1）：65-67.

[35] 陈国青，曾大军，卫强，张明月，郭迅华．大数据环境下的决策范式转变与使能创新［J］．管理世界，2020，36（2）：95-105+220.

[36] 陈俊华．大数据时代数据开放共享中的数据权利化问题研究［J］．图书与情报，2018（4）：25-34.

[37] 陈美，曹阳赤．治理理论与开放政府数据服务的社会参与［J］．现代情报，2020，40（6）：129-136.

[38] 陈沛．数据流通与利用中的“三重授权”原则——再评大数据引发不正当竞争第一案［J］．上海市经济管理干部学院学报，2020，18（1）：57-64.

[39] 谌嘉妮．我的数据谁做主？——基于“头腾之争”对个人数据可携带权与企业数据权边界的研究［J］．互联网天地，2019（6）：22-27.

[40] 程建华、王珂珂．再论数据的法律属性——兼评《民法典》第127条规定［J］．重庆邮电大学学报（社会科学版），2020，32（5）：67-74.

[41] 程啸．民法典编纂视野下的个人信息保护［J］．中国法学，

2019，4（1）：26-43.

［42］丁道勤．基础数据与增值数据的二元划分［J］．财经法学，2017（2）：5-10+30.

［43］丁晓东．论企业数据权益的法律保护——基于数据法律性质的分析［J］．法律科学（西北政法大学学报），2020，38（2）：90-99.

［44］丁晓东．数据到底属于谁？——从网络爬虫看平台数据权属与数据保护［J］．华东政法大学学报，2019，22（5）：69-83.

［45］范为．大数据时代个人信息保护的路径重构——初探欧美改革法案中的场景与风险理念［J］．网络信息法学研究，2017（1）：248-286+393-394.

［46］冯晓青．数据财产化及其法律规制的理论阐释与构建［J］．政法论丛，2021（4）：81-97.

［47］付新华．企业数据财产权保护论批判——从数据财产权到数据使用权［J］．东方法学，2022（2）：132-143.

［48］高富平．数据流通理论 数据资源权利配置的基础［J］．中外法学，2019，31（6）：1405-1424.

［49］高郦梅．企业公开数据的法律保护：模式选择与实现路径［J］．中国政法大学学报，2021（3）：140-152.

［50］郭蓉．从技术理性到行政伦理——大数据时代智慧治理的伦理反思［J］．道德与文明，2018（6）：17-23.

［51］韩旭至．数据确权的困境及破解之道［J］．东方法学，2020（1）：97-107.

［52］郝思洋．知识产权视角下数据财产的制度选项［J］．知识产权，

2019（9）：45-60.

［53］胡继晔，杜牧真．数字平台垄断趋势的博弈分析及应对［J］．管理学刊，2021，34（2）：38-54.

［54］胡燕玲．大数据交易现状与定价问题研究［J］．价格月刊，2017（12）：16-19.

［55］黄璜．美国联邦政府数据治理：政策与结构［J］．中国行政管理，2017（8）：47-56.

［56］黄璜．政策科学再思考：学科使命、政策过程与分析方法［J］．中国行政管理，2015（1）：111-118.

［57］姬蕾蕾．大数据时代数据权属研究进展与评析［J］．图书馆，2019（2）：27-32.

［58］江小涓．大数据时代的政府管理与服务：提升能力及应对挑战［J］．中国行政管理，2018（9）：6-11.

［59］金京玉，尹兆睿．公共卫生事件应急制度完善研究——基于公共利益理论［J］．中国经贸导刊（中），2021（10）：53-55.

［60］金耀．数据治理法律路径的反思与转进［J］．法律科学（西北政法大学学报），2020，38（2）：79-89.

［61］孔祥俊．论反不正当竞争的基本范式［J］．法学家，2018（1）：50-67+193 .

［62］李琛．知识产权法基本功能之重解［J］．知识产权 .2014（7）：3-9+2.

［63］李德恩．数据权利之法律性质与分段保护［J］．理论月刊，2020（3）：113-123.

［64］李慧敏，王忠．日本对个人数据权属的处理方式及其启示

[J]．科技与法律，2019（4）：66-72+88.

[65] 李明琨，吴欢，王伟．互联网企业大数据“杀熟”的博弈行为机理与消费者应对策略[J]．管理学刊，2021，34（2）：55-64.

[66] 李谦．法律如何处理数据财产——从数据库到大数据[J]．法律和社会科学，2016，15（1）：73-100.

[67] 李涛．第四届“新兴（新型）权利与法治中国”学术研讨会综述[J]．社会科学动态，2018（1）：109-116.

[68] 李伟群，郭宇．健康医疗数据商业化运用法律问题研究[J]．齐鲁学刊，2021（4）：96-103.

[69] 李文姝，刘道前．人工智能视域下的信息规制——基于隐私场景理论的激励与规范[J]．人民论坛·学术前沿，2019（6）：70-77+91.

[70] 李晓宇．权利与利益区分视点下数据权益的类型化保护[J]．知识产权，2019（3）：50-63.

[71] 李扬，李晓宇．大数据时代企业数据权益的性质界定及其保护模式建构[J]．学海，2019（4）：180-186.

[72] 李勇坚．个人数据权利体系的理论建构[J]．中国社会科学院研究生院学报，2019（5）：95-104.

[73] 梁正，吴培熠．数据治理的研究现状及未来展望[J]．陕西师范大学学报（哲学社会科学版），2021，50（2）：65-71.

[74] 凌斌．界权成本问题：科斯定理及其推论的澄清与反思[J]．中外法学，2010，22（1）：104-121.

[75] 刘双阳，李川．衍生数据的财产属性及其刑法保护路径[J]．

学术论坛，2020，43（3）：39-47.
［76］刘双阳．衍生数据刑法保护进路的多重考察——兼论财产权客体的时代变迁［J］．科技与法律，2020（3）：86-94.
［77］刘星，姜南，欧忠辉，马艺闻．数字经济时代企业数据权益保护研究［J］．情报杂志，2021，40（10）：91-98+107.
［78］刘影，眭纪刚．日本大数据立法增设“限定提供数据”条款及其对我国的启示［J］．知识产权，2019，5（4）：12-14.
［79］龙卫球．再论企业数据保护的财产权化路径［J］．东方法学，2018，15（3）：50-63.
［80］吕炳斌．论网络用户对“数据”的权利——兼论网络法中的产业政策和利益衡量［J］．法律科学（西北政法大学学报），2018，36（6）：56-66.
［81］毛立琦．数据产品保护路径探究——基于数据产品利益格局分析［J］．财经法学，2020（2）：94-109.
［82］梅夏英．企业数据权益原论：从财产到控制［J］．中外法学，2021，33（5）：1188-1207.
［83］梅夏英．在分享和控制之间 数据保护的私法局限和公共秩序构建［J］．中外法学，2019，31（4）：845-870.
［84］孟涛．基于“丰鸟数据之争”的数据财产的法律属性与保护路径［J］．大连理工大学学报（社会科学版），2019，40（2）：77-84.
［85］聂洪涛，韩欣悦．企业数据财产保护的模式探索与制度建构［J］．价格理论与实践，2021（9）：45-50.
［86］宁立志，傅显扬．论数据的法律规制模式选择［J］．知识产权，

2019（12）：27-35.

[87] 秦顺. 循证政策视角下我国数据确权的法理解析与规范路径[J]. 图书馆建设，2022（2）：58-69+79.

[88] 冉从敬，张沫. 欧盟 GDPR 中数据可携权对中国的借鉴研究[J]. 信息资源管理学报，2019（9）：25-33.

[89] 尚海涛. 论我国数据可携权的和缓化路径[J]. 科技与法律，2020（1）：86-94.

[90] 时明涛. 大数据时代企业数据权利保护的困境与突破[J]. 电子知识产权，2020（7）：61-73.

[91] 唐要家，唐春晖. 数据要素经济增长倍增机制及治理体系[J]. 人文杂志，2020（11）：83-92.

[92] 唐要家. 数据产权的经济分析[J]. 社会科学辑刊，2021（1）：98-106+209.

[93] 田小楚，高山行. 论大数据在著作权法保护中的冲突与协调[J]. 重庆大学学报（社会科学版），2021，27（1）：141-151.

[94] 王镭. 电子数据财产利益的侵权法保护——以侵害数据完整性为视角[J]. 法律科学（西北政法大学学报），2019，37（1）：38-48.

[95] 王燃. 论网络开放平台数据利益分配规则[J]. 电子知识产权，2020（8）：45-55.

[96] 王渊，黄道丽，杨松儒. 数据权的权利性质及其归属研究[J]. 科学管理研究，2017，35（5）：37-40+55.

[97] 文禹衡. 数据确权的范式嬗变、概念选择与归属主体[J]. 东北师大学报（哲学社会科学版），2019（5）：69-78.

[98] 吴理财，王为．大数据治理：基于权力与权利的双向度理解[J]．学术界，2020（10）：33-42.

[99] 吴伟光．大数据技术下个人数据信息私权保护论批判 [J]．政治与法律，2016 (7)：116-132.

[100] 肖建华，柴芳墨．论数据权利与交易规制 [J]．中国高校社会学，2019（1)：83-93+157-158.

[101] 谢琳，曾俊森．数据可携权之审视 [J]．电子知识产权，2019 (1)：28-39.

[102] 徐实．企业数据保护的知识产权路径及其突破 [J]．东方法学，2018（5)：55-62.

[103] 徐伟．企业数据获取“三重授权原则”反思及类型化构建[J]．交大法学，2019（4)：20-39.

[104] 徐雅倩，王刚．数据治理研究：进程与争鸣 [J]．电子政务，2018（8)：38-51.

[105] 许可．数据保护的三重进路——评新浪微博诉脉脉不正当竞争案 [J]．上海大学学报（社会科学版)，2017，34（6)：15-27.

[106] 薛敏芝．美国新媒体广告规制研究 [J]．上海师范大学学报（哲学社会科学版)，2013，42（3)：61-69.

[107] 杨翱宇．数据财产权益的私法规范路径 [J]．法律科学（西北政法大学学报)，2020，38（2)：65-78.

[108] 杨琴．数字经济时代数据流通利用的数权激励 [J]．政治与法律，2021（12)：12-25.

[109] 杨文川，黄涛．数据挖掘中衍生过程的研究 [J]．广西师范

大学学报（自然科学版），2003（1）：127-130.

［110］姚佳．企业数据的利用准则［J］．清华法学，2019，13（3）：114-125.

［111］于立，肖兴志．规制理论发展综述［J］．财经问题研究，2001（1）：17-24.

［112］俞林，赵俊红，霍伟东．推进数据要素市场化配置 促进经济高质量发展［J］．宏观经济管理，2021（10）：48-54.

［113］岳向华，林毓铭，许明辉．大数据在政府应急管理中的应用［J］．电子政务，2016（10）：88-96.

［114］詹馥静．大数据领域滥用市场支配地位的反垄断规制——基于路径检视的逻辑展开［J］．上海财经大学学报，2020，22（4）：138-152.

［115］张楠．公共衍生大数据分析与政府决策过程重构：理论演进与研究展望［J］．中国行政管理，2015（10）：19-24.

［116］张素华，李雅男．数据保护的路径选择［J］．学术界，2018（7）：52-61.

［117］赵舒阳．石化企业数据治理体系的研究［J］．广州化工，2022，50（3）：200-201+211.

［118］赵子瑞．浅析国内大数据交易定价［J］．信息安全与通信保密，2017（5）：61-67.

［119］郑戈．人工智能与法律的未来．［J］．探索与争鸣，2017（10）：78-84.

［120］钟晓雯．数据交易的权利规制路径：窠臼、转向与展开［J］．科技与法律（中英文），2021（5）：34-44.

[121] 周林彬，马恩斯．大数据确权的法律经济学分析［J］．东北师大学报（哲学社会科学版），2018（2）：30-37.

[122] 朱世定．利益视角下企业数据利用行为正当性标准构建研究［J］．河南工业大学学报（社会科学版），2021，37（5）：59-66.

[123] 朱雪忠，代志在．总体国家安全观视域下《数据安全法》的价值与体系定位［J］．电子政务，2020（8）：82-92.

[124] 竺乾威．新公共治理：新的治理模式？［J］．中国行政管理，2016（7）：132-139.

二、英文文献

[1] BREYER S. Regulation and its Reform [M]. Cambridge: Harvard University Press, 1982.

[2] PARKE C. The Open Corporation: Effective Self-Regulation and Democracy [M]. Cambridge: Cambridge University Press, 2002.

[3] LEAT D, SELTZER K, et al. Towards Holistic Governance: The New Reform Agenda [M]. New York: Palgrave, 2002.

[4] RESS J. Reforming the Workplace: A Study of Self-Regulation in Occupational Safety [M]. Philadelphia: University of Pennsylvania Press, 1998.

[5] AARONSON S, LEBLOND P. Another Digital Divide: The Rise of Data Realms and its Implications for the WTO [J]. Journal of International Economic Law, 2018, 12 (2): 245-272.

[6] MCMAHOM A, BUYX A, PRAINSACK B. Big Data Governance

Needs More Collective Responsibility: The Role of Harm Mitigation in the Governance of Data Use in Medicine and Beyond [J]. Medical law review, 2020, 28 (1): 155–182.

[7] BWLLANOVA R, GOEDE M. The algorithmic regulation of security: An infrastructural perspective [J]. Regulation and Governance, 2020.

[8] BINGHAM L B, NABATCH T, O' LEARY R. The New Governance: Practices and Processes for Stakeholder and Citizen Participation in the Work of Government [J]. Public Administration Review, 2005, 65 (5).

[9] BLACK J. Decentring Regulation: Understanding the Role of Regulation and Self–Regulation in a Post–Regulatory [J]. Current Legal Problems, 2001, 1 (54): 103–147.

[10] BOCKEN N, MUGGE R. Pay–per–use Business Models as a driver for sustainable consumption: Evidence from the case of Homie [J]. Journal of Cleaner Production, 2018: 198.

[11] BORODO S M, SHAMSUDDIN S M, HASSAN S. Big Data Platforms and techniques [J]. Indonesian Journal of Electrical Engineering and Computer Science, 2016, 32: 191.

[12] ZHAO B, FENG Y. Mapping the development of China's data protection law: Major actors, core values, and shifting power relations [J]. Computer Law & Security Review, 2021, 40 (8): 225–237.

[13] BROEKSTRA R, MAECKELBERGHE E, Aris–Meijer J L, et al.

Motives of Contributing Personal Data for health research: (Non-) participation in a Dutch Biobank [J] . BMC Medical Ethics, 2020, 21 (1): 342–356.

[14] CAROLINE M. Exploitative abuses in digital markets: between Competition Law and Data Orotection Law [J] . Journal of Antitrust Enforcement, 2020 (2): 270–288.

[15] CHANDER A, ABRAHAM M, CHANDY S, et al. Achieving Privacy: Costs of Compliance and Enforcement of Data Protection Regulation [J]. Policy Research Working Paper Series, 2021(1).

[16] CIMIL D, PLOTNIC O. European Union view on Personal Data in Intellectual Property Rights [J] . Eastern European Journal for Regional Studies, 2021 (7) .

[17] COLIN S. Analysing Regulatory Space: Fragmented Resources and Institutional Design [J] . Public Law, 2001, 9 (11): 329–353.

[18] COLLALES D, CRIADO M. Understanding open data business models from innovation and knowledge management perspectives [J] . Business Process Management Journal, 2022, 28 (2): 532–554.

[19] GERVAIS D. Exploring the Interfaces Between Big Data and Intellectual Property Law [J] . Journal of Intellectual Property-Information Technology and Commerce Law, 2019 (10).

[20] DETERMANN L. No one owns data [J] . UC Hastings Law Journal, 2018, 40 (70): 231–252.

[21] LIEBENAU L. What Intellectual Property Can Learn from

Informational Privacy, and ViceVerse [J] . Harward Journal of Law and Technology, 2016, 30 (1).

[22] DIEGA G, SAPPA C. The Internet of Things at the Intersection of Data Protection and Trade Secrets: Nonconventional Paths to Counter Data Appropriation and Empower Consumers [J] . Internet of Things Law, 2021 (3): 419–458.

[23] DRIAUNYS K, KISKISM, et al. Development of digital contents: Privacy policy model under the general data protection regulation and user–friendly interface [J] . Transformations in Business and Economics, 2020, 19 (1): 133–154.

[24] DREXL J. Designing Competitive Markets for Industrial Data–Between Propertisation and Access [J] . Information Technology and Electronic Commerce Law, 2017 (4): 257–292.

[25] VENTRELLA E. The symbiotic relationship between privacy and security in the context of the general data protection regulation [J]. ERA Forum, 2020 (20): 455–469.

[26] FIA T. An Alternative to Data Ownership: Managing Access to Non–Personal Data through the Commons [J] . Global Jurist, 2021, 21 (1): 181–210.

[27] FREEMAN J. Private Parties, Public Functions and the New Administrative Law [J] . Administration Law Review, 2000, 52 (3): 813–858.

[28] MYEARS G. The Restatement' s Rejection of the Misappropriation Tort [J] . A Victory for the Public Domain, 1996, 8 (47): 673–

684.

[29] GRAEF I, BERLO S V. Towards Smarter Regulation in the Areas of Competition, Data Protection and Consumer Law: Why Greater Power Should Come with Greater Responsibility [J]. European Journal of Risk Regulation (forthcoming), 2020: 1–25.

[30] GRAEF I, PRUFER J. Governance of Data Sharing: a Law and Economics Proposal [J]. Research Policy, 2021 (50).

[31] GRAEF I, HUSOVEC M, PURTOVA N. Data Portability and Data Control: Lessons for an Emerging Concept in EU Law [J]. German Law Journal, 2018, 19 (6): 1359–1398.

[32] HARRISON T, PARDO T, Gasco–Hernandez M, et al. The Salience and Urgency of Enterprise Data Management in the Public Sector [J]. Hawaii International Conference on System Sciences. 2018.

[33] GRAEF I, VERSCHAKELEN J, VALCKE P. Putting the Right to Data Portability into a Competition Law Perspective [J]. The Journal of the Higher School of Economics, 2013: 53–63.

[34] JANSSEN M, VANDERVOORT H, WAHYUDI A. Factors influencing big data decision–making quality [J]. Journal of Business Research, 2017, 70 (3): 338–345.

[35] JUSTICKIS V. Balancing Personal Data Protection with Other Human Rights and Public Interest: Between Theory and Practice [J]. Baltic Journal of Law and Politics, 2020, 13 (1): 140–162.

[36] KAPOOR A, NANDA A. Non–personal data sharing: Potential,

pathways and problems [J] . CSI Transactions on ICT, 2021, 9 (3): 165–169.

[37] KERBER W, ZOLNA K K. The German Facebook Case: The Law and Economics of the Relationship between Competition and Data Protection Law [J] . European Journal of Law and Economic, 2022, 17 (3): 27–43.

[38] KERBER W. A New (Intellectual) Property Right for Non–Personal Data? An Economic Analysis [J] . International Teil (GRUR Int), 2016 (11): 989–999.

[39] KERWER D. Rules that Many Use: Standards and Global Regulation [J] . Governance, 2005, 18 (1): 611–632.

[40] KOMPARA M. Data Protection Heterogeneity in the European Union [J] . Applied Sciences, 2021, 11 (22) .

[41] KIRA B, SINHA V, SRINIVASAN S. Regulating digital ecosystems: bridging the gap between competition policy and data protection [J] . Industrial and Corporate Change, 2021, 30 (5): 1337–1360.

[42] LABASTUDA I, MARGONI T. Licensing FAIR Data for Reuse [J]. Data Intelligence, 2020, 2 (1): 199–207.

[43] LANKJAER–BAIN R. Data rights and wrongs [J] . Significance, 2018, 15 (6): 12–15.

[44] CHROBAK L. Proprietary Rights in Digital Data? Normative Perspectives and Principles of Civil Law [J] . MPI Studies on Intellectual Property and Competition Law, 2018 (28) .

[45] LODGE M, STIRTON L. Withering in the Heat? In Search of the Regulatory State in Jamaica and Trinidad and Tobago [J]. Governance, 2006, 19 (3): 465–495.

[46] MANCHEVA I. Data Protection, Property Rights and Value Creation [J]. University of National and World Economy, 2020 (2): 171–200.

[47] MACENAITE M. The "Riskification" of European Data Protection Law through a two–fold Shift [J]. European Journal of Risk Regulation, 2017, 8 (3): 506 –540.

[48] MYERS B, STYLOS J. Improving API usability [J]. Communications of the ACM, 2016, 59 (6): 62–69.

[49] PEAIR M. Lex Ex Machina: Reasons for Algorithmic Regulation [J]. Masaryk University Journal of Law and Technology, 2021, 15 (1): 85–117.

[50] YU X. Legal Coordination of Conflicts of Interests among Stakeholders in the Processing of Personal Data [J]. Fudan Journal of the Humanities and Social Science, 2022 (15): 331–348.

[51] POSNER E A, WEYL E G. Property Is Only Another Name for Monopoly [J]. Journal of Legal Analysis, 2017, 9 (1): 51–123.

[52] KJAER F, VETTERLEIN A. Regulatory governance: rules, resistance and responsibility [J]. Contemporary Politics, 2018, 24 (5): 497–506.

[53] RHODES R. The New Governance: Governing Without Government [J]. Political Studies, 1996, 44 (4): 652–667.

[54] SAMA L M, STEFANIDIS A, CASSELMAN R M. Rethinking Governance for The Digital Era: The Role of Stewardship [J]. Business Horizons, 2021 (1).

[55] SAPPA C. How data protection fits with the algorithmic society via two intellectual property rights – a comparative analysis [J]. Journal of Intellectual Property Law and Practice, 2019, 14 (5): 407–418.

[56] SEBASTIO A. Data Capitalization the Right to a Future and Future of Rights [J]. Expanding Horizons: Business, Management and Technology for Better Society, 2020.

[57] SHABANI M. The Data Governance Act and the EU's move towards Facilitating Data Sharing [J]. Molecular Systems Biology, 2021, 17 (3).

[58] SHARMA P. Non–personal Data: Unlocking value for public good [J]. Fortune, 2020.

[59] STOLER G. Governance as Theory: five propositions [J]. International Social Science Journal, 2018 (68): 227–228.

[60] YAKOVLEVA S, IRION K. Pitching Trade Against Privacy: Reconciling EU governance of Personal Data Flows with External Trade [J]. International Data Privacy Law, 2020 (3): 3–8.

[61] TASCHNER J B. Data Profiteering: Corporate Social Responsibility and Privacy Law Lost in Data Monetization and National Security

[J] . American Journal of Trade and Policy, 2020, 7 (1): 37–58.

[62] TEJOMURTI K, WIDTANTARI P. Smart City: Opportunities and Challenges in Public Services and Its Relation to The Protection of Rights and Privacy in big–data era [J] . Hang Tuah Law Journal, 2018, 2 (2): 116.

[63] VEZZOSO S. Competition Policy in Transition: Exploring Data Portability's Roles [J] . Journal of European Competition Law and Practice, 2021, 12 (5) .

[64] WEGRICH K, LODGE M . High Quality Regulation: Its Popularity, Its Tools and Its Future [J] . Public Money and Management, 2009, 29 (3): 145–152.

[65] WHEELER C. Deal or No–Deal: Does it Matter? Data Protection Predictions for Post–Brexit Britain [J] . Edinburgh Law Review, 2020, 24 (2): 275–281.

[66] WILLIAMS S. CCPA Tipping the Scales: Balancing Individual Privacy with Corporate Innovation for a Comprehensive Federal Data Protection Law [J] . Indiana Law Review, 2021, 53 (1): 217–243.

[67] YANG J. Analysis on the Judicial Interpretation of the Crawler Technology Infringing on the Intellectual Property Rights of Enterprise Data [J] . E3S Web of Conferences, 2021, 251 (23): 10–38.

[68] YANG G, JAN M A, REHMAN A U, et al. Interoperability and

Data Storage in Internet of Multimedia Things: Investigating Current Trends, Research Challenges and Future Directions [J] . IEEE Access, 2020, 8: 124382–124401.

[69] YEUNG K, BYGRAVE L A. Demystifying the modernized European data protection regime: Cross insights from legal and regulatory governance scholarship [J] . Regulation and Governance, 2021 (2) .

[70] YIK K C. Research on Anti–Monopoly regulation of data merge in the era of data–driven competition [J] . Peking University Law Journal, 2020, 8 (1): 63–89.

[71] YU H, HE X. Corporate Data Sharing, Leakage, and Supervision Mechanism Research [J] . Sustainability, 2021, 13 (2): 931.

[72] ZECH H. A legal framework for a data economy in the European Digital Single Market: rights to use data [J] . Journal of Intellectual Property Law and Practice, 2016 (11): 460–470.